四特 教育系列丛书 SITEJIAOYUXILIECONGSHU

U0695853

名家名师谈教育

《"四特"教育系列丛书》编委会 编著

吉林出版集团股份有限公司
全国百佳图书出版单位

图书在版编目（CIP）数据

名家名师谈教育／《"四特"教育系列丛书》编委会编著.
—长春：吉林出版集团股份有限公司，2012.4
（"四特"教育系列丛书／庄文中等主编.在故事中升华经典）

ISBN 978-7-5463-8661-4

I.①名… Ⅱ.①四… Ⅲ.①中小学教育－通俗读物
Ⅳ.① G63-49

中国版本图书馆 CIP 数据核字（2012）第 044094 号

名家名师谈教育
MINGJIA MINGSHI TAN JIAOYU

出 版 人	吴 强	
责任编辑	朱子玉 杨 帆	
开 本	690mm×960mm 1/16	
字 数	250 千字	
印 张	13	
版 次	2012 年 4 月第 1 版	
印 次	2023 年 2 月第 3 次印刷	
出 版	吉林出版集团股份有限公司	
发 行	吉林音像出版社有限责任公司	
地 址	长春市南关区福祉大路 5788 号	
电 话	0431-81629667	
印 刷	三河市燕春印务有限公司	

ISBN 978-7-5463-8661-4　　　　　　定价：39.80 元

前　言

　　学校教育是个人一生中所受教育最重要组成部分,个人在学校里接受计划性的指导,系统地学习文化知识、社会规范、道德准则和价值观念。学校教育从某种意义上讲,决定着个人社会化的水平和性质,是个体社会化的重要基地。知识经济时代要求社会尊师重教,学校教育越来越受重视,在社会中起到举足轻重的作用。

　　"四特教育系列丛书"以"特定对象、特别对待、特殊方法、特例分析"为宗旨,立足学校教育与管理,理论结合实践,集多位教育界专家、学者以及一线校长、老师们的教育成果与经验于一体,围绕困扰学校、领导、教师、学生的教育难题,集思广益,多方借鉴,力求全面彻底解决。

　　本辑为"四特教育系列丛书"之《在故事中升华经典》。

　　这是一部写给老师的书,因为故事中蕴含着慈爱、和谐、人性的教育方式;这也是一部写给学生的书,因为故事中洒满老师们对学生的温暖、感动、爱意、执着、顽强与刚毅……

　　教育是一门科学,也是一门艺术,是塑造人心智的高超艺术。对于教育人人都有自己的看法,而这本书中的观点能给人以许多启示。本书还汇集了众多著名教育学家、知名教师的经典教育文论,共同领略著名专家学术研究风范,引领我们进入教改理论与实践前沿,分享最新研究成果,把握创新教学理念脉搏,感悟前瞻性的教学思想。

　　教育,润物无声,是一种智慧、一种境界、一种追求。教育的这种智慧,这种境界,这种追求,虽然无声无形,但却有踪迹可寻。在教育实践中,那一个个平凡却并不平淡的片段,或呈现出教师解决问题的教育智慧;或记录着教师走出困惑的教学经历;或展现出教师奉献爱心的热忱。回顾那一个又一个生动的教育实践,既是一个沉淀的过程,也是一个升华的过程。

　　本辑共20分册,具体内容如下:

　　1.《师生情难忘》

　　如果我们的人生有一段华美的乐章,那一定来自老师教给我们的7个音符!一天天,一年年,我们在校园里茁壮成长。从懵懂孩童到青春飞扬,然后进入社会大舞台搏击人生。老师谆谆教诲的深情,是我们前行的灯火,给我们温暖、力量和信念……本书选录了100篇发生在师生之间的真情故事。这些平凡而真切的故事,让我们感动,让我们沉思,让我们回忆,让我们心怀敬意和感激……

　　2.《记忆深处》

　　翩翩红叶,徐徐飘落,总不忘留给土地柔软与肥沃;涓涓泉水,潺潺流淌,总不忘带给岸边甘甜与欢歌。享受"师生"情,奉献真诚心!让我们把握这份情,让心灵浸润在肥沃的土壤,开出绚烂的花朵;让我们紧守这份爱,让生命谱写圣洁的乐曲,唱出青春的赞歌。

在坎坷的人生道路上,是谁为我们点燃了一盏最明亮的灯;在荆棘的人生旅途中,是谁甘做引路人为我们指明前进的方向……是您,老师,把雨露洒遍大地,把幼苗辛勤哺育!无论记忆多么久远,每当想起老师,依然激情难耐;每当面对熟悉的老师,那一瞬间,那一件小事……总是激起我们对老师久蓄于心的感激……

3.《成长足迹》

这是发生在校园里的平凡而又感人至深的师生故事。因为爱,所以在教育的天空下,才会发生这么多感人的故事,这些也是对教育生命的审问、感怀和确认。这是一部写给老师的书,因为故事中蕴含着慈爱、和谐、人性的教育方式;这也是一部写给学生的书,因为故事中洒满老师们对学生的温暖、感动、爱意、执着、顽强与刚毅……

4.《悸动的心灵》

追忆往事并不是轻而易举的事情,在漫长的教育生涯中发现自己最难忘的某一个瞬间,其实也就像重新获得一种生存的意义一样美妙。这些教育故事也许并不是教育的解决之道,但却是对教育生命的审问、感怀和确认。也许我们更应该在教育中活出自己,也许我们既活在未来更活在无限的过去,在这些纷繁复杂却又素朴平凡的场景中,有最乐意的付出,有泪水和智慧,更有日日夜夜用心抒写因而温润无比的爱。

5.《春暖花开》

教育是一门科学,更是一门艺术。执著并献身于教育,不仅需要大步向前,也需要回头反思。回顾那一个又一个生动的教育实践,既是一个沉淀的过程,也是一个升华的过程。走进本书,这里全是暖暖的爱。

6.《孩子的微笑》

教育,润物无声,是一种智慧、一种境界、一种追求。教育的这种智慧,这种境界,这种追求,虽然无声无形,但却有踪迹可寻。在教育实践中,那一个个平凡却并不平淡的片段,或呈现出教师解决问题的教育智慧;或记录着教师走出困惑的教学经历;或展现出教师奉献爱心的热忱。

7.《故事里的教育智慧》

本书主要关注家庭教育、学校教育及社会教育中家长与孩子、教师与孩子、孩子与孩子之间的故事,它的特色是小故事蕴含大道理。其宗旨是:讲述真实的教育故事,研究深切的教育问题,创生新锐的教育思想,激活精彩的教育行动。其风格是:直面真实,创新为本和故事体裁。

8.《难忘的教育经典故事》

根据家长、教师和孩子的困惑,用各种形式的教育故事讲述一些很明白的道理,引导人用智慧的手段促进人的成长。这些故事或来自国外的或来自一线教学的实践,对于教育类人群均具有启发性。一个个使教师深思的小故事,一个个让学生向善的小故事,让我们教师真正领会生命教育的内涵。从现在开始关注生命的成长,关注人类的发展,关注社会的进步。

9.《中国教育名家印记》

在人类文明的进程中,数不清的教育大家,手擎着大旗,浓书着历史,描绘着蓝图,才有了今日教育的巨大进步。他们站在教育的殿堂里,发出的宏音,留下的足印,历史永远都不应该忘记,也不会忘记。

本书编者放眼中国教育进程,遴选出对教育产生重大影响的国内近百位教育名家,对其生平、教育思想、学术成果等进行介绍评说。

10.《外国教育名家小传》

在人类文明的进程中,数不清的教育大家,手擎着大旗,浓书着历史,描绘着蓝图,才有了今日教育的巨大进步。他们站在教育的殿堂里,发出的宏音,留下的足印,历史永远都不应该忘记,也不会忘记。

本书编者放眼人类教育进程,遴选出对教育产生重大影响的近百位世界教育名家,对其生平、教育思想、学术成果等进行介绍评说。

11.《随手写教育》

什么是良好的教育?教育是诗性的事业?性教育何去何从?是否应该把儿童世界还给儿童?假设陈景润晚生40年……本书汇聚了中国最佳教育随笔,对于和教育相关的各个方面问题都有所畅谈,对于教育者和被教育者来说都有所裨益。

12.《我心思教育》

本书涉及到了教育学众多的重要领域和主题,包括教育的真义、教育的价值、教育与社会、教育与生活、课程与教学、道德教育、师生关系、教师的学习与成长等等。它力图用感性的文字表达理性的思考,用诗意的语言描绘多彩的教育世界,以真挚的情感讴歌人类之爱,以满腔的热情高扬教育的理想与信念。

13.《教育新思维》

本书站在教育思想的前沿,以既解放思想又科学审慎的态度,兼用独特的视角,论述了近年的教育理论新说,涉及"教育呼唤'以人为本'"、"公民教育"、"素质教育新解读"、"教育公平与政府责任"、"创新人才培养"、"文化传承与创新"、"教育家办学"等热门话题。这些文章,不避偏,不畏难,遵循教育发展规律和中小学生身心发展规律,引领教育理念和教育实践,反思教育行为误区,无不闪烁着思想和智慧的光芒。对于渴望提升自身理论素养的教育工作者来说,这本书值得一读。

14.《名家名师谈教育》

本书使读者在学习和掌握教育理论的同时,领略到文章的理趣、情趣和文趣,既有助于深厚教师的文化底蕴,又有助于帮助广大教师确立对于教育的理想与信念;既有助于培养和激发广大实践工作者的理论兴趣,又能帮助教师生成教育的智慧和提升广大读者对于生活的热爱与柔情。

15.《世界眼光看教育》

本书荟萃了多位世界级教育思想巨擘的主要思想。从皮亚杰的发生认识论、维果茨基的文化—历史理论、布鲁纳的结构主义,加德纳的多元智能一直到诺丁斯的关怀教育思想等等,现当代世界教育思想的发展脉络清晰、准确而完整。

本书既有思想评介,又有论著摘录,无论教育研究人员还是一线教育工作者,均可非常便捷而精准地从中获得思想大师们的生动启迪,加深对当代教育发展特质的深切理解,是教育、教研、教学工作者不可多得的必备工具书。

16.《大师眼中的教育》

这不是一本以教育专家的身份、眼光、学养来谈教育的书。本书各篇文章提供了许多新史实、新观点,为我国教育史和教育理论工作者长期以来对某些历史人物评价的思维定势提供了新的清醒剂。

17.《教育箴言》

名人名言是前人留给我们的精神财富和智慧结晶。阅读它,不仅能丰富知识,陶冶情操,更能为我们的人生之路指引方向。该书着重论述三方面的内容:教育——造福人类的千秋伟业;教师——人类灵魂工程师、育人的典范;师德——塑造教师灵魂的法宝。

18.《百家教育讲坛》

这是一本兼具思想性、可读性和经典价值的教育智慧读本。书中介绍了孔子、卢梭、爱因斯坦、康德、梁启超、杜威、蔡元培、叶圣陶等几十位古今中外思想家、科学家、教育家关于教育的精彩论述,集中回答了教育的本质、教学的艺术、知识之美、教师的职业生活、儿童的成长等问题。探幽析微,居高声远,让我们直窥教育本原之堂奥。归真返璞,正本清源,你会发现,教育,原来可以如此朴素而美好。

19.《名师真经》

本书从专家心理学研究出发,以新教师到专家教师这一成长过程为线索,剖析了教师在专业化发展中出现的主要问题与阶段性特征,动态性是展现了教师成长的内在原因与实质,并有针对性地提出了促进新教师成为专家教师的系列化教学理念、观点与方法,这有助于教育研究者与实践工作者深入理解教师专业发展的规律,有利于在观念层面上树立科学的教师人才观,以制定行之有效的教师培养方法与措施。

20.《师道尊严》

本书意在激励教师以站着的方式获得成功。全书讲述了站着成长的精神、站着成长的思想、站着成长的基础、站着成长的学问和站着成长的行动。全书力求字字诉说教师成长之心声,篇篇探寻教师优秀之根本,章章开启教师幸福之道路。

由于时间、经验的关系,本书在编写等方面,必定存在不足和错误之处,衷心希望各界读者、一线教师及教育界人士批评指正。

编者

C 目 录
CONTENTS

教育的目的 ……………………………………………………（1）

学校里学生的性格教育 …………………………………（10）

社会主义国家的儿童 ……………………………………（14）

我的教育观点 ……………………………………………（18）

工作经验谈 ………………………………………………（44）

教育方法 …………………………………………………（56）

个别影响的教育方法 ……………………………………（75）

智育与人的全面发展 ……………………………………（97）

教师的人格、教师集体与学生的全面发展 ……………（109）

培养学生精神世界的途径和方法 ………………………（112）

外部环境是学生精神生活的决定性因素 ………………（123）

深思如何领导好学校 ……………………………………（128）

我们的教师和教育者 ……………………………………（142）

帮助教师完善教育技巧 …………………………………（172）

集体的教育信念和教师的个人创造 ……………………（182）

教师的业余时间及其一般素养的提高 …………………（188）

教师集体的创造性工作中的研究因素 …………………（193）

教育的目的

本文最先是由《消息报》发表的（1937年8月28日），以后收入《马卡连柯全集》第五卷，但做了一些删节。马卡连柯在本文中着重论述了教育方法与目的的一致性。根据苏联社会性质，通过集体进行教育，将学生培养成"社会主义集体的成员"的必要性。

在教育学理论中，最可怪的是教育工作的目的几乎变成被遗忘了的范畴。在最近召开的全俄罗斯教育科学会议上，对于教育目的却一字不提。好像科学的教育学与这问题无关似的。

在专门的教育学论文里，不容许只谈论一些教育的理想，只有在哲学论文里这样做才是合适的。对教育学理论家的要求不是解决理想问题，而是解决达到这个理想的方法问题。这就是说，教育学应当研究教育目的和达到这个目的的方法，这是一个极为复杂的问题。

我们同样不可以只关心新生一代的职业教育。我们也应当考虑在工人阶级专政的时代，在建成没有阶级的社会的时期，如何来培养苏维埃国家所需要的那种类型的品行、性格和个人品质。

我们在这个问题上是怎样的情形呢？

革命初期，我们的教育界的著作家和演说家，在西欧教育的跳板上纵身一跳，跳得很高，而且很容易地就抓住了像"和谐的个性"这样的理想。后来他们又用"人——共产主义者"来代替和谐的个性，同时他们在灵魂深处却以"反正都是一样的"这种现实的想法来安慰自己。又过了一年，他们把理想扩大了，宣称我们应当培养"具有充分主动精神的战士"。

无论是宣传家、学生和旁观者，一开始就都懂得，这样抽象地提出"理想"问题，反正谁也无法依据这个来检查教育工作，所以宣传这种理想是不会有什么危险的。

教育的活动场所越来越变成了儿童学的财富，到1936年，留给教育家的极狭小的"领域"只有分科教学法了。

儿童学几乎并不隐瞒它对于我们的目的漠不关心的态度。儿童学除了注定地追随生物学和遗传学的谬论以外，从"环境和遗传"中能得出什么目

的呢?

儿童学者们在玩这一套手法的时候,巧妙地保持着江湖术士的神气,但我们竖起耳朵听他们说法,不由得使人惊奇:这些人为什么这么渊博啊?其实,不仅是使人惊奇,人们还模仿呢! A. C. 布勃诺夫在他那篇载于《共产主义教育》(1936 年 5 ~ 6 期)的文章中提到这样一个情况:科学教育学的活动家加米涅夫和平克维奇曾在普通教育学的教学大纲说明书中写道:"教材排列的方法并不受个别抽象的'目的'、'题材'、'问题'……的支配,而是受一定年龄儿童的教育和教学的支配。"

如果年龄是教育学惟一的指导性的原则的话,那么,目的这个名词自然可以加上含有讽刺意味的引号了。但我们有权来问:为什么在我国人们突然喜欢用年龄、生物学、心理学等观点来看待新一代的教育呢?为什么对目的性这个观念这样蔑视?

对于这个问题可能有各种不同的答案。也许,这些原因只不过是对我们的生活和我们的目的漠不关心。但是,很可能,问题在于故意糟蹋我们的教育工作,使这个工作变成只限于个人自身的能力范围之内的冷淡而空洞的个人训练:如果这个人有能力学会读书的话,那好极了,就让他去学吧;那个人有运动的嗜好——也不坏;如果一个人没有任何的爱好的话,那正合儿童学家的口味——这是"不堪造就"的人,可以随便怎样对待他都行。

儿童学给社会主义建设事业最重要的方面——青年的教育工作带来了难以估计的损害。这里所指的是理论的病症,并且甚至不是理论的病症,而是为儿童学所迷惑的,以致连看见理论的真实来源的能力都丧失了的那些理论家的病症。在这个意义上,这种病症是不能使人同情的,这种病症的本质,不仅在于保留到今天的儿童学原理的数量方面,不仅在于儿童学的权威所形成的某些空白,而在于我们思想中毒了。甚至在诚恳地批评儿童学的科学思想中仍然含有儿童学的遗毒。

这种毒害的传染是很深的。早在革命前在实验教育学的巢穴里就开始传染上了,实验教育学的特征就是对于儿童的研究与对他的培养之间的脱节。20 世纪初期,资产阶级教育学分裂成许多学派和"革新派",它们永远在极端个人主义和不固定的、非创造性的生物学观点之间摆来摆去;当时资产阶级教育学摆出革命的科学的面孔,因为它打着跟官办学校的军事化的教育以及官样文章的虚伪作斗争的旗帜。但是,对于头脑清醒的人来说,当时就已

经有根据来极度怀疑这种没有真正科学基础的"科学"。在那个时候已经可以看出它那种非常可疑的生物学倾向，这些倾向本质上就显然企图修正马克思主义对人的看法。

每一个作为马克思主义者的教师，都非常厌恶实验教育学以及后来的儿童学的生物学的倾向。如果有人认为我们的教师都被儿童学弄糊涂了，这种想法是毫无根据的，谁被它弄糊涂，谁就不配当教师。

只有在一个条件之下，就是要坚决地改变我们国家和社会的政治目的的漠不关心态度，我们才能够执行党关于"恢复教育学和教师的权利"这一号召。

1937年4月，在全俄罗斯教育科学会议上曾有过一次专题报告："教育工作方法的原则"。在这个报告中关于教育目的讲了些什么呢，如何根据这些目的找到教育的方法？

听了这个报告使人觉得，好像教育目的是报告人和听众早已熟悉了的，只要谈谈达到这些目的的方法和手段就够了。只是为了作一个与其余的叙述部分显然有别的郑重其事的总结，报告人宣称：

"它们（诸项原则）的基础，就是共产主义方向性这一原则，这是具有普遍指导意义的辩证的教育原则，因为它能够决定整个教育工作的内容、方法和组织。"而在结尾说："这个原则要求教师在工作中具有党性、政治警惕性，对于教育目的、手段和条件的深刻了解。"

在以前的教育学论著中，所遇见的也正是这样的结论。对于教师永远要求他们具有高度完善的修养，理论家总是喜欢说"教师应当"这几个字。而理论家本身的义务是什么呢？他本身对于"目的、手段和条件"有"深刻的了解"吗？也许有的，但为什么在这样的情形之下他要把自己的财富秘而不宣呢？为什么他不把自己渊博的学问公诸听众呢？为什么他有时只在"快要落幕的时候"才朗诵似的说一些什么目的和条件呢？为什么报告的本身却使人看不见和觉不出这些目的呢？最后，究竟到什么时候，这种理论家才不说我们的教育应当是共产主义的教育这句人所共知的话来敷衍呢？

我在我所著的《教育诗篇》里，反对教育科学所存在的一些弱点，之后，四面八方都来责难我，说我不尊重理论，说我的教育方式是手工业方式，否认科学，轻视文化遗产。在我面前就有一份向专业科学会议提出的关于教育方法的报告。在报告里没有提到任何一个学者的名字，没有引证任何一种科

学的原理，没有应用任何科学逻辑的企图。这篇报告实际上是普通的家常话，是从一些处世哲学和祝福中吸取来的东西。在报告的某些地方却露出著名的德国教育家赫尔巴特的狐狸尾巴，顺便说一下，沙皇官方教育学认为他是所谓教育性的教学的倡导者。

这个报告一开头说道，我们的教育虽然有所改进，但我们还有缺点。这些缺点是：

（1）在教师的教育工作组织中，没有可靠的制度和一贯性；

（2）教育工作做得不经常，多半是当学生犯了个别过错时才偶然进行几次；

（3）在教育工作的组织中，常有与教育脱节的现象；

（4）儿童的教育、教学与领导的脱节；

（5）有漠不关心的现象。

如果我们在这些缺点上再加上一种缺点，即：对这种没有系统和没有一贯性的、偶然存在的、有许多"脱节"和"漠不关心现象"的教育工作朝什么方向、朝什么目的"进行"这一问题模糊不清，那么，不夸张地说，这些缺点就非常令人吃惊了。

作者承认："教育工作实际上带有预防性质，在于跟学生不良的行为表现作斗争，也就是说实际上是在实现小资产阶级的自由教育理论的一个提纲。""……在这种情况下，只有在学生犯了过错之后，教师的教育才开始发生作用。"

这样说来，我们只有羡慕那些犯错误的儿童。他们毕竟还能受到教育。作者似乎并不怀疑，对他们进行了正确的教育。我却愿意知道怎样来教育他们，对他们的教育是受什么样的目的支配的。至于没有犯错误的儿童的教育工作，就不知道"进行"到何处去了。

在报告时，报告人用了四分之三的时间叙述缺点，然后才提出自己的正面主张。这个正面的主张是四平八稳的：

"教育儿童，这就是说培养他们的优良品质（诚实、正直、诚恳、责任心、守纪律、爱学习、社会主义的劳动态度、苏维埃爱国主义及其他），并在这个基础上纠正他们的缺点。"

这个可爱的"科学的"清单中的一切都使我不胜狂喜。使我最喜欢的是"及其他"。因为在这些"优良品质"的前面是"苏维埃爱国主义"，所以就

能够指望"及其他"也是不坏的。可是这些概念是多么的微妙啊：一方面是"诚实"，另一方面是"诚恳"，而"正直"，被那棉花似的美德包起来填在两者之间。真是堂哉皇哉！当然，在最初的时候，有哪个读者听见连"爱"都没有被忘记而不感激涕零呢？当然咯，第一步是"爱学习"。再请大家看一看"守纪律"这一条是费多大劲才写出来的吧。要知道这一条是郑重其事地写出来的，因为在它前面是"责任心"。

不过宣言是一回事，而日常的工作是另一回事。在宣言中是共产主义教育，但在个别的场合，则是受了儿童学毫无生气的宿命论所毒害得一塌糊涂的玩物。

请看这就是去年《共产主义教育》杂志第三期"问答"栏里对涅姆琴科同志的解答：

"当儿童或者少年们犯了校规或者做了学校所不许做的事而必须与他们谈话的时候，谈话必须心平气和。应当使儿童感觉到，即使教师采用训育办法也绝不是出于恶意，使儿童不把这看成报复行为，而只是看作教师为了儿童的利益来履行职责。"

这样忠告的目的何在呢？为什么教师应当装成神情冷淡的训导员那样，用"平静的"声音来教训学生呢？谁不知道，正是这种除了"职务"以外心灵空虚得一无所有的教师才最能引起儿童的反感，他们的"平静的"语气使人产生最可憎的印象呢？用这种冷淡的态度来对待学生，可能培养出什么样的优良的个人品质呢？

给波兹尼亚科夫同志的回答就更有趣了。在这个回答里用十分柔和的色彩来描写教员发现学生偷了同学 3 卢布的事件。教师没有把他的发现告诉任何人，他只是单独地与偷钱的学生谈话。"班里没有一个学生晓得是谁偷了钱，并且连被偷的女孩子也不晓得。"根据"问答栏"的说法，犯了偷窃行为的学生，从那时候起就勤勉地学习和很好地遵守纪律。"问答栏"赞叹说：

"你用同情的态度对待他，没有使他在全班的面前受到耻辱，没有告诉他的父亲，因而这孩子对你的同情是很感激的……要知道没有必要用偷钱的学生的行为来教育你班上的学生，如要这样就会使这个孩子遭受痛苦的内心创伤。"

为了要弄清这种"慈悲的"教育方法距离共产主义教育究竟多么远，值得对它讨论一番。首先要指出，类似这样"同情"的伎俩，在任何的资产阶

级学校中，都是有的，而这在原则上是跟我们没有任何共同点的。这是一个教师、一个学生面对面地单独进行道德教育的一个平常例子。"问答栏"断定说，这样就是进行了良好的教育。也许是的，但这是什么样的教育呢？

我们来看一看那个犯了偷窃行为而向集体隐瞒的孩子吧。据"问答栏"的意见，这孩子"感激这种同情"有极其重要的意义。是不是这样呢？这孩子当时会这样想：他不受集体舆论的制裁，对他有决定意义的是教师的基督教式的宽恕。他没有体验到自己对集体的责任，他的道德是在同教师个别算账的方式中形成的。这不是我们的道德。这孩子在自己的一生会遇到许多人。难道他的德性也将建立在与这些人们的观点的偶然结合上吗？如果他遇到托洛茨基分子的话，他将拿出什么方法来抗拒这种遭遇呢？孤独意识的道德最多不过是"善良的"人的道德，而多半却是两面派的道德。

但这不只是关系一个儿童的问题。还有全班，就是说，还有一个集体，犯了偷窃行为的人是这个集体中的一分子。按"问答栏"的意见，"没有必要用这个儿童的行为来教育全班学生"。这是很奇怪的事。为什么没有必要呢？

在集体中发生了偷窃，而教师认为对这样的事不动员舆论也能对付。他叫全班去随便猜想，随便怀疑某一个人偷盗，归根结底，教师是在班里培养学生对于这类事件完全漠不关心的态度。试问我们的学生将从什么地方获取与集体的敌人作斗争的经验呢？他们将从什么地方获得这种热情和警惕的经验呢？怎样使集体学会监督个人呢？

如果教师把偷窃的事件交给集体去审查，我甚至建议交给集体去解决，那时候每一个学生必定积极地参加集体的斗争，那时教师就有可能在全班学生面前展开一幅富有道德意义的图画，使儿童认识正当行为的优良榜样。每个学生在解决问题和进行谴责时都体验到某些情感，从而他就得到道德生活的经验。只有在这样的集体生活中才可能有真正的共产主义教育。只有在这种情况之下，整个集体和每一个学生才能感觉到集体的力量，确信它的正确，才能以自己的守纪律和诚实而自豪。自然，要采用这样的办法，教师必须有很大的机敏性和很高的技巧。

通过这极其表面的分析我们逐步确信：我们的教育活动，在个别的情形下不是朝着共产主义个性发展，而是朝着另一个方向发展。因此我们在培养个性、培养新人的个人细节的时候，应当高度地谨慎并且要具有敏锐的政治敏感性。这种政治敏感性是我们的教育熟巧的首要特征。

此外，我们应当永远记住一个非常重要的情况。人，作为最抽象的概念，在我们心目中无论多么完整，然而作为教育的对象来看，人毕竟是非常多种多样的材料，被我们所制成的"产品"也将是形形色色的。个人的一般品质和个别品质，在我们的设计中能够形成很错综复杂的形态。

最危险的事情就是畏惧这种复杂性和多样性。这种畏惧可能表现为两种形式：第一种形式是力图对一切的人都一视同仁，把人硬套进一个标准的模型里，培养一系列同类型的人。畏惧第二种形式是消极地跟着每一个人跑，毫无希望地企图用零零碎碎单独对付每一个人的方法来对付千千万万的学生群众。这是一种偏信"个别"处理法的病症。

这两种畏惧都不是苏维埃的，以这两种畏惧作为指导的教育学，不是我们的教育学，因为第一种畏惧使教育学接近于旧时代的官定规格，第二种畏惧使教育学接近于儿童学。

只有创造一种方法，它既是总和统一的方法，又是使每一个单独的个人能发挥自己特点并保持自己个性的方法，这样的组织任务才无愧于我们的时代、无愧于我们的革命。如果没有早已解决了个人和集体问题的马克思主义，那么这样的任务绝不是教育学所能担得起的。

在着手解决我们局部的教育任务时，显然，我们不应卖弄小聪明。我们只应很清楚地了解新人在新社会中的地位。社会主义社会是建筑在集体的原则上面的。在这个社会里不应有孤独的个人，时而像脓泡一样的突出，时而像路边灰尘那样渺小，而应当是一个社会主义集体的成员。

在苏联不可能有置身集体以外的个人，因此就不会有与集体的命运和幸福相对立的孤独的个人命运、个人道路和个人幸福。

在社会主义社会里，这样的集体是很多的：广大的苏维埃社会团体完全是由这样的集体所组成的。但这并不是说，教师就没有责任在自己的工作中去找寻和发现完美的集体形式了。学校集体就是苏维埃儿童社会的细胞，它首先应当成为教育工作的对象。在教育单独的个人的时候，我们应当想到整个集体的教育。在实践中，这两个任务只有同时用一个共同的方法来解决才行。每当我们给个人一种影响的时候，这影响必定同时应当是给集体的一种影响。相反地，每当我们涉及集体的时候，同时也应当成为对于组成集体的每一个个人的教育。

实在说来，这些原理是众所周知的。但在我们的文献中没有对集体问题

进行过认真的研究。应当有关于集体的专门研究。

应当成为我们教育的第一个目的的集体必须具有完全确定的性质，这种性质显然来自集体的社会主义性质。在这篇短短的文章里，所有这些性质，也许不能一一列举，我只举出主要的谈一谈。

（1）集体不只是用共同的目的和在共同的劳动中把人们团结起来，并且要在劳动的共同组织中把人们团结起来。这里所说的共同目的并非是在电车上或在戏院里个人目的的偶然巧合，而是整个集体的目的。在我们这里共同目的和个人目的的关系不是对立的关系，而只是整体（就是说，连我在内）与局部的关系，而这种局部一方面只是我的，同时它又以特殊的方式归纳到整体里面。

个别学生的每一行为，他的每一成功或失败，都要被看作共同事业的一种成功或失败。这种教育的逻辑应当真正地渗透在学校的日常生活里和集体的每一活动中。

（2）集体是苏维埃社会的一部分，同一切其他的集体有机地联系着。集体首先对社会负责，首先对整个国家承担义务，集体的每一个成员，只有通过集体才能参加社会。苏维埃纪律的观念就是从这里产生的。在这种情况下，每个学生都会懂得集体的利益，理解义务和荣誉的概念。只有在这样的结合中，才有可能培养个人和集体利益的协调一致，培养荣誉感，这种荣誉感与旧时代骄横强暴者的自大截然不同。

（3）达到集体的目的，集体的共同劳动、义务和荣誉，不能够成为个人偶然任性妄为的表现。集体不是乌合之众。集体是社会的有机体，因而，它拥有管理机构和协调机构，这些机构首先负有代表集体和社会利益的责任。

集体生活的经验不只是同别人做邻为伍的经验，这是有适当目的的集体活动的复杂经验，指示、讨论、服从多数、服从同志、责任心和一致性在这些活动中占有最显著的地位。

苏联学校中教师的工作有着光明而广阔的前景。教师的使命就是建立这种模范的组织，爱护它、改进它，把它传给新的教师。这并非在两个人之间讲道德，而是机智、聪明地领导集体正常的成长。这就是教师的使命。

（4）苏维埃集体是站在全世界劳动人民统一的原则性立场上的。这不只是人们日常生活的结合，而是世界革命时期人类战线的一部分。如果我们在集体里没有体验到有历史意义的斗争的热情，那么，所有上述的集体的特性

是不会表现出来的。集体一切其他的品质，也应当结合这种思想来培养。集体随时随地都应当是我们斗争的榜样，它应当永远感觉到在它的前面有领导它走向真正幸福的共产党。

从这些关于集体的原理中，就产生了个人发展的一切细节。在我们学校里，我们应当培养出精力充沛的和有思想的社会主义社会的成员，他们任何时候都能在自己生活中毫不动摇地为个人的行为找出正确的准则，同时他们能够要求别人也有正确的行为。我们的学生，不论是谁，在生活中从不作为某种人格完善的体现者出现，只作为一个善良的或正直的人出现。他首先应当经常表现为不仅对自己的行为负责，而且也对同志的行为负责的集体成员和社会成员。

纪律是特别重要的，我们教育家在这方面犯的错误最多。直到现在为止，我们有人把纪律看成人的很多特性之一，有时仅仅看成一种方法，有时只看成一种形式。在肃清了一切神秘的道德基础的社会主义社会里，纪律再不是技术上的东西，而必须是道德的范畴。因此，强制性的纪律，对于我们的集体说来，是绝对背道而驰的，但是现在还有许多教育家因为某种误解，把这种强制性的纪律当作教育工作的万应灵丹。只用禁止的方法来表现的纪律是苏联学校道德教育最恶劣的方式。

在我们学校的团体中，应当有在我们党内以及在我们整个社会中所有的那种纪律，即应当有向前运动和克服困难，特别是克服存在于人们之间的那些困难的纪律。

在报纸中，很难提供长篇大论的文章论述人格教育的细则，这需要有专门的研究。显然，我们的社会和我们的革命给这种研究提供了最详尽的材料。我们的教育学，只要一放弃从儿童学得来的对于教育目的的那种惰性，必然会很快地表述出教育的目的。

在我们的实践中，在我们教师大军的日常工作中，虽然甚至现在还有儿童学的残余，但已经积极地表现出合乎目的的思想。每一个优秀的教师，每一个诚实的教师，都看见了摆在自己面前的公民教育的伟大的政治目的，并为达到这个目的而顽强地斗争。正是由于这一点，我们造就了如此卓越的青年一代的社会一教育工作，才获得真正具有世界意义的成就。

因此，把理论思想也加进这种成就里面来，那就更适当了。

学校里学生的性格教育

这篇文章最先发表在《真理报》上（1983年5月6日），是作者为了回答学校教师、家长和党的工作人员对《苏维埃学校里的教育问题》一文的反映而撰写的它以后被收入《马卡连柯全集》第五卷。文章强调，学校教育工作的重要内容是要"积极地、有目的地培养学生的性格"，使他们成为"社会主义社会的积极活动家"、"经过锻炼、忠于革命、愉快而又严肃的整代整代的活动家"。

3月23日《真理报》上刊登的《苏维埃学校里的教育问题》这篇供讨论的文章，引起了广泛的反响。讨论这一问题的信件和文章，还在不断地收到，写信的人主要是家长、教师、党的工作者和校长。只有教育学教授，那些首先应当关心教育问题的人，却没有寄来任何一句评语。这种异常奇怪的沉默该怎样解释呢？

《教师报》对这篇文章也没有评论。关于这点，伊凡诺夫市第40中学化学教师伊林同志这样写道：

"《教师报》的独特做法就是不说学校中的缺点，但却就同一方面来描写一些相同的奇迹：学生J耍流氓，在课堂上捣乱，打同学，破坏学校财产，侮辱教师。女教师了解到他喜欢军事时，介绍他认识了一个中尉。转瞬间这个学生既在学习成绩上，也在行为上都变成了优秀生。可怜的编辑部就没有注意到，只有不走运的报刊工作者和教育人民委员部的工作人员才会满意地、张着嘴听这种报道……"

重视我们学校和我们儿童前途的人们，对《苏维埃学校里的教育问题》这篇文章，都发表了评论，这是值得高兴的事。首先应当指出的是，这些评论反映出对教育问题有了深刻的认识，懂得我们学校的实际情况并善于对它进行分析。许多人在他们的信件里所提出的种种意见，要比教育杂志里的许多文章更合乎道理，更具有苏维埃的智慧。

根据这些信件，可以直截了当地肯定说，在我们的社会里，对于学校教育问题，并没有分歧的意见。大家一致认为我们的学校有做出出色工作的一切条件，认为我们的儿童都是教师们可以培养的好材料。但是，虽然有这样

幸运的条件，我们学校里的教育工作，却常常是做得很不好的……

所有的写信人对学校的情况都有一致的认识，都赞同他们对学校教育提出的要求，这些要求就是：要有全校教师和学生的统一的集体，把学生过多的学校分成若干较小的学校，加强教育中心，向学生提出坚定不移的要求，培养学生的意志和责任感，要有固定的生活制度和纪律，要有惩罚制度，要使学校里的舆论起积极作用，要使学校和国家社会生活有更多的联系。

在这些信件里，对于学校教育工作的个别细节，提出了很多有价值的意见，我不可能在这篇文章里详细地叙述它们。其中，有的人指出在争取优良成绩方面所发生的许多明显的偏向，这些偏向是：在竞赛思想上存在有麻木不仁的官僚主义，一味地追求数字和报表。其结果，就成为欺骗行为得到发展和学生及整个班级学风日益不正的起因。

另一些人指出，对儿童学的恐惧有时显得荒谬：否认儿童有懒惰的可能，害怕说研究儿童，忽视某些儿童实际上只有中等能力或能力不高的事实，甚至于不允许有这样的想法：在某些情况下，让儿童留级是有益的也是必要的。

这些意见是完全正确的。任何的工作也不像教师的工作那样需要有随机应变的灵活性。不允许对各个学生使用任何的刻板公式。当然，这完全不是说学校应当变成一种"个别对待"的涣散的集合体，像我们现在常常看到的那样，没有任何东西联系着。争取成为模范的苏维埃学校，不应当是争取死板不变的"绝对方法"，而应当是争取在我们的学校里树立真正的苏维埃作风。

不管多么令人失望，却不得不承认，我们的教育思想直到现在还没有想到把斯大林同志关于革命胆略和工作中求实精神相结合的著名的公式应用到学校工作中。

我同意对《真理报》那篇文章发表评论的许多人的意见，可以肯定地说，在我们的每一种教育活动里，在我们的各种组织措施里，充分而又彻底地贯彻斯大林同志这一纲领性的原则，就能使我们把我国学校提高到资产阶级学校的任何革新所不可能达到的那种高度上去。

"俄国人的革命胆略是能消除顽固习气、守旧思想、保守主义、思想停滞和盲从老旧传统态度的一种消毒剂。俄国人的革命胆略是一种兴奋的力量，它能唤起思想，推动前进，破坏旧物，开展前途。没有它，便不能前进一步。"

斯大林同志指出：如果不把革命胆略和工作中的求实精神结合起来，那么，革命胆略就可能堕落为空洞的"革命的"马尼洛夫精神……

我们可以确信，正是在我们的教育领域里，可以找到这种马尼洛夫精神的许多实例。

俄国人的革命胆略，应当使我国学校不同于任何其他国家的学校。我们的对人的态度，拟定教育工作必须达到的伟大目标，进行社会主义的人道主义教育，培养社会主义社会的积极活动家，培养出经过锻炼、忠于革命、愉快而又严肃的整代整代的活动家——要进行这些工作，难道没有革命胆略就能够达到目的吗？

在我们的教育工作中，还存在着许多缺点：不够严肃认真，不够坚定有力，没有合理的根据，没有明确的目的，工作细节还不尽合乎逻辑。正因为如此，当时曾"幻想杜撰"式地想出了这样空洞有害的公式："惩罚培养奴隶"。可是，谁也没有在实际工作中检查过这个公式究竟对不对。其实，能培养出奴隶来的恰恰不是惩罚，而是任性妄为和毫无节制的专横无礼，这种态度会使我们的某些教师培养出流氓无赖来。

关于惩罚问题，许多教师认为是一个最困难的问题。它所以显得困难，是因为一提到惩罚就会令人想起旧时代的学校，而关于惩罚方面的新的经验我们又没有。

一方面，要坚决抛弃在惩罚问题上的一切恐惧心理，另一方面，又要坚决抛弃以某种形式沿袭沙皇时代学校旧作风的一切企图。那时候，只要一提到惩罚，就会使听到的人毛骨悚然，胆战心惊。

有些人顶多是同意学校里采用惩罚是合适的，但同时就会加上许多注解，结果，实际上还是与不赞成采用惩罚一样：只有在极其例外的情形下需要惩罚学生，99%的学生是不能惩罚的，因为他们已经够好的了，并且，目前我们已经是有惩罚的，例如，批评、警告、请家长来谈话，等等。

最后的说法是正确的，但是，有时候是在一种意想不到的情形下才是这样。现在摘几段读者的来信看看：

紧急通知家长到学校里来，对他说："你的儿子是个无赖，玩钢笔尖，拉女孩子的辫子，必须开除。"

不幸的家长回家去了，满脸阴沉。

过了几天以后家长又来问："喂！我的儿子现在怎么样？"

"很不错，现在已经安静了。"家长附在教师的耳朵上，报告了他的"教导"情况。

教师不好意思地笑了。于是，一切都没有问题了。（鄂木斯克市，布拉齐克）

老实说，只是对破坏秩序的学生才存在不惩罚制度，而对好学生我们却毫不犹豫地借落后学生的手十分粗暴地（吐唾沫、推撞、辱骂、制造不能进行正常学习的条件、喧哗、叫嚣、上课时骂街等等），而且毫无理由地，在找不到任何过错的情况下加以惩罚。然而，马尼洛夫式的教师却不愿意看到这一点。（伊凡诺夫市，B.伊林）

我的女儿每学季的成绩都是很好的，已经连续四年了。但是，今年有的男同学常使她苦恼，常常对她"友好地"打打闹闹，这使我很感不安。我和教师、教导主任谈过以后，他们对我说："既然你女儿是优秀学生，那你就白白地担心了。"（喀山铁路亚那乌尔车站，季莫欣）

换句话说，如果学校里没有惩罚，就必然会使一部分学生失去保障。难道这种情况就是无法解决的难题吗？

其实，我们可以拟定一些影响学生的措施，这些措施同时也就是一种惩罚，例如单独地批评，在班上批评，在学校全体大会上批评，学校发布命令提出警告，收回学生证，等等。

惩罚是一件非常细致的事情，不能够把它交给每一个教师。因此，只有校长才能有惩罚权。当然，对校长来说，这个担子是很重的。但是，这一条规章本身所具有的权威性，无疑是很有益的。一般地说，在惩罚以前，不应当对学生使用压制手段，需要的是跟有过失的学生单独谈话，在其他的同学在场时与他谈话，要求他在全体大会上作解释，不过，在全体大会上只应以判定某一学生是不是有过失为限。

确定整个惩罚制度的基本原则，就是要尽可能多地尊重一个人，也要尽可能多地要求他。

如果不能保证有合理的集体组织（各部分间明确的相互关系，校长的坚定意志、舆论、自治机构的积极工作和校外活动等），如果学生不以自己的学校而自豪，不爱护学校的良好名誉，那么，任何一种惩罚制度也不会带来好

处，当然，这是无须证明的。成功的秘诀不在惩罚而正在这里，但是，在惩罚中要能体现出对学生的要求。

只有遵守这一切条件，我们的工作才能得到充分的发展，我们工作的内容就是要积极地、有目的地培养学生的性格。

以布尔什维克的精神来帮助教师培养千百万苏维埃学生的性格的工作，是各教育人民委员部，首先是俄罗斯苏维埃联邦社会主义共和国教育人民委员部和苏联列宁共产主义青年团中央委员会必须承担的义务，而这两个机构，对于儿童和青年的教育问题，目前仍然还研究得很不够。

社会主义国家的儿童

马卡连柯的这篇文章是在 1939 年初为纽约国际展览会苏联展览馆写的，同年，印成了英文单行本，以后收入《马卡连柯文集》第七卷。马卡连柯利用大量统计数字进行今昔对比，令人信服地说明了社会主义国家对儿童全面发展的关怀和苏联在短短 22 年中在国民教育方面取得的辉煌成就。

我在革命前就做小学教师，今天仍然从事教孩子的工作。近二十年来，居住在前俄罗斯帝国领土上的人民的生活发生了巨大的变化。尤其在你开始研究儿童情况的时候，自然就会想对比一下今昔的一些数字指标。可是新旧之间的差别这样大，往往使你失去了理解这些统计和对比的思考能力。譬如，我们如果说最近二十年内农村地区的中学数增加了 19000%！——那么这种统计对比已经超过了我们的想象能力。

全世界都知道，沙皇制度使幼年儿童过着不堪忍受的生活。如果在文化方面我国那时落后于其他国家的话，那么，儿童死亡率之高是无法与之相比拟的。造成死亡率高的原因是绝大多数居民的极低的生活水平，对城市工人的残酷剥削，农村地区农民的骇人听闻的贫困以及利用未成年儿童做力不能及的工作。

现在情况根本改变了。同 1913 年相比，苏联的国民收入增加了四倍。由于消灭了剥削阶级，全部国民收入都成了人民的财富，人民的生活水平在逐年提高。不管工业的大规模增长和对劳动力的大量需要，苏联法律禁止雇用 14 岁以下的童工。在矿山和其他对健康有害的生产单位还禁止 17 岁以下的少

年参加劳动。14岁到16岁的儿童只有得到劳动监察员的允许才能参加工作。他们在经验丰富的教导员的指导下每天工作四小时。这就是你从来看不到苏联少年有丝毫因疲倦而受苦的原因。你们永远看不到被不胜任的劳动所折磨的儿童。

这当然并不是说在苏联要把儿童培养成为不负责任的人或懒汉。恰恰相反，我们向我们的儿童提出了很高的要求：我们要求他们在学校里好好学习，我们要求他们的身体不断发展，要求他们成长为值得尊敬的苏联公民，要求他们知道国内发生了什么事情，我们的社会争取的是什么，在生活的哪些方面卓有成效，在哪些方面还是落后的。我们促进儿童的一般发展和政治发展，帮助他们成为积极的、自觉遵守纪律的人。但是我们没有丝毫理由对他们施用体罚或使他们受到丝毫痛苦。我们的儿童因为感觉到我们随时在热爱、留心和关怀他们，所以能意识到他们的责任，并且由于在道义上心悦诚服，从而能高高兴兴地来担负这些责任。

我们的儿童看到：他们所做的一切不仅是为了使长辈满意，也是为了自身和我们祖国的整个未来。一切阿谀和奉承对苏联儿童都是格格不入的。他们没有必要在决定他们命运的长官面前低声下气。

在我国，依赖他人的感觉，依赖主人、雇主、工长的感觉，不仅对儿童，就是对成人也是陌生的——这种感觉早就被遗忘了，早已一去不复返了。我们的儿童比任何其他社会的儿童都好些，他们呼吸着自己的社会主义祖国的新鲜空气。这就说明了他们为什么能自由地学习、发展和为将来而作准备。这就说明他们为什么坚信自己的将来，热爱自己的祖国，努力做一个值得尊敬的苏联公民和爱国志士。

他们从自己的父母和周围一切人的榜样中看到，在他们面前敞开了一切活动场所和所有的道路，并且看到，他们的成功完全决定于他们在学校学习时的勤勉和诚实的努力。

在苏联的中小学毕业生面前敞开了从事所有职业和专业的道路，他们有权利和机会选择任何专业和职业。没有任何不能克服的困难阻挡他们进行选择。想进高等学校的男女青年都知道，如有必要，他们可以到另一座城市里去，不必关心住宿和饮食，因为每一所高等学校都有宿舍，每个学生都有权得到国家的津贴，不管他有没有父母。但是，自由并不是我国儿童由于苏维埃社会制度所固有的条件而享受到的惟一成果。这些条件刺激着学校里目标

明确的工作，并且培养着对将来的信心。

早在苏维埃政权的头几年，工农政府就已经勇敢地担当起对千百万个由于1914年的第一次世界大战和1918—1921年的武装干涉而出现的流浪儿童的教育工作。当年轻的苏维埃国家在全国范围内进行着战争，并对经济崩溃和笼罩着广大地区的饥饿现象进行斗争的时候，就挑起了这个担子。苏维埃政府不顾一切困难，对儿童表现出了极大的关怀。在我国有很多无家可归的流浪儿童，他们失去了父母，没有亲戚和保护人，他们是一些沿着城市的街道和乡村游荡的孩子。

但是这些孩子也成长为熟练的工人和优秀的公民了。苏维埃社会不仅给了他们每个人以食宿，而且还训练和培养他们去参加正直的劳动生活。从我国消灭儿童流浪现象的时候起已经过去了许多年。在我们的工厂和机关里你们经常能遇到一些从前的流浪儿童，他们现在担任着重要的工作，并且受到了自己的同事和整个社会的尊敬。

儿童的流浪现象使我们的敌人幸灾乐祸并诬蔑我们。跟这种流浪现象进行斗争的历史证明，苏维埃社会为了儿童的福利是不惜力量和资金的，并且在做这件事的时候并没有屈辱这些儿童，而是十分尊重他们的人格。只有这一点才能说明那个非凡的事实：虽然在我们的这条战线上的斗争过程中有时发生过极大的困难，但是苏联政府一次也没有求助于体罚和儿童监狱。它宁愿采用训练与按照兴趣选择劳动的办法，它就是用这样的办法来帮助流浪儿童成为自己国家的值得尊敬的公民。

但是，消灭儿童的流浪现象的斗争只不过是21年来苏联社会对儿童进行巨大工作的一小部分。在沙皇时代，苏联的绝大多数居民都是文盲。统治阶级和国家政权丝毫不关心人民，尤其不关心儿童的现象，被看作理所当然的事。绝大多数的人甚至还没听说过儿童游戏场、幼儿园、托儿所的名称。苏维埃社会实际上必须从无到有来创办所有这些东西。

现在即使在苏联最边远的区域，居民们也亲身体验到，工农社会主义国家最关心的头一件事情就是教育儿童。建成了成千上万所学校，制订了许多民族语言的字母，出现了新的作家，为有些民族的教育工作培养了新的师资，这些民族在革命前没有文字，有的甚至还不知道纸的用途。托儿所、幼儿园、儿童俱乐部成了苏维埃生活中必不可缺的要素。在苏联没有一个人能想象出，如果没有这些机构，生活会是什么样子。

到第二个五年计划时期（1933～1937）已经为儿童建立起了 864 所少年宫和俱乐部、170 个儿童公园和街头花园、174 所儿童剧院和电影院、760 个儿童技术和艺术教育中心。有一千多万儿童到这些中心来学习。从 1933 年到 1938 年新建了 20607 所普通学校。在苏联已经实行了普及初等教育，根据第三个五年计划（1938～1942）在城市里将要实行普及中等教育，而在农村地区将要实行普及七年教育。这些数字说明，为了给苏联的儿童以幸福的生活，作出了多么大的努力。

儿童夏令营和采取各种措施组织儿童在暑假期间的休息活动就是一个惊人的例子。学年结束以后，大多数儿童都到城外去休息。儿童夏令营是由国家、工会和工矿企业举办的。苏联的每个工厂和每个机关为举办儿童夏令营都提供适当的条件和拨款。夏令营设在每个城市的郊区，在苏联的南部地区——克里米亚和高加索——这种夏令营特别多。1939 年在夏令营里休息的儿童将要达到 140 万名。除了固定性的夏令营以外还有流动夏令营。

譬如，我自己就曾带领公社的孩子们在全国进行过七次长途行军。我们的公社拥有帐篷、露营设备和食品，我们乘火车、坐船和步行走过了几千公里。我们举行过到克里米亚、高加索、亚速海岸的行军，横穿过顿巴斯。我们在黑海和伏尔加河上航行过。我们在索奇、雅尔达、塞瓦斯托波尔和顿涅茨河岸露营过。各地居民都热情地接待我们。人们让我们参观他们的工厂、儿童教育机关和俱乐部。再没有比这种夏季行军的方法能更好地培养和教育青年了。

在中学毕业以后，苏联的男女青年不仅获得了知识，同时还能用通过会见各种人和熟悉人们的劳动和心理所得到的印象来充实自己。

即使在冬季，苏联儿童的发展也并不局限于学校的范围。在学校里的功课完毕后，他们到少年先锋队俱乐部去，这些俱乐部一年比一年完善，并逐渐变为头等的具有研究性质的儿童教育机关；他们还到儿童艺术教育中心去。如果每个学生内心燃烧着求知和创造的火花，就都能在这里得到辅导和找到有益的活动。

苏联的儿童惊人地爱好机械。在 12～16 岁的儿童中，几乎找不到对技术问题不发生兴趣或不懂得简单机械的基本原理的人。能满足对力学和技术的这种爱好的，不仅有专门为此组织起来的俱乐部，同时还有大量的儿童技术杂志和书籍。这些宝贵的读物是为年轻的苏联工业培养技术干部服务的。

在陆军和海军中，在文学、艺术和政治活动中，苏联的青年十代所跨出的每一步都在证明：在苏联，从初生的婴儿起所给予儿童的关怀已收到了丰硕的果实。

我的教育观点

这篇文章是马卡连柯于1939年3月9日在国立哈尔科夫师范学院文学教育晚会上所作的报告中的速记稿。最先发表在《国立哈尔科夫师范学院科学论丛》（1941年）上，以后收入《马卡连柯全集》第5卷。马卡连柯回答了有关教师的主导作用、用什么知识武装未来教师、纪律、性教育、教育理论与教育实践的关系和儿童课外阅读等问题。

同志们！我并不是报告家，因为我不是学者，我没有教育学方面的学术著作。我认为我只不过是一个有机会向大家来作报告的人，作为一个小小的作者来作教育学和文学的报告。因此，要请大家注意，我自己现在还没有任何肯定的结论。我和我的社员们实际上所做的事情，还只是一种经验。所以，很显然，为了可以根据这种经验作出某种确定的结论，还需要不止一次、两次地来检查这种经验。因此，我请求大家惟一注意的就是这一点。

我有自己的经验，自己的生活；你们也有自己的经验，自己的意见。今天，我们的思想要发生一些交锋了。我们的认识也许是并行不悖的，也许是彼此交错的，也许是相互冲突的，但有了这种思想上的接触，总是会有益处的。

我们的事业是共产主义教育事业，这是世界范围内的新事业。如果我们拿科学技术、文学等方面来说，那你们在这些方面总是能从过去的一代得到一些东西的。在共产主义教育方面，问题就比较复杂些，因此在20年以前，"共产主义"和"教育"这两个词，还几乎不能连在一起用。在我们工作的许多细节方面，我们还在游泳，以后仍然要继续游泳，而且不可能不游泳，关于这一点，我们是完全不讳言的。如果肯定地说我们在20年之内能够建立和建成大规模的新型学校——共产主义教育的学校——并使它具有确定形式的话，那只不过是一种高傲自大罢了。我和你们正是这种事业的开路先锋，而开路先锋是常常要犯错误的。因此，最重要的是不怕犯错误，要敢于冒险。

现在，简单地谈一谈我们今天的集会的意义。

要向你们作报告，我觉得是很困难的，因为，你们这里是文学系，文学系里的人都是爱好文学的。我多少算一个文学作家，那就是说，我也应当对我的文学工作作一番报告。但是，我觉得我不仅首先是一个做教师的，而且始终是一个做教师的。我的文学著作也不过是教育学著作的一种形式，因此，关于文学方面，我将说得很少。

我现在要简单地向大家讲讲我自己的教育学和文学著作的历史，以免发生误会，因为现在还有许多人以为我是以前的陆军上校。其实，我不仅没有做过上校，而且从来就没有当过军人。我是工人的儿子，我的父亲是铁路工厂油漆工人，他在车厢工厂里工作了四十多年。我也在这个工厂里工作过，我做的是教师，那是从 1905 年开始的，那时我从一个初等学堂附设的一年制师资训练班毕业，受到了最低的教育。现在，这样的最低的教育好像根本就没有了。这种最低的教育就是只能委托我做最低的小学教师，月薪是 25 卢布。（有人问：是教会学校吗?）不是，请原谅，不是教会学校，是工厂办的学校。这个学校里有统一的工人协会，在这一点上说，这是一个很好的学校。我以这个工厂里的工人的儿子的身份，做了这个协会的会员。我在这个学校里工作了九年，在这个学校里所取得的经验，对我来说是有很大的意义的。以后，我在 1914 年进了师范专科学校——还不是高等师范学校。在这个学校毕业时，我获得了金质奖章。在这以后，我就领导了为违法者设立的高尔基工学团。

从 1920 年到 1935 年的 16 年中，我领导着一个集体：高尔基工学团和捷尔任斯基公社。这虽然是两个名称，实际上等于一个集体。如果你们读过《教育诗篇》，就会记得当乌克兰教育人民委员部把我由高尔基工学团"调开"时，我就转到捷尔任斯基公社里来了，我们的公社当时在哈尔科夫。在那里，已经有我的 50 个高尔基工学团的学员了。紧接着我来公社以后，又有100 个高尔基工学团的学员转来捷尔任斯基公社。这样，事实上捷尔任斯基公社不仅继续了高尔基工学团的经验，而且也继续了一个人的集体的历史。这对于我和对于我的事业来说，是有很大的意义的。因为，这样一来，就继续了并累积了高尔基工学团里所建立起来的那种传统。

我在捷尔任斯基公社的时候，写了我的第一本著作——《1930 年进行曲》。它出版了，但我并没有看见，也没有读过，也没有见到有关这本书的任

何一个教师的信件，没有见到任何一种批评的意见。这本书就这样地完蛋了，这样地无影无踪了。只有一个教师对这本书有反应，并且赞扬了这本书。这位教师，就是那位诲人不倦的教师——阿历克赛.马克西姆维奇.高尔基。那时他住在索伦托，设法找到了这本书（我没有送给他），读了它，并且给我写了信。

以后，我又写了《教育诗篇》，在1933年、1934年和1935年分期出版。接着，还写了小说《荣誉》和《塔上旗》，后一本书对于我、对于我所持的观点的演变，具有很重要的意义。许多人肯定地说这本书比《教育诗篇》好，又有一些人却说完全要不得（笑声）。当然，我是倾向于中间的看法：它既不比《教育诗篇》好，也不算多么坏的书，无论如何，里边总有一些可取的地方。

我还写了《父母必读》第一卷。为什么我决定写这本书呢？最近两年来，我在乌克兰内务人民委员部的劳动工学团管理局工作，并组织了一些劳动工学团。我已经较少地忙于流浪儿童的工作，而较多地忙于"有家"儿童的工作了。以前在高尔基工学团所收容的是流浪的违法者，而最近两年来就比较多地收容"有家的"儿童了……

这时候，我应当多注意家庭，关心家庭，所以，我觉得我有必要为做父母的写这样一本书。我出版了第一卷，这一卷里所谈到的是作为一个集体的家庭方面的问题。现在我正在写第二卷，这一卷里所谈的主要是家庭里的道德和政治教育，但也不免要涉及学校。第三卷将谈到劳动教育和选择职业的问题。至于第四卷，在我看来最重要的就是这样的问题：为了使人成为一个幸福的人——不管他想不想这样——应当怎样来教育他？真的，这是很有趣的问题吧？

由于《父母必读》，批评家和教育家们都在痛骂我。批评家们责骂这本书太偏重说教了；而教育家们责骂的理由却是这本书过于偏重文学了，没有教导任何人。但是，很多教育家所指责的是因为我完全没有谈到学校。

这是一种误解。我根本就没有打算谈学校，我想谈的是关于家长的事，我要对家长说话，对家庭说话。我跑到俄罗斯联邦教育人民委员部说："我为家长写了这本书，也许我犯了错误，或者我发表的是一些不正确的意见。请你们看看。"但他们回答说："我们不要看，因为我们没有这样的家庭教育司。"我问："那你们有些什么样的司？"回答说："有普通学校司，有学前教

育司，等等。"我说："再见吧！"我打定了主意，我们就分配一下职务：你们有学校教育司，我将有家长教育司。想到自己后边有教育人民委员部学校司这样的权威机关，负责的人们又是那样地博学多识，我就决定我不必再涉及教育人民委员部所负责的那些问题，我就谈谈那些没有什么事、也没有谁来管的问题吧。

这就是我要多写一些有关家庭教育问题的东西并有意把这本书叫做《父母必读》的缘故。但这还是没有用处的。在莫斯科出版的一个杂志上登载了这样一篇文章：《对家长们有害的意见》。

一般说来，我是不喜欢看批评我的作品的那些文章的，但这篇文章我却读了。我想：那本书里究竟有什么害处呢？也许确实写得不够好？原来，这本书所以被认为有害，正是因为书里一点也没有谈到关于学校的问题，因此就是一本有害的书。

我认为这并不是什么大不了的指责，所以我还是继续写《父母必读》。关于学校问题，我还是不准备写。谁能强迫我写所有的题目呢？并且，一般地说，对作家最适宜的是选择一个题目，而不是选择 20 个题目。

关于学校问题是你们做教师的应该写的……你们有许多思想，有许多情感，请写吧！

这就是我的简短的报告。那么，关于我的著作的文学方面的优点和缺点，还应该说些什么呢？这里有一个问题，对于你们文学家们说，可能会感到兴趣。有人说，在《教育诗篇》里没有"虚构"，只是事实的罗列。有一个批评家甚至写过这样的话："一个人有了有趣味的生活，他就把这种生活记述下来；谁要具备有趣味的生活，谁都可以写这样的书。因此，马卡连柯不是文学家，也不是艺术家，而只是罗列事实的专家。"

当然，我觉得委屈了。我不是文学家，却写了书，哪里会有这样的事？我在一次辩论中间道："为什么你们说这是事实的罗列呢？"有一个批评家回答我说："因为你写了事实上有的一切事情，没有虚构，也没有综合的形象。"

我当时摆出一副严肃的面孔说："对不起，你们从哪里知道没有虚构呢？你们有什么证据说这一切都是真实的事呢？"他们回答说："那是很显然的，扎多洛夫就是证明，事实上当真有这个人，你打了他。"我说"完全没有这回事！没有扎多洛夫这个人，我也没有打他，这完全是虚构。"

他们相信我或者不相信我，这是他们的事情。但是，他们却不能够证明

我是不对的。我有权利虚构吗？有这样的权利。因此，谁也不能够有意向我吹毛求疵地说：这是虚构或者不是虚构。谁也没有权利要求我回答这一点。但对于你们，应该友谊地说：无论在《教育诗篇》里还是在《塔上旗》里，都是没有虚构的，除了个别姓名和个别场合……

这就是我认为有必要向你们说明的惟一的文学方面的问题。

同志们！现在我们转到教育学的问题上来。我要很简单地说一说，因为，有人给我提出来许多问题，我想，在回答这些问题时，有关的一切都会说到的。

我今天有什么权利和大家谈话呢？惟一的权利就是我做了32年教师：一方面，我尽力研究分析了我的教育工作；一方面，我有了——怎么说呢？可以说我有了若干教育工作的独特方法。这种方法并不是因为我的才能而得到的，这是由于委托我的事业的需要和性质而得来的。

我幸运的是：我在一个集体里一直工作了16年，那里有优秀的同志和同事。因此，我们的一些最困难的和最巨大的任务都逐渐形成了某种与系统相似的东西。根据对经验的研究分析，我有了一些看法，也许，这些看法与众所周知的、普遍通行的那种看法会有所不同。我想对大家说的也正是我的这些与众不同之处。我不是在普通学校里工作，我是在特殊的教育机关里工作，这就是这些不同之处的证明。并且，我比其他的人更走运些。

如果要描述一下我的成就的特点，那就可以说这种成就是很大的。我只要给大家谈一谈这种成就就够了。最近几年来，捷尔任斯基公社是靠经济核算制维持的，这绝不是一件小事情。你们想到过有靠经济核算制维持的儿童集体吗？这是很重要的一种情况：它不仅供给学校的开支，不仅支付教师的工资，不仅维持办公室的经费，而且也供给维持儿童生活的全部开支。此外，公社还提交国家几百万卢布的纯利润。这个成就是很大的，因为，经济核算制就是最良好的教师：它仿佛完成了三个高等师范学校的学业，它很好地进行着教育的工作。

此外，经济核算制又大大地优于预算制。一年之内，我可以在夏季旅行上花费20万卢布，可以用4万卢布作买哈尔科夫剧院的戏票的费用。我可以买大卡车、小汽车、其他型号的轻便汽车和载重货车，等等。难道学校能买得起这样的东西吗？

经济核算制是经济事业方面的一种收获，但是它还有其他的收获。就在

最近，我遇见了一个女社员，她就要学完历史系的课程了，此外，她还有五级铣工的资格，有五级光学专门技术的资格，并且还将要获得历史学家的资格。一个人具有这么多的熟练技能，而努力去获得熟练技能的花束，更会感到愉快，并产生有力的影响。

我很幸运，因此我要毫不迟疑地讲述一些认识，这些认识你们现在会感觉到奇怪，但经过若干年以后，我相信你们会同意我的看法的。

我的看法的主要特点如下：在我们学校的实践中（我现在很了解学校的情形，我没有一天不在学校里），可以看到我称为个别方法过于"肥大"的那种现象。大家都听到过医学上有"心脏肥大"的术语，这就是心脏扩大的意思。正因为有这种"肥大"现象，我们在教育儿童的工作中，就希望这种个别方法能创造奇迹，直到现在，我们还迷恋于这种教育方法的效用。我并不反对个别方法，但我认为在教育事业上（单指教育工作，我这里不涉及教养工作问题）有决定性作用的东西，并不是个别教师的方法，甚至于不是整个学校的方法，而是学校和集体的组织，是教育过程的组织。

例如，我今天听了一个师范学院的学生所作的报告，题目是："怎样培养苏维埃爱国主义？"报告是很有趣的，显然，这个学生报告得很不错。报告里叙述了一个优秀学校的经验，证明苏维埃爱国主义正在逐渐培养起来：第一，在学校课堂教学上；第二，在校外活动中。并举出培养苏维埃爱国主义的良好课堂教学实例和良好的校外活动实例。报告的第二部分讲的是关于学校对学生进行教育工作的效果和学校对学生的谈话。报告者只根据这样的谈话，就断定苏维埃爱国主义是证明方法正确性的教育结果。

我听完报告以后，向报告者提出了这样的一个问题："很好，方法好，效果也不假。但是，您是否打算过考查您所引证的孩子们的话？比方，某一个孩子说国境警备人员应当是勇敢的，说他也愿意做一个勇敢的人，并且认为应当成为一个勇敢的人。您是否考查过，他究竟是勇敢还是懦怯呢？"如果考查的结果，证明这个孩子是怯懦的，那么，要说在这个孩子身上已经充分地培养好了苏维埃爱国主义的话，那我就有权怀疑了。一个学生会具有正确的苏维埃爱国主义的观念，但可能还没有养成正确的苏维埃习惯，我认为这种情况是可能有的。

当谈到培养忍耐，培养善于克服长期困难，培养善于不急躁地而是耐心地排除困难的这些品质时，这更是特别重要的。你们无论建立起多少应该做

23

什么的正确观念，但如果你们没有培养克服长期困难的习惯，我就有权说：你们什么也没有培养起来。总而言之，我要求把儿童的生活组织成能培养一定的习惯。

我坚持认为，在我们的学校里，对于组织儿童经验——生活经验和共产主义经验的问题，并没有予以足够的重视。

其次，我还提了一个问题，使这个报告者感到不好回答。我问他："您认为受到了正确教育的那些孩子，在人所共知的这个问题——所谓不在教师面前告发同学的这个问题上，该持怎样的态度呢?"（有这样的问题，有这样的困难问题。）

常常有这样的情形：大家都认为这是一些很好的孩子，是受到了共产主义教育的孩子，但是，如果有一个同学做了什么不好的事情，全班却不在教师面前告发他。如果这样的矛盾已经存在的话，那我就有权怀疑教师的教育方向是否正确了。

我坚决主张应该特别注意儿童集体的组织形式。关于这个问题，我不再谈下去了，可能在这个题目上还要回答许多问题。

我只列举出值得注意的一些基本问题。第一个问题是：关于集体的中心问题。我们有四个中心，另加上某些没有计算在内的中心。这四个中心是：校长、教导主任、共青团书记和总辅导员。这是很重要的一个问题。我在自己的工作中，对于组织中心的问题，费了很大的力量，并且不是很快就解决了这个问题。对我来说，这是特别重要的一个问题。中心，就好像舰长的指挥台，在那里进行管理学生的一切工作，它并不是行政的中心。

中心问题，中心影响的问题，无论从理论上，无论从实践上，都还是没有完全解决的一个问题。我看到过许多学校，它们各不相同。在一个学校里，校长主持一切，甚至连油漆地板和天花板的事情也要管起来。在另一个学校里，由教导主任管理全部事情。在第三个学校里，据说由共青团书记决定一切问题，而在第四个学校里，总辅导员决定一切问题。

这是问题的一方面。

第二个最重要的问题是关于集体组成的问题，这就是我所说的集体的划分的问题。我是把班级这个基层集体和学校总集体分开来看的。在集体的组织上，指导着我们的是一些什么原则呢? 在目前，可以说我们在这一方面差不多还没有任何的原则。有的不过是班级，也只有班级而已。每一个班级都

是单独活动的：十年级不知道九年级在做什么，而二年级和三年级在做什么事情，它根本就不想知道。二年级和三年级对高年级是什么态度呢？是尊重呢？是敬佩呢？还是钟爱呢？完全不是。实际的情况是：二年级不注意高年级中的事情，也不愿意去了解，基层集体完全是相互隔绝的。

下一个最重要的问题是纪律问题。这是一个使人担心、使人伤脑筋的问题。尽管如此，直到现在，在我们学校的实践中，还都把纪律当作抑制性的纪律。

难道苏维埃的纪律的本质真是这样的吗？抑制性的纪律只是说不要做这个，不要做那个，不要迟到，不要把墨水洒在墙上，不要侮辱教师，等等，还可以附加"不要"这两个字的若干相类似的规则。这绝不是苏维埃的纪律。苏维埃纪律是战胜困难的纪律，是斗争和前进的纪律，是趋向于一定目的并为这个目的进行我们真正需要的斗争的纪律。

关于教育的目的和任务的问题，已经解决了吗？这个问题也需要加以明确。我们说：儿童应当是勤勉的、发展的、认真的、守纪律的、勇敢的、忠诚的、有意志的，等等，还可以加许多这样好听的词。但在英国的学校里，难道不是想教儿童有意志、忠诚和认真吗？也照样是那样说的。不行，光这样的一套公式还不能确定我们的目的。我们的目的是一种特殊的目的。那就是：我们应当培养儿童的共产主义的行为。换句话说，我们的目的只能表现在决定共产主义个性的品质中，这种品质应当特别细致地、精确地表现出来。

让我们想一想，我们所知道的集体主义者的品质，具有共产主义行为的那种人的品质是什么样的呢？我们是怎样认识这种人的，说老实话。如果我们说：他是忠诚的，他应当有意志，他是精力充沛的，那还等于什么也没有说。像这样的品质，那就不仅仅是我们所独有的。

共产主义者的忠诚应当和所谓好的英国人的忠诚有所区别。要知道，《圣经》里也指出要忠诚……

我们的忠诚所要求的是：劳动者之间要有积极的团结一致，要尊重每一个劳动者，要尊重自己的最小集体和整个苏维埃社会的大集体，要尊重全世界的劳动者。我们所说的忠诚，就要建立在这样的基础上。我们所具有的任何道德品质和资产阶级所具有的道德品质比较起来，具有不同的内容。我们的道德品质所要求的特殊内容，决不能像资产阶级国家——比如说像英国——那样的道德品质的内容。我们应当培养的正是这种特殊的个人道德品质。

例如，拿事业心这一重要的品质来说。莫洛托夫同志在第十八次党代表大会的报告提纲里，把这种事业心看得特别重要。

要知道事业心在资产阶级的观念里，也是很好的品质。但是，在资产阶级世界里，是如何理解事业心的呢？"你应当成为有业务才能的人，因为有许多没有业务才能的饭桶，所以，你应当比他们强一头。"资产阶级的事业心，是这样的一种品质：为了战胜没有业务才能的人，为了占他们的上风，把他们变为奴隶，变为被剥削者。

这样的事业心是一种剥削的工具。我们每一个苏维埃人，都应当成为有业务才能的人，但一个人的事业心决不能妨害另一个人的事业心。这就是说，我们的事业心就是一种道德品质；而事业心的要求就是一种道德的要求。我们应当培养每一个人的事业心。

我们拿精确性这个概念为例来说。在斯大林同志的言论中，在我们政府最近的指示中，都特别强调这一品质的意义。在我们的教育工作中，作为真正共产主义品质的精确性，应当成为这样的一种精确性，即首长的精确性和部属的精确性是同样的一种道德品质。

我们拿定向能力这种品质来说。这种能力要达到这样的程度：在最复杂的情况下，能够很迅速、很准确、很安详、很有信心地决定应该怎样做，不喊叫、不急躁、不慌张、不惊恐。这样的能力，我们必须培养起来。

最后，我们说说善于服从同志（不是服从有钱人，也不是服从主人，而是服从同志）和善于命令同志的那种重要品质——纯粹共产主义的品质。我们是同志，是朋友，但是，遇到某种情况，我有权来发命令。那时候，我应当善于命令，而你们就应当善于服从，要忘掉一分钟前我们还是同志的那种关系。这种品质，只有在我们的国家里才能够得到发展。我们的国家里没有剥削阶级，没有凭借经济力量、私有财产和支配统治的那种权力……我们应当在我们的青年身上培养这一切品质。

我只从很多的品质里指出了很少的一些品质。

现在会有人要问：我们用什么方法来发展这些品质呢？为了学会命令同志，除了练习使用命令以外，再没有其他的方法。这种练习不应该采取不严肃和开玩笑的方式，而应当这样地看待命令：当一个同志对集体负有责任的时候，不执行他的命令就会引起破坏工作的现象。

同志们！这就是我所要说的最主要之点。应当这样组织集体：使集体能

培养出实在的——不是想象的而是真正的、实在的个人品质来。这就是我们必须做的事情，并且，只有在这样的条件之下，个别的方法才能发挥更有力、更良好、更妥当的作用。因为如果没有集体，没有集体的教育，那么，使用个别方法就会有养成个人主义者的危险，也只能有这样的结果。

我不再拿这个问题的其他细节来麻烦大家了，我想在回答问题的时候，还一定要说到这些的。

现在，在我的演说的结语中，我必须指出，所有这些问题都是特别困难的问题。其所以困难，就是因为优良的品质要好多年才能培养起来。想用某种特殊的、迅速生效的方式或方法来培养性格，那是不可能的事情。只有当一个人长时间地参加了有合理组织的、有纪律的、坚忍不拔的和有自豪感的那种集体生活的时候，性格才能培养起来。但是，要想进行这种实验，那就是说，必须进行冒险。

关于冒险的问题，是一个最困难的问题。首次冒险——第一次的危险就在于：如果你们决定这样地领导集体的工作，在四个月之后你们就一定会遇到视导员，他会问你们："你们做的是什么？请拿你们培养好的现成的共产主义品质给我看看。"而你们是拿不出来的，你们要经过五年之后才能培养出这样的品质。怎能经过五年?! 把你们所培养的，现在就立刻报告出来（笑声）！

这是很大的一种危险，因为，常常为了追求报告材料，结果简直就会闹出笑话。例如，我今天到过一所学校，适逢教师们正在进退两难。他们说：省教育厅责成取得 100% 的优良成绩，市教育局也责成达到 100% 的优良成绩，因此，我们的学校，我们的班级，也不得不达到 100% 的优良成绩。然而，我们的九年级里有个学生叫巴尔勉索夫，他除了得 2 分外不会得到其他的分数。他只能得 2 分，这成了他的专长。我们对他一点办法也没有，因此不可能取得 100% 的优良成绩。我们不能够完成这一项任务，于是就变成欺骗整个苏维埃社会的人了。我们答应了要争取 100% 的优良成绩，孩子们也答应了要这样做。提出任务前就知道有个巴尔勉索夫。到时候就会听到教师说："我已经决定给他 3 分。"所有的人都会知道这件事情——巴尔勉索夫会知道，巴尔勉索夫同班的学生会知道，其他班的学生也都会知道。但大家会这样想："不欺骗，就卖不了。"这就是所谓的 100% 的优良成绩！他们说，为了报告，就需要这样做。我给他们说："你们做得不对。""那应该怎样做呢？""应该这样做：我们不可以承担我们不可能完成的那种任务。"

有人会问：这是由于客观的原因吗？不是，这不是因为客观的原因，这是因为巴尔勉索夫本身这个主体的缘故。应该同情一个人，应该同情巴尔勉索夫，他不能够再得 2 分了。

大家都威胁他，憎恨他，折磨他的神经，因为他妨害着全班，他成了集体所唾弃的人，成了教师、学生、父母憎恶的对象，成了自己憎恶自己的对象。

这有什么意义呢？你们明知道他赶不上功课，为什么要把他留在九年级里？要负起责任，既不能欺骗学生，也不能欺骗自己。

这样的危险也在等待着我们。

第二种危险是很严重的一种危险。我们常常喜欢说："培养坚强的人！"好吧，就培养吧！什么是坚强呢？

如果为了避免伤风而把人用棉被裹起来，这能锻炼人吗？应当自觉地去冒险（当然，这是一种比喻的说法）。如果不对一个人提出种种困难的任务，就不可能锻炼这个人，有时候他会在这些任务上碰钉子的。如果你们害怕他碰钉子，不给他提出困难的任务，那就是说：他一定要碰钉子的。

有一位校长，我以同志般的情谊去帮助他，像爱护人一样地爱护他，我对他说："为了保护学校，你应当设置卫队，当然，是带着没有子弹的枪。请由十年级、八年级、六年级和四年级的年龄大的学生组织卫队，然后由九年级、七年级、五年级和三年级的年龄大的学生组织卫队，并且，叫卫队由晚上八点至九点站岗，轮流值两小时的班。有一些人值班站岗，另一些人在守卫室里等待着。"

这位校长反对说："像这样小的学生，就连母亲也不会允许的。"我和一个小孩子谈话，他却说："就是母亲不允许，我也要抢着去！"他抢着要去，是对的！他会受到这样一种思想的鼓舞：他保卫着自己的学校，而且在十年级同学的指挥下，他自然而然就会和十年级同学要好起来。当然，这个小孩子将要站岗。那是在夜里，有点害怕，狗在跑着叫着，住处离得很远。就让他战栗、惧怕吧——至少惊慌是免不了的。

无论如何，我不知道，直到现在也还没有遇到过除这种锻炼以外的其他锻炼方法。这是惟一的锻炼方法，应当进行这样的锻炼。大家要知道，儿童对这种锻炼的兴致是很大的，你们不会遭到儿童的任何反对。相反地，还会得到儿童的完全支持。要站岗的那个小孩子，会有点害怕，但他决不会说他

胆怯。他去站岗，你问他："害怕吗？"他会回答说："不！那有什么可怕的！"

不感到害怕的那种小孩子并不是勇敢的人，而善于抑制自己的恐惧的小孩子才是勇敢的人。其他的勇敢是不可能有的。你们以为在枪林弹雨之下冒生命危险，这就是表示什么也感受不到，什么也不害怕吗？不是，这正是表示也有所害怕，也有所感受，也在抑制着恐惧。你们会问我："如果他害怕怎么办？"其实，没有关系，他也应当害怕，为了克服一些困难，就让他害怕吧！

但是，校长当然不同意设置卫队。

就在这同一所学校里，有另外一个例子。很漂亮的学校，新的建筑物，全新的设备，宽敞的走廊，走廊上有嵌木地板。但嵌木地板是脏的，就是说，地板的颜色是脏的。

我问："为什么有这样脏的嵌木地板？要知道，工人在这里铺嵌木地板，并不是为了在嵌木地板上面涂抹脏的东西。要知道，我们铺嵌木地板，是为了使嵌木地板明亮光滑。"有人跟我说："那我们该怎么办呢？我们一个月擦两次，但光擦是不行的，需要先洗，然后再擦。该怎么办呢？"我说："让学生们擦吧！""学生们怎能擦？""通常都是这样的：在早晨上课之前，某一个轮值的小组在年长的儿童领导下，拿着刷子来擦嵌木地板。"

你们以为孩子们不喜欢这样的事情吗？不仅应当擦地板，而且在打铃的10分钟前，佩带某种红十字徽章——卫生管理徽章——的某一个五年级的同学走来对十年级的一个大同学说："看看地板吧。你怎么擦的？这是什么？那是什么？你这样的工作我不能通过！"于是，报告校长："在某一个十年级同学领导之下的某一个小组，没有擦好地板。"如果你们把这个十年级学生叫来，对他说："怎么能这样做呢？"这样就已经开始了随后的教育工作了。

这是不是锻炼呢？这是锻炼。为了进行这样的锻炼，需要早起床一小时来做其他的工作。知道这一点是有好处的，会擦地板是非常有益的。

我提到过的那个女孩子，她在历史系毕业时对我说："我和四个女同学住在大学生宿舍里。只有这一件事情很糟糕：她们不会擦地板，只有我会。社员们全都会擦地板。因此，为了保持清洁，她们四个人常常催促我擦地板。"我问："那你怎么办呢。""我劝告她们应当学会擦地板。"

社员们每天都擦地板，并且做得很认真，所以地板擦得很亮，像镜子一

般。这种擦地板的工作，就是一种锻炼。在这样的地板上，是很难有人吐痰的，这就像在莫斯科地下铁道里不会有人吐痰一样，其实那里谁也不站着，谁也不看着。不许在地板上吐痰，不许乱扔烟头。身体本身就认为不可以，肌肉也不会为这样的事情来活动。同样地，如果全体学生都根据自己学校的经验，知道他们每天要擦自己的地板，那么，谁也就既不会在地板上吐痰，也不会在地板上扔纸头了。因此我知道，没有这样的锻炼就不会有真正的共产主义教育。验收十年级同学所完成的工作的那个五年级生，将学会命令同学的本事，而这个十年级生，也将学会善于服从同学。同志们！我的演说完了，现在就来回答问题。

同志们！这里有这样的一些问题——提这些问题的人把我当做预言家看待……对这样的一些问题我将不作回答，我要回答我所能回答的一些问题。

有这样一个问题："在您的一些作品里指出了儿童再教育的过程。为什么不指出教师在这个过程中的主导作用呢？"

在《教育诗篇》里，我指出了自己的主导作用——我是不是教师呢？我是教育工作者呢，还是不应当这样看待呢？也许你们想叫我指出教师在班级里的主导作用？

请注意，我没写学校，我写的是工学团，我写的是集体的生活和同志们的生活，其中也包括教师的生活。

我们务必不要自高自大。的确，一个年轻人从高等工业学校毕业，到设计局去工作的时候，只是一个最普通的工作人员，只能执行一些最简单的任务——研究某种小小的环节的构造。而当我们读完高等师范学校到普通学校去工作的时候，我们就会说，我起着主导作用了。可是，我们能够领导什么人呢？我们还需要他人来领导，而且还需要相当长的时间。

应当谦虚地看待自己，我始终认为教师只是一个普通的工作者。如果一个教师不是一个很好的普通的工作者，那他就永远不会成为一个很好的领导者。所谓在集体中的主导作用，应当属于集体的领导者，应当属于整个集体对他忠诚的那个有经验的教师。

例如，现在如果委任我领导一所学校，那我首先该做什么呢？我一定将全体教师召集起来，对他们说：这是学校计划，你们是不是同意呢？你们都是有才能的教师，都是有经验的人，如果不同意这个计划，那就很对不起，请离开我们。你们是青年教师，刚刚从高等学校毕业，知道的事情还不多，如果同意我们的计划，就请留下吧！

教师集体的统一是最有决定意义的一件事情。就是最年轻的、最没有经验的教师，如果在统一的、精诚团结的集体里，有很好的有才能的领导者来领导，那么，跟任何一个与教师集体分道扬镳的有经验、有才能的教师比较起来，要做出更多的事情来。再没有任何东西比教师集体里的个人主义和倾轧纠纷更可怕的了，再没有任何事情比这样的现象更可恶、更有害的了。

在统一的教师集体里，不应追求炫耀自己的成绩，而应使整个集体的成就发扬光大。那时候，你们就会受到爱戴，也就能获得最重要、最必需的苏维埃作风了。我正是打算描述这样的作用，而不愿意突出地来写个别的教师，因为我要写的是集体，是集体的影响。

问题："据您的意见，为了用各种必需的知识来武装学生——未来的教师，必须怎样来编制教育学课程？"

亲爱的同志们！我还没有想过这个问题，现在也来不及很快地加以考虑。但是，其中的某些问题是曾想过的。例如，我认为为了使教师的教育工作能在高等学校里就准备好，在我们的师范学院里就应当增加某些课程。例如，我把如何运用声调作为你们的必修科。如果请来一个好演员，他就会对大家表演怎样运用声调。不会运用声调是要遇到困难的，要知道运用声调是我们进行工作的一种工具，我们要磨快它。

拿什么来维持班级里的纪律，你们是知道得很清楚的。可以把最有战斗性的、最"凶狠"的人派到班级里来，他可以一进来就说："安静些！不要叫！"但是，大家一定会笑他。也可以给班级里派来一个最温和的人——几乎没有任何一点威力，他这样说："伊凡诺夫，好好坐在位子上。"结果，伊凡诺夫坐好了，其余的人也都接着坐好了，并且因为先被发现的是伊凡诺夫，不是自己，而感到很满足。

此外，我还要在师范学院里进行这样的一种实习作业：把你们25个人分为一组，聚集起来，坐在靠墙的某处。你们中的一个人坐在校长的椅子上，另外一个人扮做犯了过失（犯了说谎过失）的学生。就请跟犯了过失的这个学生谈话吧，我们看着，看你们将怎样跟这个学生来谈话。这是很有趣的一种练习，因为，同志们要研究校长是怎样谈话的。只有用这样的方法，才能

够学会谈话。此外，也要学习和家长进行谈话。

我看见过许多教育家、学者和苏维埃爱国主义者，但是，他们既不善于和家长谈话，也不善于和学生谈话。谈话是应该列入教育学的教学大纲里的。此外，还应当提出下列的一些问题：什么是集体，怎样把整个集体分为若干基层集体，集体的职能，集体的机构，集体的作风以及其他问题。

问题："培养学校里的自觉纪律的基本方法是什么？"

同志们！我是把纪律理解为教育的结果，因此培养纪律的基本方法是整个的教育过程。纪律首先并不是教育的手段，而是教育的结果，以后才能成为一种手段。我认为，最主要的教育手段，就是良好的教师集体和组织完善的、统一的学生集体。我们是不善于提出要求的。在《塔上旗》发表以后，莫斯科第 379 学校的一些学生给我写信说："我们读了《塔上旗》，我们很喜欢它，但我们也有不满意的地方。为什么你们所教育的儿童的缺点就那么少？事实上，一个人有优点，也有缺点，您应该既写出优点，也写出缺点。"批评家们也说："这些流浪儿童并没有伤害任何人，并没有唾任何人的脸，并没有偷窃任何的东西，也没有毁坏任何的东西，这哪能算流浪儿童呢？"我对十年级的学生说：我把这些人们所宣传的这种说法，叫做道德上的机会主义。为什么一定要有缺点呢？"这是我的缺点，这是我的优点。"这是谁想出来的呢？有正面的，有反面的，大家就满意了，有缺点，也有优点，一切都好了。我认为教师不应当允许学生有任何的缺点，我们的学生也不应当认为他们有权利具有缺点。我们应当要求每一个人都具有理想的品行（我们常常是达不到这种理想的品行的，但这是另一回事），有了这样的要求，刀口就会逐渐接近于理想了。

请注意，批评家们不相信我，我的情况是很不顺利的。但是，要是社员都不相信公社，那就什么事也不能做了。八年来，公社里从来没有一天出现过没完成计划，出现什么混乱，发生什么可怕的事情。八年来，公社就是这样的，也应该是这样的。在苏维埃儿童集体里不可能有另外的情形。我们没有权利允许有另外的一种制度存在，但是，代表团和参观团到我那里去了，看了公社以后当面对我说："不能，不可能是这样的！这里有故意安排造作的地方。"我写了一本书，也有人表示反对："这是故事，这是梦想。"但我可以肯定地说：这不仅是苏维埃的现实，而且，这是随时随地都应该有的一种现实。

儿童集体应当是一种幸福的集体，因此要对它提出很多的要求。例如，我在自己的惩罚办法当中，始终坚持这样的原则：首先要惩罚优秀的，其次才惩罚不好的，或者就完全不惩罚。我们对党员的要求比对非党员的要求多，我们对党员的惩罚也比对非党员的惩罚严厉。因此，我能委托他们去做任何工作的那些优秀社员，我的朋友们，常常会因为一点小事情坐禁闭。例如，莫斯科就有我的一个朋友，他叫瓦夏·克留什尼克，他曾领导了三年共产主义青年团第一小队。什么是共产主义青年团第一小队呢？原来有过这样的一件事情：在我们的一次行军当中，我有一个手提箱，里边放 5.5 万卢布，我说："我不愿意在行军中提两普特重的手提箱，我不能提它，我不是搬运工人，谁来提呢？"大家想了一想，就决定了："的确，一直由一个人提这样的手提箱，事实上是不可能的。就请共产主义青年团第一小队轮流提吧！"于是，这个存放 5.5 万卢布的没上锁的手提箱，就经常落在第一小队的某一人的身上了，当然，里边的任何一张 3 卢布的纸币也没有丢掉。

这就是共产主义青年团第一小队。它的队长是瓦夏·克留什尼克，一个很出色的人，但是他在我那里坐禁闭的次数，比其他人都多。这是为什么呢？他说他有权利不请假就出去。有一次，他没有请假，却向我报告说："安东·谢妙诺维奇，我出去一趟，到 7 点钟回来。"就这样登记了。我是没有权利反对的。他不需要得到允许，他自己可以对自己负责。既然他出去，那就是说，他就知道该做什么。但是，他到 7:10 才回来。作了诺言，说定了时间，可是迟到了。那就坐禁闭！谁也没强迫他说 7 点钟回来，但是他在 7 点以后才回来。作了诺言，说定了时间，那就要遵守，如果迟回来，那就坐禁闭！

像对瓦夏·克留什尼克这一类的人，我就要求得特别严格，一点也不宽恕。而瓦夏也知道：任何一点小事情，他都是得不到原谅的。

我和公社的社员要告别了……你们要知道，对于我说，这是我一生中最痛楚的时刻之一。我收到一个电报，让我立刻到基辅去——到指定的岗位上去。这是一个意想不到的电报。我到内务人民委员部工作，应当坐第一趟火车去。我是早上接到电报的，火车 5 点钟就要开，所以，我必须立刻就告别动身。

我在集体里工作了 16 年。心肠软一些的人就会流出了眼泪。我也很难说出话来。就连那个虽然非常滑头、让人很难接近的总务主任，也站着哭了。

忽然，我看见大厅里的钢琴上有尘土。我继续说话并问："今天该谁扫

除?"有人告诉了我是谁。"把这个社员禁闭 5 小时!"那个社员说:"安东·谢妙诺维奇,要知道,您是要告别了。"但是,就在这时候,我也要惩罚他,不能原谅他。

如果集体知道优秀的社员要首先受到惩罚,那么惩罚就具有真正苏维埃的意味了。新人来了,偷窃了东西,大家要"别"他一阵,但不惩罚。如果第二次偷窃了,第三次偷窃了,仍然是不惩罚……于是,新人就要设想什么时候开始惩罚他,因为在这里包含着对他个人人格的信任。

这就是纪律的条件。

下一个问题是:关于奖励的意义。

我是反对过分奖励的。我们公社认为,最好的奖励就是向全公社宣布嘉奖的命令。宣读嘉奖命令的时候,全体都要立正。嘉奖命令是集体意志的表现,是一种集体的奖励。

我们按照各种指标实行了经常不断的分队竞赛。顺便说一句,对纪律来说,登记具有很大的意义,但我没有在任何一个校长的办公室里发现过卡片。如果没有卡片,怎能领导 1200 个儿童呢?这是很无知的,我们应当有卡片,应当登记。

我由于实行登记的办法,获得很大的效果。例如,一个孩子在教室里乱跑,那么,在这个孩子的卡片上就要登记上某一天他在教室里乱跑的事实。不因这样的事情叫来谈话,这并不是正式的操行簿,这只是维持秩序的另一种传统。有一个孩子犯了错误,就记载下来,记明他在四月里做了什么,三月里做了什么。一个人因为做了什么事情,就要得到"应受的指责",而事后,他仍然会是一个很好的同志。任何的谈话都不进行,不过,登记还是要继续下去。每一个人都知道:如果他对教师说了粗野的话,他因此就会受到登记。不过,以后谁也不会因为这一点永远指责他的。但在卡片上,就必须把这件事情记载上。

有许多方法,甚至纯粹成了机械的方法,但这些方法却能巩固纪律。每日报告就是这些方法之一。有时候,晚上还有 50~60 个人来向我报告。这些来报告的人是:分队长、小队长、班长和生产组长。报告的时候要庄严郑重。他们排成两行或三行,发出"立正"的口令。我走来的时候,必须穿得整整齐齐——需要整齐到怎样的程度,我就做到怎样的程度,并向生产组长或分队长的报告还礼。

全体到场的人，包括教师在内，都要立正敬礼。在这样的报告里，对学生过失的指责，要特别郑重地传达给整个集体。我们很重视这些报告，甚至有了这样的规则：报告是不受检查的。如果一个孩子到我的办公室里来告发同学的不好行为的话，那我可以检查他说得究竟对不对；如果一个孩子在全体大会上宣布同学的不好行为的话，也可以进行检查，可以询问证明人，确定他说得到底是不是真话。但是，如果这样的话是在报告时说的，那就决不能检查。为什么呢？一个人在报告时是不可能说谎的，因为全公社都在给他敬礼，70—80 个人都为了他的报告、他的工作和他的说明敬礼，他怎么还能说谎呢？并且，你们要知道，事实上也没有在报告中说谎的那种机会。这样的报告应当建立起纪律。队长应当在报告中指出所发生的事情，他是无权隐瞒的。如果他隐瞒了什么，那就说明他撒了谎，结果，报告就需要检查。在这里，他是不是会冤枉同学的问题自然就没有了。这是培养原则性和忠实性的方法之一。

我认为行为表演是最重要的教育方法之一。在儿童集体的生活中，严肃的、负责的和认真的行为表演应当占最重要的地位。你们做教师的，也必须善于做行为表演。我已经不是青年人了，可也做行为表演。例如，一个队长到我这里来向我报告。这时候，我应当在他面前站起来，我没有权利坐着听报告。类似的其他各种行为规则，在我们这里是相当普遍的。

还有这样的一个问题：学校里的性教育的方法。

这是很困难的一个问题！请允许我不回答这个问题，说老实话，要回答也是回答不完的。

问题在于我和你们比较起来，处在更困难的条件下，或者，也许是在较容易的条件下。从一方面说，儿童们白天晚上都和我在一起，他们不知道自己的父母，对他们来说，我就代表了他们的一切。但是，从另一方面说，他们是人，接触过社会，有过很多的体验……因此在性这一方面，发育得很快，要教育他们，就感到很困难。

我遇到过很困难的处境，我没有立刻找到正确的性教育的方法（的确，我认为从总的方面说，我们还掌握得很不错）。特别大的丑事还没有，但有过恋爱的事情。

我决定现在必须立刻就写关于爱情的书，因为，我不由自主地竟变成这一问题的专家了（大厅里有笑声），虽然只是在最近我才有了这样的看法：爱

情绝不是一时的灵感，绝不是偶然的事情，也绝不是不幸的偶然事情，而是应当正正经经来进行的一桩很普通的事情（大厅里有笑声）。因此，培养优秀的组织者的时候，你们同时也就培养（请恕我说得太庸俗）很好的钟情的人了；在这方面也会表现出掌握行为的能力。对集体的工作负责，有这种负责任的习惯，有对集体负责的习惯——这种责任心的习惯，也表现在对爱情的态度上。最主要的不幸产生于没有责任感。因此，正如大家所知道的，这就是道德教育方面的最困难之点。

要使一个人在没有人看着他、听着他和能够赞扬他的时候表现出正当的行为……要在谁也看不到、听不到，永远看不到、听不到、永远不会知道的时候能有正当的行为，这是一件非常困难的事情，而为了自己、为了真理、为了对自己本身所负的责任应当能正确地行动。如果向教师提出这种与性教育没有关系的教育目标，那时候，性教育问题也就容易解决了。

不消说，在 17 岁的时候就谈恋爱当然是很荒唐的，尤其是比女子发育得晚的男子，更是如此。女子甚至不应当跟已懂爱情的 17 岁的男孩子谈话。但是，17 岁的女孩子是懂得什么是爱情的……如果听其发展，就可能得到不幸的结果。至少，没有看到过，达到了结婚目的的早恋不是以"悲剧"而告终的。

我对 17 岁就谈恋爱的女孩子们这样说：一心要结婚，以后会跑来哭的，会弄得眼光失神，面容憔悴，苦楚伤感起来。所找的男子走了，甚至不知道到哪里去了（笑声）。

我对这样的女孩子们说：你很好地摆脱了这件事。你应感到高兴，一切都顺利地结束了，不必跑到某处去申请赡养费了（笑声）。但是，当然最好还是没有这样的结局。

因此，现在当我遇到我以前的社员（我常常在各个城市里碰到他们）时，我就抓住他们的肩膀说：亲爱的好朋友，不要忙着结婚，稍微等一等，才 20 岁，等着吧。看在我的面子上也等着吧。在这样的情况下，女孩子们一般是能叫我放心些的：

"是的，不会，您不要担心，决不会有这样的事情。有过一个人，不知道他为什么总是爱看我，但什么话也没有说。"

这就表示，如果他要说了话，反正也是没有用处的。

但是，虽然如此，我事实上还是用制止的办法达到了拖延发生恋爱事件

的目的。有时候不得不用拳头敲着桌子说：丢开，反正我知道……于是，胆小的就丢开了（笑声），但比较倔强的当然还是不能够丢开的。最后还是结了婚，甚至买了嫁妆、各种各样的花、缝纫机、住宅和衣柜等东西。早婚是违背我的教育主张的。但尽管如此，我还是要依照我的主张去做。

1932 年至 1933 年里社员结婚的事实给社员们指明了早婚生活的全部"幸福"。第一，要靠微薄的收入过日子。19 岁的年龄能有多少工资呢？第二，生了孩子，从晚会上偷偷溜走的事情就开始了……而以后就要有这样的必然公式：性格各不相投。

这样的接二连三的不幸，就是我们反对早婚的最有力的论据之一。

通常，如果大家都睡了，我看到暖气管旁有一对男女的时候，我就要问甚至是很温和地问：听说你们相爱了？那就结婚吧！他们回答说：说老实话，没有这回事。

如果是在半年以前的话，他们就会回答说：是的，相爱了，要准备结婚……而现在呢？对他们说：结婚吧，这是嫁妆、住宅……请吧！他们会说：不，不想要。现在大家都很清楚地知道：住宅和嫁妆并不是什么很大的幸福。一般地说，多半都能成功地控制住一些爱情了，都能够成功地建立起这样的一种监督制度——很有效的一种监督制度了。自然，用禁止的办法是禁止不了谁的，而且也不可能禁止，但使延迟和推后却是需要的。

此外，我认为跟青年男女个别地直接谈有关爱情的事情是很有益处的。跟 17—18 岁的青年作坦率的、没有任何夸张的谈话，不仅仅是可能的，而且是需要的——需要教青年谈恋爱。不管这样的话听起来多么可怪，事实上却有这样的科学……应当教导女孩子特别尊重自己，特别尊重自己的女性骄傲。要教一个女孩子学好这样的本领：她甚至和她喜爱的青年人会面时，也可以放得泼辣些（大厅里有笑声，鼓掌声）。

无论对女孩子还是男孩子，都要说明对过去的每一天、对每一种情感所应负的责任。因为对这一切，必须付出重大的代价。而且，对这个问题应当不止讲两三次，而是要每天都进行教育。

资产阶级的教育家们认为在青年时代任何的"恋爱"都是不可以谈的，认为一个不到 18 岁的青年在学校里是不可以谈恋爱的，因为他是在学校里。而离开学校以后，那就请谈恋爱吧——不管有无生活费，不管是否发生了悲剧。有时候，我们也轻率地采取了这样的错误立场，这种立场，就是一种

"学监式"的立场。

我们是苏维埃教师，决不能推卸自己应负的责任，我们必须培养未来的父亲和未来的母亲……教师是有一切可能给青年们提供有益的意见的……

还有人给我提了这样的一个问题："您怎样理解教育理论和教育实践之间的关系？"

我非常尊重教育理论，离开教育理论，我是不能工作下去的，我很喜爱教育理论。我不知道我的这种回答能不能满足提问题的人，但我说的是真话。

这里有一个小小的解释：我喜爱的只是教育理论，而不是教育空谈，而有时候，往往有人把种种的空谈叫做教育理论。我希望教育理论能成为一种真正的教育理论。

教师的服装对学生的性格能起怎样的影响？教师的表情对培养学生的性格有怎样的影响？要谈这样的问题。就需要写一篇小小的专题论文。这些虽然是细枝末节，却是应该加以注意的。甚至果戈理在他的《钦差大臣》里，也注意到这样的事情：有一个教师爱扮鬼脸，简直让人受不了。

很多方面都有赖于教师活跃自己的课堂教学的能力，注意全班学生的能力。培养定向能力这个问题是应当加以研究的。关于这一个问题，可以写整整的一卷书。这样的理论，我非常喜爱和尊重……

问题："当儿童在过渡年龄时期，醉心于不适宜他们阅读的书籍——即使是库普林、莫泊桑和茨威格等人的最高艺术著作，你以为在这种情况下应当怎么办呢？应当禁止读这样的书吗？怎样禁止？"

要我回答应该禁止什么吗？谁来禁止呢？你们吗？你们能够禁止得了吗？禁止不了。请你们试试禁止孩子们读这些书吧！反正一样，他们还是会读的。请你们试试禁止在学校里吸烟吧！将来还是会吸的。一般地说，我是特别不相信禁止会有效力的。这里，是需要用另外的办法的。你们害怕学生读库普林、莫泊桑的作品，我知道你们是害怕什么。你们害怕的不外是：书里有些情节，不是经常能当着女人高声朗读的，而儿童已经被这些情节吸引住，所以读这些书。究竟是什么东西吸引着儿童，这是非常显然的。你们是怎么想的，你们能用禁止的办法影响儿童的读书方向吗？不，这是不可能做到的。你们禁止儿童读莫泊桑的作品，他们就会听某个年长的同学讲各种奇闻趣事。这比读莫泊桑的作品坏些呢还是要好些呢？还要坏些！15 岁的少年如果发生了这样的兴趣，要想只靠监督和禁止的办法来领导这种兴趣发展的全部过程，

恐怕是未必能办到的。你们知道我在想些什么吗？我不知道会有 15 岁的男孩不发生这种强烈的性的兴趣，无论在我的童年时代，无论在以后，我还没有遇见过这样的儿童。这种兴趣，绝不是对女人有了猥亵的欲望。对女人的这种欲望还没有产生，还没有这种意识。相反地，这样的男孩还害怕女人，还羞怯害臊。有时候，也许会柏拉图式地爱上某一个人，甚至会因为这种爱背着人偷偷地在什么地方哭泣……

你们知道我想的是什么吗？就让儿童尝受这种苦痛去吧——你们不必去帮助，也不必去干涉。当然，这也算是一种病态，也许，15 岁时需要忍受这样的病痛，就像儿童在童年时代有时候要忍受麻疹病和猩红热病一样。儿童不会放过这个问题，当然，也不会对你们、对教师来谈这个问题。因此，我相信这只是心灵上的某种外形的表现，决不会使人淫荡，也决不会把一个人进一步变成淫荡的人。请注意，正是在这样的儿童的身上，才能生长出最纯洁的、最好的男性的心灵来。

我们还没有精确的统计材料，但是，只要回忆我们在生活中所积累的印象，那么，我就知道很多男孩，我的许多的同学，他们只是喜欢这样做：常常在休息的时候把我们召集到小组里，对我们（一些 15 岁的孩子）讲一些莫名其妙的事情，当我现在想起这些事情的时候，还要害怕得毛骨悚然。但以后就是从这样的儿童中造就出优秀的工作者、最真诚的人，道德上纯洁的人，他们对待女人的态度是很好的。

同时，我曾见到过一些男孩，他们不愿意听上述的那些谈话，躲避得远远的，做作得像温和驯良的人，而正是从这些人中，出了一些淫荡的人、强暴不驯的人、毫无原则的畜生。这样的情形是可能有的。

这是合乎规律的一种男孩的冲动——对性的自然要求有强烈兴趣的一种冲动。因此，最好就让儿童读莫泊桑的作品。读了这些作品，虽然性的一切方面使儿童动情，但这毕竟是艺术作品，毕竟是人们的热情、不幸和快乐的穿插描述。因此，除了那些宣传反革命思想的有害的书籍以外，我是从来不禁止任何人读书的。我以为，儿童不会因此而损失什么。我还不知道有一种经某人提出并使我满意的那种读书方法。

问题："我最感兴趣的是人的自尊心的问题，怎样才能培养人的自尊心呢？"

如果儿童没有自尊心，就应当培养这种自尊心，这是不成问题的。但是，

如果儿童不生活在集体里，那我就真不知道该怎样培养自尊心了。大家也许看见过吧，在好的集体里，自尊心是很容易培养起来的。我想建议学校进行那些我曾在公社里做过的工作。孩子们来公社的时候，只是一些来受教育的人，但经过四个月以后，他们就得到了公社社员的称号和"фД"字样的袖章。这是一种愉快，但这也是一种责任。

无论如何，教育工作必须使一个人知道自己后面有怎样的集体，知道应当为怎样的集体而自豪。一个人永远要以集体的名义来行动……

我以为，我们的每一所学校，除了应当成为统一类型的苏维埃学校以外，还应当有自己的独特面貌，并以这种面貌而自豪。那时候，每一个学生就会因为自己属于某一个集体而自豪。

问题："《教育诗篇》里叙述了哥罗特哥夫迅速地改过自新，对此你该怎样解释呢？"

同志们！一般地说，我是不相信缓慢的改过自新的。一个人的教育和成长，是要逐渐进行的，而所谓改造，永远要采取爆炸式的突然手段……

问题："如果一个孩子已经到了七岁，那该用什么样的方法来克服固执性呢？"

这样的问题是很难一般地笼统地回答。这要看是怎样的孩子，怎样的爸爸和怎样的妈妈，要看首先来对付谁，要看是谁进行这种工作的。这个问题很抽象，要作恰当的回答，简直是不可能的。

问题："克服懒惰，有什么样的具体的好方法？"

如果你们是指在儿童集体里克服懒惰的话，那么，方法是很多的，并可以举出特别有效的专门方法，而首先应该提出的就是对集体的责任心。如果你们写道：甚至在我们大学生中也有懒惰的人。那就是说，这里并不仅仅是一个懒惰的问题。克服懒惰，可以用自我规劝、自我教育的办法。要这样做，只有一个惟一可靠的方法，这就是使自己做自己应做的事情。另外的方法是没有的。

问题："您是否认为学校里没有实习工厂，没有劳动过程，会教育出公子哥儿——看不起成年人的劳动的那种人呢？"

一般地说，我不仅是劳动教育的拥护者，而且是生产教育的拥护者。马克思直率地说过：所有的儿童从九岁起，就应当参加生产！

我主张学校里应该有生产过程，即使是最简单的、最没什么价值的、最

枯燥无味的也可以。因为，只有在生产过程中，人的真正性格——生产集体成员的真正性格——才能够得到培养。正是在生产过程中，在需要执行工业生产计划的时候，人们才会感觉到对每一部分工作应负的责任。

我想，这样的生产学校，我们以后一定会有的。在我们只是因为经费不足，不能建立这样的学校。

问题："如果可以的话，请告诉我们，您认为谁是现代的优秀作家？"

我最喜欢萧洛霍夫，我甚至认为他是属于全世界的作家。

下一个问题："我们很希望成为幸福的人。请告诉我们：您打算就这个问题在您最近的著作里写些什么？要不然，就必须长时间地等待其他的书籍。人是为幸福而生的，这和鸟为飞翔而生是一样的。因此，任何一分钟也是不能失掉的。"

我回答同志们，我将要写这样的书，而且我认为想成为幸福的人这种明智行为的第一条守则就是不要急于求成，否则，你就要急躁不耐了……

对这一点应当非常谨慎小心……

有一个同志写道：我们的学校忽视了体育。

当然，体育是不应当忽视的。在这一个问题上我能够说什么呢？要恢复体育是很容易的。

要有什么样的体育呢？例如，斯巴达式的教育，也不算很坏的教育，但我总是坚决主张：我们的教育应当注意集体利益，应当伴随着自觉性的教育。斯巴达人的培养坚强的人的教育，没有我们的这种自觉性，没有这样的生活哲学。

问题："您要求学生擦地板。但是，要是学生因为擦地板而累了，就不能有效地学习了。"

看见了吧，已经有人害怕了！我的公社社员是怎样学习的呢？他们一边要完成十年制学校的学业，一边还要在工厂里每天认真做四小时工作，要做满一定的定额，要自我服务，要管理自己的事，要从事体育活动，要接待外国参观团，还要旅行。同志们！这样的想法是不对的，我们太溺爱我们的孩子了。擦一小时地板，对他们不会有任何损害。

问题："请简短地说说您和高尔基会见的情形，说说他对您的作家活动所给予的影响。"

我和高尔基的主要会见只有一次，是他来高尔基工学团找我，在我这里

住了三天。那时候，我最注意的是教育问题，并不是文学问题，我和高尔基根本就没有谈文学问题。以后，当我写了《教育诗篇》以后，我和他因为这本书会见过四次。有两次是在他那里，有一次是和他同坐火车，还有一次是他由意大利经过土耳其回国的时候在敖得萨会过面。最主要的，是我发现了他特别相信人，也对人提出很高的要求。

我以为，在这一方面说，高尔基是优秀的教育家之一，因为他对人提出了最大限度的要求，同时在这种要求里边也表现出了最大限度的尊重。

此外，高尔基作品中的乐观主义也吸引了我。高尔基是伟大的乐观主义者，他最善于发扬人们的好的一面。

当你们看到自己面前的学生——男孩或女孩——的时候，你们应当善于更多地发扬他们的优点。这样做永远是正确的。正像高明的猎人射击走动的目标要射向稍远的前方一样，教师在自己的教育事业中也应当高瞻远瞩，对人多多地要求，并要更多地尊重人，即使在表面上看来，这个人并不怎么值得尊重。

问题："您在自己的实践中，遇到过无法改造的违法者吗？"

遇到过，但我深深地相信，经过10年、15年之后，我们的教育学和具有了新生力量、新思想的你们大家就会承认，无法改造的违法者是不会有的。

会有人给我提出这样的问题：你说公社可以改造所有的人，可是却有过这样的事实，把一个没有办法改造的人开除出公社了……

我要用共产主义青年团团员索平的话来回答这个问题，这是当我们在旅行中因为打架的事情开除了一个社员时对他所说的话："他犯了很大的过失。旅行时我们有军事纪律。在轮船上，当全体苏维埃联盟代表在场的时候，他辱骂了公社，打了较软弱的同志。我们把他从轮船上拉了下去，现在他已不是我们关心的对象了，谁愿意改造他就请改造去吧，他在这一生中也永远不会忘掉这一课。其实，他已经改造过来了，但我们希望在公社里当我们要出去的时候，大家都能记住这一件事情。"事实上确实是这样：一代儿童离开了公社，新人就补了进来，只要碰到打架的问题，就有人要说话了："记得在雅尔塔从轮船上拉下人来吗？"

同志们！请丢开个人的逻辑吧……在这里受教育的不是被开除的一个人，而是整个集体。整个集体在争取集体优良品质的斗争中受到了锻炼。你们是怎样想的，难道举手赞成开除同学不是表示让自己担负起重大的义务和责

任吗？

开除是公社里最高的惩罚方式。当我们采用最高的惩罚方式时，首先注意的是集体的激愤、集体的要求和集体的经验……我们采用最高的惩罚方式，加强了我们对人的要求、对集体的尊重、对改造人的希望以及对敌人的憎恨。

问题："如果教师把学生叫到黑板前面，学生的算术题解得不好，教师就使学生难堪起来，这样做好不好呢？"

有时候是很好的，说老实话，是很好的。有时候，在全体大会上，用最轻微的讥讽方法，也是很好的一种方法。

有人给我写信，说我在关于"愚痴者"的问题中犯了错误，因为我们这里从来没有注定学习不好的那种人。你们以为如此，我也认为如此。我是根据教师们的话来说的。我在自己的实际生活中，看见过某个班级里有学习不好的学生。不能够强迫这样的学生学习好，要强迫就会造成不幸的结果。有时候，叫一个人休息休息会更好一些。但是，这并不是说，这个人注定就完蛋了。

有人给我写信说："我们的锻炼和英国的锻炼有什么区别？请举个例子。"

我说：我们的锻炼，应当以集体的利益为发展方向，不能成为个人的训练，每一个儿童，都应当了解这一点。然而在英国，锻炼只是为了增强个人本身的力量。

有人问我："青年男女之间的健全的关系应该是怎样的？请您作一个简短的说明。"

青年男女应当保持真诚的关系，也就是说，要有这样的一种关系：无论对什么事物都不夸大，也不低估。如果彼此不欺骗，如果尊重自己也尊重他人，这时候，不管保持什么样的关系——友谊的、爱慕的等等关系——那都是健全的关系。

如果在任何的情况下都能够关心他人的生活和幸福，这样的关系永远会是一种很好的关系。

下一个问题："您在《父母必读》里所写的那个教育学教授是不是典型人物呢？请说明。"

他自己的教育学知识跟他自己的家庭实际行为是互相矛盾的，就这一点上说，他当时是一个典型人物。而这样的矛盾，在一定程度上也可能就是典型的。

工作经验谈

这是马卡连柯所作的最后一个报告的速记稿。1939 年 3 月 29 日，他在莫斯科雅罗斯拉夫斯基铁路员工子弟学校的教师会议上作了这个报告，4 月 1 日因心脏病突发而逝世。

同志们！我想，我们该进行座谈了。也许大家会提出一些意见，因为我的经验（我是依据经验的）与大家的经验是有所不同的。不过，我也是教师，是铁路学校的教师，是铁路工人的儿子，因此，也应该与你们一样，按照教育学来思考，虽然我或许比你们幸运一些

1920 年，苏维埃政府把一个教育违法者的工学团交给我。我所以到那个工学团去，并不是因为我认为自己是一个有能力的教师。革命以后，我在波尔塔瓦的学校里工作，当时让我把学校开设在省人民经济委员会的旧址。我一到那里，就经常看到那里的肮脏的办公桌子和地板上的烟头，好像连空气也主要是由尼古丁和烟气组成的。要在这样的条件下进行教育儿童的工作是很困难的，当然，我就准备到更适合的地方去。因此，我在工学团的工作经验就开始了。这样继续了 16 年，在这一方面我是有成就的。能幸运地在 16 年中领导同一个集体的人，还是很少的。

我的这样的经验于 1935 年结束了，这不是出于我的意愿，也不是由于我的过失。

在这整整的 16 年里，我一直从事一个集体的教育工作。老实说，在这个集体里，人是在替换着，但这种替换是在一代一代之间保存了传统和继承性的条件下逐渐替换的。在这样的集体里，使我获得了一些信念，这些信念，我很愿意推广到普通学校里去。为什么我在这里会谈到普通学校的问题呢？因为在后八年里，我是在乌克兰内务人民委员部所属的捷尔任斯基公社工作，而公社在儿童集体的性质方面，跟普通学校是很少有差别的。

捷尔任斯基公社里有完全中学，孩子们大约经过 3 - 4 个月之后，很快地就成为普通的学生，甚至于还超过了普通的学生——如果把我们的中学生认为普通的学生的话。因此，我没有理由说我的公社里的人员特别难教育。我的公社里的人员，比起某些学校里的学生更容易进行教育。我能够这样地自

由行动——例如，公社从第三年起，就没有教导员的编制。在学生的日常生活中，已经不需要专门的管理工作了。

我的学校比起你们的学校困难一些，因为我收容的儿童或多或少是落后的，他们在 10 ~ 12 岁的时候勉强地读过一点、写过一点，有的甚至完全不能写。因此，到 18 岁读完十年制学校的课程，就是很困难的事情了。

曾有这样一种旧的知识分子的偏见：流浪儿童往往是有能力的、有天才的。但事实上，流浪儿童在某些方面比一般儿童要差些，他们在系统的学校作业方面训练不够。这对学习中学课程造成了困难。但是，流浪儿童也有另外的某种特点，由于这种特点，使我和他们能够克服一些更大的困难。流浪儿童不可能指望父母的帮助，他们只能够依靠自己。这一点，他们是明白的。他们很快地也明白了这件事情：现在的学校就是升到高等学校去的通路。尤其当第一批社员成了大学生以后来到公社时，他们就更明白了这一点。

这时候，社员都明白：去高等学校的道路是最有前途、最好的一条道路。高等学校里有宿舍，有助学金，这也是吸引社员的地方。

我的社员的学习热情是很高的，比起中学的学生还要高些。就因为有这种热情，他们才克服了懒惰，克服了学习道路上的一切困难。

我的公社里的教育工作，比起你们的学校里有更好的条件，因为社员在五年、六年或七年的长时间里，整天一直和我在一起。你们有这样的术语：这是合乎教育的方法，这是不合乎教育的方法。同时，你们所谓合乎教育的方法，并不是要达到一种目的，而是想借这种方法来减少吵闹，减少喊叫（笑声）、收到狼也吃饱、羊也无恙的效果。至于这种方法会得到怎样的结果，并不作检查，也不认为有重要的意义。

我认为合乎教育的方法就是要达到一种目的的方法。为此，甚至引起叫喊、吵闹也没有关系，就让他们随便吵闹去吧。在这一方面，我所具有的条件是较为有利的，我能随时灵活运用教育方法。最后，保证教育工作容易进行的还有另外一个条件，即公社里有生产事业。

有一个时候，我曾是"劳动过程"的拥护者。我们都认为儿童在劳动过程中能给自己的劳动本能找出路。我也有这样的想法：为了使儿童具有劳动的特性，劳动过程是需要的。以后我才明白，儿童应当学习某种生产劳动，应当获得某种熟练的技术。

我们做教师的，在理论上喜欢高谈阔论，但在实践上没有办法。我们想

让我们的儿童获得良好的熟练技术，而实际上却只教给儿童这样的本事——儿童靠着这种本事，只能制作出不好的小凳子；我们培养了裁缝，而这种裁缝只能缝小裤衩。当有人能好好地给我修理皮鞋、缝裤衩和制作出很差的凳子时，我甚至还感到有些高兴。以后，我总算从这种教育偏见里摆脱出来了。你们大概还能记得，这种偏见就是：劳动过程应当与教学计划"联系"起来。在这个伤脑筋的问题上，我们真是费尽心机了。例如，孩子们做一个凳子，就应当使这个凳子跟地理、数学联系起来（笑声）。参观团来了，没有发现凳子跟俄语之间有一致的关系（笑声），我还感到很不好意思呢。以后，我放弃了这种看法，我直截了当地肯定这两者之间不应当有联系。

现在，当我们亲手建立起来的制造"莱卡"照相机的条件很好的工厂在公社里扩展起来的时候，我就可以有事实证明这一点了。我们工厂的经济是很富裕的。莱卡有 300 个零件，精密度达到千分之一毫米，有精密的镜头，那种最复杂的制作过程是旧俄时代从来没有见过的。

当我看到了这样的工厂——有准确的计划、有公差标准、有质量标准的工厂——的工作时，当这样的工厂有了几十个工程师，有了设计处等在为它工作时，我才看到生产究竟是意味着什么。关于学校课程要跟劳动过程联系的糊涂说法是如何地可怜。学校里的学习过程和生产产品的生产活动所以能有力地决定个性的发展，原来是因为学习过程和生产活动消灭了体力劳动和脑力劳动之间的界限，并造就出有高度熟练技术的人来。

我在哈尔科夫遇见过一个女孩子，她快在学院里毕业了。她有六级透镜研磨工的技术。她在高等学校里学习，同时还保持着六级技术，她各方面都有所长。因此，社员离开公社，具有了完全中学的教育和六级或七级的熟练技术，那时候我就看到学习给他们带来的益处了。

有重要意义的生产活动的条件，就是能促进教育工作的那种条件，我现在准备争取的就是要在我们的苏维埃学校里能够建立起来生产活动，而且要作进一步的努力，使儿童的生产劳动能开辟许多教育的道路。

最后，还有一方面——完全不能轻视的一方面，这就是生产事业的赢利。捷尔任斯基公社已经停止接受国家的补助金，转为自给自足的机构了。最近不仅供给了工厂、宿舍、日常生活、食品、衣服和学校的全部开支，而且每年给国家上缴 500 万卢布的纯利润，这就是因为捷尔任斯基公社有了经济核算制。

大家要知道，这样的工具到了教师手里，就会产生多大的力量。如果我们打算 500 个人沿着伏尔加河并到高加索旅行，这需要 20 万卢布，那就决定在一个月内每天多做半小时工作，结果就能得到 20 万卢布了。

我们能让男孩子穿呢衣服，能让女孩子穿绸衣服和毛线衣。我们能用 4 万卢布作看戏的开支。如果这样做是为了提高劳动纪律，是为了争取富裕，如果整个集体为了这样的目的而努力工作的话，那还有什么样的东西能跟这种新的教育力量来比拟呢？

这种新制度的其他小优点，我就不必细说了。单拿工资这一项来说。有工资的好处，并不是因为给学生们发钱，有工资的好处，是教学生能有自己个人的预算。工资能培养未来的主人。要知道，我们每一个毕业的社员，都在储蓄银行里有 2000 卢布的存款。

我确信：我们的教育目的并不仅仅是培养能够最有效地参加国家建设的那种具有创造性的公民，我们还一定要把我们所教育的人变成幸福的人。在苏维埃国家里，钱可以成为很好的教师。我是根据自己的经验来谈教育问题的，我的经验要比你们的好一些。

我坚决主张，将来也还是坚决主张：这样的条件应当在学校里建立起来。起初，这好像是很可怕的，而事实上并不那样可怕。如果现在让我领导一所学校，我就要在校务会议上说明我准备实现什么样的理想，同时我就要计划从什么地方去获得必需的资金。

在捷尔任斯基公社里，我开始寻找有能力买卖一切、制作一切的那样的一个人。这样的人我是找到了。他说："我们有 200 个人手，您还有什么发愁的?"我问道："我们打算做什么呢?"他回答说："您知道吗? 我们要开始纺纱。""资金在哪里呢?""为什么要资金? 我们将签订合同，要买手工木制机。"事实上果然如此，我们买了这样的机器，并开始纺纱了，经过六年以后，我们就有了在苏联算是很好的光学工厂了，这个工厂要值好几千万卢布。

我们就这样开始纺纱和制作凳子了。应当怎样制作凳子呢? 有人说，要制作椅子，就应当让一个学生参加制作椅子的全过程，只有这样，这个学生才能成为优秀的技工。又有人说，不能这样，要一个人做这一部分，第二个人做另一部分，第三个人做磨光工作，等等。这种说法是正确的。但当"好心肠的教师"看到这种工作时，就要大惊失色，头晕眼花了：怎能拿小孩子这样开玩笑? 一个孩子只做一个零件，那简直是危险得很。

是的，一个孩子只与一个零件发生关系，但这样却能在几分钟之内截200个零件，他是在为集体工作。

劳动分工对我们是需要的。现在，对有能力制作整个椅子的木匠的需要，并不像对精于操作机床和铣床的技工的需要那样迫切。在我的经验中集体和生产就是这样的。

我对大家这样说，并不是表示我只是一个经济事务人员。绝不是这样的，我永远是一个教师，教育问题永远使我感到兴趣。不过，我获得若干结论，这些结论，也许会跟流行的理论发生矛盾。我永远反对这样的观点：教育学是以研究儿童和研究孤立的、抽象思维的教育方法为基础的。我认为，教育就是教师政治信念的表现，而教师的知识只是次要的东西。不管你们给我装填多少教学方法，要我培养出白党分子来，那我是办不到的，连你们也是办不到的。这只有具有白党分子本质的那种人才能够办得到。

教育技巧可以达到尽善尽美的最高地步，差不多能达到像机械一般的程度。我是相信这一点的，并且我一生都在寻找这种看法的证明。我一贯主张不能把教育问题和教学方法问题只看成教书授课的问题，之所以不可以这样看，尤其是因为教育过程不仅仅在课堂里进行。实际上，在我们每一平方公尺的土地上，简直是随时随地都能遇到的。教育学应当具有影响儿童的方法，这种影响方法要能达到这样万能和有力的地步，那就是当我们的学生遇到任何有害影响——甚至是最有力的有害影响——的时候，他们都能够以我们的影响来消灭和清除所遇到的有害影响。这就是说，在任何情况下，都不能认为教育工作只是在课堂里才可以有的。要知道，教育工作在指导着学生的整个生活。

我一贯主张的第二件事情是：我主张进行积极的教育，也就是说，我要培养具有一定品质的人。我做了应做的一切，我的全部智能和全部努力都用在全力争取实现这个目的上了。我应当寻找各种方法，以便达到这种目的，我永远应当看到自己面前的目的，我应当看到我所力求获得的那种典型和理想。请不要怕人家说这是"个人叫嚷"，让他去说吧，反正我是要达到自己的目的的。这并不是说，我是吃苦受难的拥护者，相反地，我确信许多缺点特别是纪律、态度和作风等方面的许多缺点之所以发生，都是因为我们对十分重要的实际情况没有予以足够的重视。流浪儿童的实际情况，我看得很清楚：儿童们的神经受了损害。我知道这是些捣乱鬼、小偷和懒虫，但多半是些神

经上受了损害的儿童。他们对你们的每一句话，对你们的一举一动，都抱着对抗的态度，当你们接近他们的时候，他们神经受到刺激。有时候，甚至于你们的最巧妙的教育上的设想，对他们说也是神经上的一种刺激。

据说，儿童们下课以后应该叫嚷（我们的学校里没有这种现象），有时候，他们就愿意打碎玻璃。据说，儿童们的天性就喜欢这样做。有人以为为了使儿童不打碎玻璃，要用其他的什么事情吸引儿童，要使儿童的精神向其他方面发展，要使儿童唱歌、跳舞或者教他们听收音机。

我到过许多学校。我的神经是经过锻炼的，简直像粗绳一般，但当我到了喧嚷吵闹的学校里的时候，就开始了神经痉挛。要知道，孩子们在学校里要生活十年之久啊。但我们的行动应当"合乎教育学"，不要轻易表现出自己的感触。我们有时候只颤动颤动嘴唇，一夜睡不着觉，或者把储积起来的愤怒对家里亲近的人发泄一下。甚至有过这样的一种深刻的信念：教师工作就是神经质的工作，所以教师一定是神经衰弱的人。

在这个问题上，我想得很久了。以后，我就看到了这样的好现象——秩序井然：没有任何的叫喊，没有任何的奔跑。要跑，那就在院子里的场地上跑；想叫喊吗？最好不要叫喊！应当敬重我们，要知道我们做教师的是国家的财宝，请孩子们敬重我们。

关于窗户，那只有一个决定：不许打破玻璃。我不给你添设收音机和乐器，也不允许损坏国家的财产。我不用任何东西把你吸引开，你也不要打破玻璃。

这样，当集体能自觉地保持这样的秩序时，的确，在集体中就有了使人神经宁静的那种安详和严肃，而且人人都会清楚地知道，什么地方该跑，什么地方不该跑。我并不是很快地获得这样的结论的。但是，你们可以在任何时候去访问公社社员，你们永远不会看到孩子们有相互推打或打破玻璃的事。集体是生龙活虎的、乐观愉快的，谁也不会打谁。我深信：儿童想乱跑乱叫的企图，可以很好地变为内在的安详。要知道，在究竟是教育的才智还是一般的才智这个问题事实上还应当加以怀疑的时候，往往就可能把这作为教育的才智来看待。

大概，关于冒险的问题，是很能引起大家的兴趣的……

……对流氓无赖用温和平静的声调说话，教师害怕表示出自己的生气，而常常表现出胆怯——这就是最冒险的行为。如果所有的人只用温和平静的

声音与我说话，那么，一年之后我就该上吊了。用温和平静的声音说话，这就是表示：不管你怎样做，对我来说都是无所谓的，我所以与你说话，只是因为我是在完成自己的任务。

例如，不许伊凡诺夫干任何的坏事……而用的是那样平静和单调的声音，这样做的话，一个人就会以令人厌恶的态度生活在世界上。相反地，凡是生活在生动活泼、具有冒险性的集体里的人，就会生活得兴致勃勃。在这样的集体里，人们都会生活得精神焕发的。没有冒险性的行为是最可怕的一种冒险。

因此。我可以公开地说：对教师的行为，对教师集体的行为，应当有最高的要求。

这并不是说，你们应当叫嚷。不能这样，你们应当这样说话：使有过失的人看到你们是生气了，看到你们是坚决反对破坏要求的行为的，这种行为使你们发怒。不需要经常喊叫，有时候也可以唠叨几句（笑声），但你们的声音里应当有感情，有神态，这方面不应亚于任何的辅导员。

有一个校长曾到我这里来对我说：我开除了一个学生，但他拿来市教育局的一封信。叫我把他重新收回来。如果你遇到这样的事该怎么办呢？这个孩子把一些刀片放在褥子里，有意想叫学生们割破自己的手。我问道："您怎么处理的？"他说："收下了。""应该连人带信赶出去。"他回答说："那我就要被撤职了。"因为害怕市教育局的信，把这个流氓无赖重新收下了。这种做法是不对的。当你们觉得自己做得合理的时候，你们一定不要退让，甚至于冒着撤职的危险也应该这样做。结果，谁也不能把这位校长赶走。要赶走苏维埃的一个校长，并不是那么容易的事情，他还应当继续担任自己的职务。

还要谈谈关于冒险的问题。当要求的一般语调和行为的目的性事实上在集体里培养起来以后，儿童集体就会来支持你们，你们差不多也就没有必要再冒险了。当我非常明确地确定了惩罚的权利并且不拒绝这种权利的时候，学生就会很清楚地知道一定要那么做了。要求的权利越明确、越肯定，那么，要求也就一定会越来越少了，共同的作风也就更加自然地产生了。

在我们没有真正决定实施有要求的教育之前，有要求的教育好像是很困难的事情，但只要我们决定了，它也就变成容易的事情了。

我要特别强调这一点：你们必须要求学生有应有的行为，不必顾虑，不必害怕人家说这是"个人在叫嚷"，或者担心某一个官僚会以免职来威胁

你们。

　　同志们，这就是一般的原则。我还能把这些一般的原则发挥得更详细一些，其中要作若干具有重要特点的必要补充，这就是作风和态度问题。作风问题在教育学里完全没有研究，而实际上，作风能决定许多问题。我看过许多学校，就看见了许多不同的作风。

　　你们自己也知道儿童集体的作风有：激动的、蛮横的、喧哗的、苦痛的、低沉的、阴郁的和快活的，等等，可以举出各种各样的作风来。健全的苏维埃作风是通过培养对自己、对集体的尊重态度建立起来的。这种作风是我们每一所学校必须具有的。要建立起一种作风是很缓慢的，这是因为如果没有形成传统，作风就是完全不可思议的。

　　我到过第899学校。当然，这种按顺序编号的校名是很平常的，没有什么可注意的。但是，这所学校也叫基洛夫学校，这就有很多的意义了。教师们往往不善于利用这种幸运的机会。在这所学校里，基洛夫同志的诞辰应该是最大的纪念日，每一个学生都应该知道基洛夫同志的生平。我们也有这样的相同情形：在高尔基工学团里，有高尔基型的人，捷尔任斯基型的人知道捷尔任斯基同志是真正的人的榜样，是他们的鼓舞者。

　　在某一本教育学杂志里，讨论过怎样称呼学生的问题：叫"孩子"、"同志"呢？还是简单地叫"万尼亚"、"科利亚"呢？他们为什么不懂得孩子在学校里必然是公民的道理。我把10岁的儿童叫同志，特别是当有事情找他们的时候。在公园里散步的时候，我可以直接叫他们的名字。当有人犯了过失的时候，我就可以说：费多连科同志，禁闭您两小时。这并不是说，在另一种情形下，你们就不能够叫他彼佳，而这样的作风是要强调：这不是游戏，这是重大的国家事业。

　　我经常受指责的一件最主要的事情就是关于军事化的问题。有人把我称为宪兵，称为阿拉克切耶夫，等等。但我在16年里，始终没有取消"军事化"这种做法。

　　我是反对严格的操练的。例如，有时候有人让儿童排着队进入衣帽间，这完全是多余的。当你们有了有纪律的集体，在命令上写着：按次序穿衣服，某班接着某班，由某某人监督。这样，每一个人就知道什么时候应当去穿衣服。有了这样的制度，就完全不需要排队去衣帽间了……

　　1938年11月7日，我在基斯洛沃德斯克看到一所学校正在整队，准备去

游行，队站得乱七八糟。然而，并不是他们存心要这样，这完全是因为他们不会站整齐的缘故。好容易站好了队，为了不让学生四处乱跑，教师站在旁边看守着。这种做法就不是"军事化"。所谓军事化，就是：行进、站队、向右看齐、成六路。队站好了，有人问："要站很久吗？""两小时。""解散。"于是，孩子们散开了，去买糖果、冰淇淋吃。等到号手吹了集合号，再跑回来，重新整队。

这种做法是给教师和学生的一种自由，这完全不是严格的操练。

我不知道你们怎样召集全体大会，但我知道怎样召集作家。率直地说：没有任何一点军事化。作家们接到通知，写明定于 6 点钟开会。这就表示，要坐下来长时间地考虑一番，想想在什么时候能开始全体会议。大家都清楚地知道，如果写明 6 点钟开会，那么，会一定在 7 点钟才能开始。但大家又都晚走一小时，8 点钟前才去开会。因此，结果就是应当在 8 点钟前去赴会。如果通知上写明 7 点钟开会，那么，会议就要在 9 点 30 分才能开始。作家们如果问："为什么你在 9 点 30 分才来呢？"晚来的某一个作家就会回答说："因为我知道我们大家都要迟到的。"在这里，时间就不发生效力了，6 点钟成了一句空话。如果这种现象这样继续下去的话，那么，要在下午 7 点钟开会，就应当在通知上写明：会议定于中午 12 点钟开。

因此，"军事化"能使教师集体养成准时开会的习惯。16 年来，我每天都要接受各个队长的报告，而各个队长通常总是在 9 点钟作报告。一日完了，由值日队长吹号集合。作为机关首长的我，一次也没有迟到过，而且，我也不许自己迟到一次。所有的队长，永远是准时站在自己的位置上。

"军事化"能培养行动。所谓行动，绝不是什么无关紧要的小事情。会走、会站、会说、有礼貌，这绝不是小事情。无疑地，这样的集体所造成的印象一定是：这是一个很有希望的集体。

在捷尔任斯基公社里是禁止扶栏杆的。不靠近栏杆走已经成了习惯。队长告诉新来的人：这样回答，这样行动。现在记住：不要扶栏杆。我看到进入老年的人和还没有完全进入老年的人怎样试着不扶栏杆下楼梯；看到他们怎样因此变得年轻起来，变得健美起来。请你们试着这样做，你们就会变得健美的。

这样做并不是严格的操练。公社里有这样一条规则：指定 15—16 岁的普通孩子做值日队长，值日队长和别人的区别，只是那一条臂章。社员接受值

日队长命令时回答："是，队长同志！"这已经成了习惯。就在这样的话里，包含着一种道理。值日队长和谁也不多说话，也没有时间长久地跟别人谈话，谁听完了他的命令就走开。

会恭恭敬敬地站起来也包含着很多的意义。如果学生相信在校长面前应当恭恭敬敬地站起来，这就说明他已经承认了集体的规则。

我用了若干类似"军事化"游戏的特殊方法。我拨出一间很大的房间作为自己的办公室，配置了沙发，任何一个社员都可以到这里来，可以阅读，可以听人家说什么，完全有权这样做。在这里，谁也不强求谁。而当我叫某人时，他就站到我面前——想怎样站就怎样站。

末了，还有最后一个问题，这就是关于作风的问题。这是一种外表的游戏。要知道，所有我们成年人，在生活中都是要做游戏的。某人有一条特别的领带，戴一副特别的眼镜，他就觉得自己好像是教授了。另一个人留着诗人一样的长发。而当给你一辆"吉斯"牌小轿车去旅游的时候，你们就会想象自己有一点"资产阶级化"了。

孩子们呢？孩子们现在怎样游戏，将来就会怎样工作。童年生活本身就应该是游戏，你们应当跟孩子们一块儿游戏，我16年来就是在做游戏。教师的这种游戏是严肃的、真正的和认真的一种游戏，它能使生活美好起来。什么是美好的生活呢？这就是与美学联系起来的那种生活。儿童集体应当美好地生活着，每一分钟里都应当充满游戏。儿童教育机关里的"军事化"是游戏的一种形式。有个时期我的孩子们到田地里、菜园里和车间里去工作，队长会议每周发布的命令都是用同样的话开始的：每个人都知道自己的工作岗位，都要对自己的工作负责，都要在这个岗位上学会技艺。每天早晨，每个人都能听到命令中的这些话。好多年来，一直是这样的。

这就是一种游戏，应该保护游戏的这些成分，有了什么创造发明，应该使孩子们觉得这好像是自己的创造发明。

还有派卫队这样一种游戏。你们以为公社应当有站岗的人吗？公社是内务人民委员部的，谁敢偷窃公社呢？但我们故意把钱柜和保险箱放在门口的走廊里，站岗的人白天黑夜都拿着枪看守着。我把这件事告诉了教师们，他们吃惊地问："女孩子也站岗吗？小孩子也站岗吗？"

是这样的，连晚上也要站岗。全社都睡着觉，只有哨兵一个人拿着枪在那里站岗，大门是不上锁的。我在莫斯科跟一个校长说："如果你们的学生自

己能守卫学校，那也是不坏的。"他说："他们会害怕的，做母亲的也不会允许。"但是听到了校长的话的孩子们却喊着说："就让她不允许，试试看吧！"

什么是勇敢呢？一个人虽然感到害怕，但还要做应该做的事情。夜间12点，我来到走廊里，一个男孩拿着枪在那里站着岗。我问他："害怕吗？"他说："不害怕。"实际上也没有什么可怕的，因为附近就有年纪大些的社员。这是一种游戏，不过是责任重大的一种游戏。一个人要学会克服恐惧。

有一些人认为应该锻炼儿童，认为这是很有益处的。但却要求不经过锻炼就取得效果。他们劝孩子们说：孩子们，你们应该经受锻炼，你们什么也不应当害怕。但是，等到有了机会，等到能够锻炼儿童的时候，他们却说孩子会害怕，母亲会不允许等诸如此类的话了。

有一个学生曾向一个女教师开枪，这件非同寻常的事我已经说过了。我很重视这一件难处理的重大事件，但并不是学生本人引起我的注意，这个学生也许是精神分裂病患者，也许是敌人派来的。真正使我关切的是班级。当时全班都害怕了，不能够来阻止他。

即使公社里有人试着把枪带进了教室，可是谁能听任他开枪呢？可是那个班全都害怕了。

教师必须注意培养儿童的勇敢精神，并且应当借助于游戏来克服儿童的恐惧感。

在学校里应当有高度的要求，这是另一个重要问题。我很感谢社员们，他们懂得要求的意义，在许多方面他们还教育了我。

例如，拿竞赛来说我提出很多要求，整个集体也提出要求。竞赛没有定双边公约，而由各班和各分队根据各种指标共同作出决定：要有礼貌，要举止适当，等等。我有卡片和统计，优秀的分队、每月竞赛的优胜者可以得到奖品：全分队30人每天有6张戏票，有收拾公共场所的权利。

值得注意的是要求的逻辑发展，造成了一种非常奇特的情况：执行最令人不快的工作成为大家特别乐意做的事情。第四分队曾当过优秀队，这一队以抽签方式得到收拾一个月厕所的任务。他们先用碱和酸刷洗厕所，然后喷洒香水。大家都知道这一队是怎样打扫厕所的，知道厕所收拾得多么清洁。这一队获得了清扫工作的第一名。一个月过去了，他们申明要继续担任清扫厕所的工作。第三个月仍然由他们担任。后来，在下一个月里，同样不很坏的第三分队得了清扫工作的第一名，他们申明说：不行，现在我们得了第一

名，厕所也就应当由我们来打扫了。

当我现在想起这件事情的时候还觉得可笑。起初，清扫厕所跟其他的清扫工作一样，是要抽签来分派的，以后就开始很公正地来分配了。

同志们！这一个逻辑并不是我自己杜撰的，这是由要求所产生出来的一种很自然的道理。

如果没有真正统一团结的集体，就不可能提出任何要求。如果现在让我管理一所学校，我首先就要按照以下的办法来做：我把教师们召集起来对他们说：亲爱的朋友们，我打算这样做。如果有一个教师不同意，那么，不管他有多么高的熟练技巧，我也要说：请到另一所学校去吧！如果是一个18岁的女教师，当我看到她同意了我的主张时我就对她说：您还没有经验，但您这样热情，我看到您很愿意工作，请留下吧，工作吧，我们会指点您的。

要有一个真正的集体是很不容易的事情。因为解决一个人做得对不对的问题，不应是为了个人的自尊，也不应是为了个人的利益，而应是为了集体的利益。经常遵守纪律，经常执行令人不喜欢但事实上却是需要做的那种工作，这就是高度的纪律性。

我认为，同一所学校里的教师，彼此间不仅在学校里应当维持友好的关系，而且要变成朋友。

最后要谈的一部分是关于与家长的关系。这里，我在铁路学校里的旧经验，可以由捷尔任斯基公社里的工作来补充。最近五年间，给我送来一些学生，这些学生都是教师们认为是捣乱分子而拒绝接收的。

当然，这样的孩子要比流浪儿童更难教育。流浪儿童的一切出路，都依靠着公社，依靠着我，依靠着教师集体。而那些孩子呢？依靠的是父亲和母亲，他们的父亲有的有汽车、勋章、留声机和金钱。请试着去教育这样的孩子；这要困难得多。因此，我认为跟家长保持紧密的接触是很必要的。

有一种和家长接触的普通的、老式的和死板的方法，这是大家都很清楚的，这种方法就是把家长找来对他们说：您的孩子做了某件事和某件事。你们看着家长并在想：看家长对孩子怎么办？你们脸上的表情是善良的，当然，你们说不应当打孩子。父亲走了，你们对谁也没有说什么话，但在甚至要瞒过妻子的内心秘密的深处却想着：就是他把孩子打了也没有什么。对于这样的态度，我们是不赞同的，我们认为这完全是伪善行为。

还有另一种接触家长的方法。如果班主任和校长知道某一个家庭不能够

教育自己的孩子，那么，班主任和校长该怎么办呢？通常，他们虽然相信这个家庭不能够进行教育工作，但还是到那里去了，开始教导家长应该怎样进行教育。使儿童受到损害的家庭多半是不理解你们的启示教导的，再教育工作是很困难的工作，如果你们开始强使这样的家庭接受教育学的影响，可能对事情有更大的损害。

这样说并不是意味着不可能影响家庭。当然，我们最后还是一定要帮助家庭的。影响家庭的最好的方法就是通过学生……

通过学生影响家庭，可以加强这种影响。我曾在克留科夫的铁路学校工作过，那时候，学生都住在家里。我根据地区的不同把学生编成组。各组领导人每天早晨都要作报告，报告在院子里做了些什么事情，报告组里成员的行为怎样。我定期命令进行检查；检查的时候，除了我以外，班长也参加。我走到院子里，组员整好了队，我带着组员去巡视学生的寝室。这样的组是通过组长对校长负责的，并且要在全体大会上作报告。组织这样的组是影响家庭的最好方法。我想，影响家庭的方法问题，应该根据这样的逻辑来解决：学校是国家的组织，而家庭是生活上的组织，要影响家庭，最好是通过学生。

教育方法

1938 年 1 月 10 日、14 日、16 日和 20 日，马卡连柯为俄罗斯联邦教育人民委员部的工作人员作了四次演讲，本文是本次演讲的第一次演讲内容的速记稿最初刊载在《苏维埃教育学》杂志上（1943 年地第 5—6 期）

我们将要谈谈教育这一个题目。请同志们注意，我是一个从事实践的教育工作者，因此，我所谈的当然就要偏重些实际。我认为，我们所处的时代，是实际工作者对科学原理予以很好地修正的时代。在我们苏联，这样的实际工作者就叫做斯达汉诺夫工作者。我们知道，斯达汉诺夫工作者——实际工作者——在比我们的科学甚至还要更准确些的许多原理上，不知作了多少的修正；我们知道，斯达汉诺夫工作者在劳动生产率上，在劳动工作和专门技术的操作上，不知创造了多少新纪录。这种劳动生产率的提高，并不是由于单纯增加劳力的支出，而是有赖于新的工作方法、新的逻辑、劳动要素的新的配置。因此，劳动生产率是要靠发明、发现和钻研这些办法来提高的。

在我们的生产事业方面——教育事业方面，无论如何是不能够脱离这种一般的苏维埃运动的。在我们的教育事业方面，也必须有种种的发明，甚至在个别的工作中，在细枝末节中，都要有发明，尤其在很多的细节中，在整个体系中，在体系的各部分中，更是需要发明。这一点是我一生深信不疑的。当然，这样的发明，不仅理论战线上的工作者能够做到，就是像我这样一个普通的、平常的工作者，也能够做到。因此，我很坦然地来叙述自己的经验和从这些经验中得到的结论。我认为，我的经验的意义应当包含在实际工作者对一定的理论成就所作的修正范围之内的。

我能拿出什么东西来和大家谈呢？

许多人认为我是教育流浪儿童的专家，这是不对的。我整整做了 32 年的教育工作，其中 16 年是在学校里，16 年是从事教育流浪儿童的工作。确实，我在学校里一直是在特殊的条件下工作的，即在经常受工人和党的各级组织影响的一个工厂学校里工作的。

我从事教育流浪儿童的工作，也同样绝不是专门的流浪儿童的教育工作。第一，从我从事教育流浪儿童的第一天起，我就对这种工作有一个设想，我认为对流浪儿童并不需要采用任何特殊的方法；第二，我在很短的时间里，就顺利地使流浪儿童达到了正常状况，使继续教育他们的工作和教育正常儿童完全一样了。

我在哈尔科夫近郊内务人民委员部所属的捷尔任斯基公社工作的最后时期，已经有了正常的集体，有了十年制学校，并追求着我们一般学校所追求的通常目的。在这个集体里的儿童都是以前的流浪儿童，本质上与正常的儿童没有任何的差别。如果要说有差别的话，那也许就是属于好的一方面了。因为在捷尔任斯基公社的劳动集体中的生活，额外地对他们进行了很多很多的教育，甚至于比家庭做得还更多些。因此，我的实际结论不仅可以适用于不好教育的流浪儿童，而且可以适用于所有的儿童集体，因而也就可以适用于一切教育工作者。

这是要请大家注意的第一点。

现在，来谈一谈我的实际教育逻辑的本质。我获得了若干信念，这些信念的获得，并不是轻而易举的，也不是迅速顺利的，而是经过了若干相当令人苦费心思的疑难和错误阶段的。我获得了若干结论，这些结论有人看来会感到奇怪，但我有充分的论据来大胆地把它们报告出来。这些结论中的一部

分是具有理论性的。我在开始叙述自己的教育经验以前，先简略地把这些结论——地列举出来。

首先是关于教育科学本质的问题，这是一个很有趣的问题。我们现代的教育思想家和个别的教育工作组织者中间有一种信念，认为教育工作不需要任何特殊的和个别的方法，认为教学法、各科教学法本身就应当包含全部教育思想。我是不同意这种看法的。我认为，教育范畴——纯粹的教育范畴——在某些情况下是有别于教学法的一种个别范畴。

什么东西使我特别相信这一点呢？使我相信的是以下的事实，在苏维埃国家里，受教育的不仅是儿童，不仅是学生，而且每一个公民随时随地都能受到教育。他们或者用特别的组织方式，或者用广泛的社会影响的方式去接受教育。我们国家里的每一件事，每一种运动，每一种过程，总是不只伴随着专门的任务，而且也伴随着教育的任务。关于这一点，不久以前我们所经历过的最高苏维埃的选举，就是充分的证明。在这次选举中，包含着触及千百万人的广泛教育工作，甚至连仿佛与教育工作无关的人也都受到了教育。教育工作甚至把最消极被动的人也推动了起来，使他们积极地参加选举活动。

我要特别强调指出苏联红军的成功的教育工作。你们大家都知道得很清楚，每一个参加红军的人，在那里都被培养成了新人，不仅有了新的军事知识、新的政治知识，而且具有了新的性格、新的作风和新的行为方式。当然，这一广泛的苏维埃社会主义教育工作，在步调上、作风上和趋向上自然是统一的，而且也当然具有一定的教育方法。苏维埃政权20年来所采用的这一教育方法，已经可以作出结论了。如果在这一教育方法上再补充上我们的普通学校、高等学校和幼儿园、儿童之家等另一种类型的教育机关的教育成就上的丰富经验，那么，我们就具有极其丰富的教育工作的经验了。

如果我们拿久经考验、早已确定和早已准确地阐述了的教育方法，拿我们的党、共产主义青年团的各种决议和章程，拿列宁和斯大林同志的言论来说的话，那么，说实在的，我们现在确实完全可能编制一部苏维埃教育事业的全部原理和公理的真正的大法典了。

我个人在实践中也不得不把教育的目的作为主要的目的。因为，委托我干的是所谓违法者的再教育工作，摆在我面前的首先是教育任务，甚至于任何人都没有向我提出教养这一个任务。交给我教育的是些违法的男女儿童，照旧的说法，这就是犯罪者。这些男女儿童的性格都具有极明显的和可怕的

特征，因此，我首先提出一个目的，就是改造这种性格。

起初，我觉得所谓主要的东西就是某种个别的教育工作，尤其是劳动教育。这种极端的主张我坚持得并不长久，但公社里其他同事们对于这种主张坚持了很长时间。甚至在内务人民委员部（在旧的领导人时代）所属的几个公社里，这种主张是占优势的。

这种主张是在仿佛完全被默认的一种论点的帮助之下得到贯彻的，这种论点就是：谁愿意在学校里学习，谁就可以学习；谁不愿意学习，谁就可以不学习。实际上，结果就变成了谁也不去认真学习。只要一个人在班级里遭到了某种失败，他就可以行使他的权利："不愿意学习"。

我很快就相信了，在工学团的制度里，学校是最有力的教育手段。最近几年以来，因为我坚持学校是教育手段这一原则，曾受到工学团管理处的个别工作同志的攻击。这些年来我是重视十年制完全学校的，并且我坚信，真正的再教育工作——保证不再重犯的完全再教育工作，只有在完全的中学里才有可能。直到现在，我仍然相信教育的方法具有自己的逻辑，它在某种程度上不依赖于教养的逻辑。教育的方法和教养的方法，据我看来，构成两个部分——教育科学的两个或多或少地独立的部分。当然，这两个部分应当保持着有机的联系。不消说，班级里的一切工作，总是属于教育工作，但把教育工作归结为教养工作，我认为是不可以的。下面，我还要更详细地来谈谈这个问题。

现在，就教育方法的基础问题说几句话。

首先我相信，教育工作的方法决不能从邻近科学，如心理学和生物学的命题中引申出来，不管这些科学经过如何的分析研究，尤其是生物学，自从巴甫洛夫的著作问世以后，更不能够这样来做。我认为我们没有权力从上述科学中直接得出关于教育方法的结论。这些科学对教育工作确有巨大意义，但决不能作为据以作结论的前提，而是作为检查我们实际成就的起监督作用的原理。

此外，我认为教育方法只能够由经验中获得（经过心理学和生物学等科学理论的检验和确定）。

我的这种论断，是根据以下的见解得到的：教育学特别是教育理论，首先是在实践上适应一定目的的科学。如果我们不向自己提出一定的政治目的，那我们简直就不能去教育人，也就没有权利进行教育工作。没有明确的、广

泛的和人所共知的目的的教育工作，会变成脱离政治的教育工作，在我们苏联的社会生活里，证实这个论点的例证是随时随地都能够遇到的。苏联红军在教育工作方面取得了巨大的、宏伟的、甚至在世界历史上是绝无仅有的成就。红军的教育工作自始至终永远是适应着一定的目的，而红军的教育者也永远知道他们要培养什么样的人、要获得什么样的目的，所以才会有这样巨大、宏伟的成就。不久以前寿终正寝了的儿童学，就是没有一定目的的教育理论的最好例证。从这种意义上说，可以把儿童学看作跟苏维埃教育意向完全敌对的一种东西，这是一种没有目的的教育工作。

教育工作的目的是从哪儿产生的呢？当然，这是从我们社会的需要、从苏维埃人民的意向、从我们革命的目的和任务以及我们的斗争的目的和任务里产生的。正因为如此，对目的的表达当然也就既不能根据生物学，也不能根据心理学，而只能根据我们社会的历史、我们社会的生活。

同时，我以为要在证实教育方法这一方面一般地规定与生物学和心理学的这种关系，这在目前是不可能的。心理学和生物学正在不断发展，也许在今后十年内这两门科学能够提出关于人们的个人行为的准确原则，到那时候，我们就可以更多地依靠这样的科学了。我们的社会需要和我们的社会主义教育的社会目的与心理学和生物学理论的目的和材料之间的关系，应当永远处于经常不断的变化之中，也许，这种关系甚至可以变化成使心理学和生物学与我们的教育工作经常发生关系。我坚决相信的是什么呢？我相信，无论从心理学中还是从生物学中，都不能够用演绎的方法、用简单的三段论法的方法、用形式逻辑的方法得出结论来，不能够得出教育方法来。我已经说过了，教育方法首先应当从我们的社会和政治目的中产生出来。

我相信在目的这一方面，在适宜性这一方面，教育理论首先犯了错误。我们的教育工作中的一切错误、一切偏向，总是发生在适宜性的逻辑这一方面。我们姑且把这个称为错误。

在教育理论中，我看到了这些错误的三种类型，这就是：演绎臆断类、强调伦理概念类和孤立方法类。

我在自己的实践工作中，为了跟这种错误进行斗争而饱经忧患和痛苦。第一种错误是，有人采取了某种方法，就肯定地说这种方法能产生如何如何的结果，我们以大家都知道的单元教学法的历史为例。提出一种方法——单元教学法，想用逻辑推理从这种方法中侥幸地得出定论，说这种教学方法会

得到良好的结果。

关于单元教学法能得到良好结果的这一论断，在被经验证实以前就已肯定了，但一定要肯定地说结果必然会是良好的，说在心理的某些秘密的角落里会隐藏着良好的结果。

当谦逊的实践工作者提出要求说"让我们看看这个良好的结果"时，就遭到了这样的反驳：我们怎能打开人心来看呢？由于单元教学法的协调，课程的各部分的联系，那里应该有良好的结果。课程各部分的联系必然会在人的心理上留下良好的结果。

这就是说，这里连经验的证实在逻辑上也是不允许的。结果，就得到这样的循环说法：有好的方法，就会有好的结果；只要结果好，那就表示方法也好。

这样的错误是很多的，这是由于过分重视演绎逻辑所产生的错误，不是由于过分重视实验逻辑。

所谓强调伦理概念类的错误也很多。我以劳动教育为例与大家谈一谈这个问题。

在这一点上，我也犯了这样的错误。"劳动"在字义上是如此悦耳，对我们是如此神圣和正当，以致劳动教育也使我们觉得仿佛完全是正确的、肯定的和合理的了。而以后却证明"劳动"的字义并没有包含某种惟一正确的和完整的逻辑。最初，"劳动"被理解为单纯的劳动，被理解为自我服务的劳动，以后又把劳动看作没有目的、徒劳无益的劳动过程——耗费精力的操作。于是，"劳动"一词就这样说明逻辑，仿佛逻辑是没有错误的，虽然随时随地都表现出来真正没有错误的东西并不存在。但是，人们相信术语本身的伦理力量，相信到认为逻辑也仿佛是神圣的东西了。然而，我的经验和许多学校里的同志们的经验，都证明从术语本身的伦理概念的渲染中不可能对某种方法作出结论，并证明劳动应用在教育上，其应用方式可能是各种各样的，并且在每一个别的场合里，可能产生各种不同的结果。在任何情况下，劳动如果没有与其并行的知识教育——没有与其并行的政治的和社会的教育，就不会带来教育的好处，会成为不起作用的一种过程。你们可以随意强迫一个人去劳动，但是，如果不同时从政治上、道德上去教育这个人，如果这个人不参加社会生活和政治生活，那么，这种劳动就只能成为一种不起作用的过程，不会产生积极的结果。

只有把劳动作为总的体系的一部分时，劳动才可能成为教育的手段。

最后，还有一种错误，这就是孤立方法类的错误。人们常常说：某种方法必然会得到某种结果。有一种方法，乍看起来仿佛是最不容怀疑的一种论断，教育刊物上也常常发表这样的东西，这就是关于惩罚的问题，我们就拿这个问题来说吧。例如，惩罚是培养奴隶的，这是确定无疑的公理。不成问题，在这种论断里，所有的三种错误就都包括进去了。这里既有演绎臆断的错误，也有强调伦理概念的错误。这是因为在惩罚上，逻辑是由对这一个词的本身的渲染开始的，最后也有孤立方法的错误——惩罚是培养奴隶的。但我认为任何一种方法都不能离开整个体系来单独分析。一般地说，任何一种方法，不管哪一种方法，如果我们脱离开其他的方法，脱离开整个的体系、脱离开整个的综合影响来单独分析的话，那就既不能认为它是好的，也不能认为它是坏的。惩罚可以培养出奴隶，但有时也可以培养出很好的人来，可以培养出自由和自豪的人来。大家注意，在我的工作实践中，当提出培养人的尊严和自豪精神的任务时，我就是通过惩罚来达到这种目的的。

我下面要谈的是在什么样的情况下，惩罚能培养出人的尊严。当然，这样的结果，只有在一定的环境里，也就是在同时使用其他方法的一定的环境里，并且在一定的发展阶段上，才可能产生。任何的教育方法，甚至像暗示、解释、谈话和公众影响等我们通常认为最通行的方法，也不能够说是永远绝对有益的。最好的方法，在某些情况下，必然会成为最坏的方法，我们就拿集体影响——集体影响个人——这个方法来说，有时候集体影响是好方法，有时候又是坏方法。我们拿个人影响——教师与学生个别谈话的方法——来说，这种方法有时是有益的，有时却是有害的。任何一种方法都不能够脱离整个方法体系，单从有益和有害的观点予以分析。最后，任何的方法体系都不能认为是绝对不变的体系。

我想起了捷尔任斯基公社的历史。捷尔任斯基公社在 1928 年成立的时候，是一个八年级的男女儿童的集体。这是健全愉快的一个集体，但这还不是 1935 年时代的捷尔任斯基公社——接收了 20 岁以下的青年，有了很大的共产主义青年团的组织。当然，这样的集体所要求的就完全是另外的一种教育方法体系了。

我个人相信这样的情况：譬如说一所普通的苏联学校，把它交给优秀的教师、组织者和教导员，这所学校将办上 20 年，那么，在这 20 年的过程中，

这所学校在优秀教师的支配下所走过的路程应是非常了不起的，这就是教育方法的体系自始至终，彼此之间是极不相同的。

一般地说来，教育学是最辩证、最灵活的一门科学，也是最复杂、最多样化的一门科学。这种见解就是我的教育信念的基本标志。我并不是说，一切都经过了我的经验的检验，完全不是，我还有许多不能明白、不能确定的问题，我所以这样说，只是作为工作上的假定，这种假定要随时予以证实。对我个人来说，要亲身用我的经验来证实这种假定，但是，这当然还要用广大的苏维埃社会的经验来予以检验。

同时，我相信我所说的逻辑是不会与我们苏联的优秀学校以及许多优秀的儿童集体和非儿童集体的经验相矛盾的。

这就是我预先要说的总的意见。

现在我们来谈一个最主要的问题——关于确定教育目的的问题：教育目的由谁来确定？怎样确定？什么时候才能确定？什么是教育目的？

我所理解的教育目的就是人的个性的培养计划、人的性格的培养计划，而且，我把个性方面的一切内容都包括在性格的概念中，这些内容就是：外部表现和内心信念的性质、政治教育、各种知识，即人的个性方面的全貌。我以为，我们做教师的应当有这样的人的个性培养的计划，我们应当力求实现这种计划。

我在自己的实践工作中不能没有这样的计划。任何的东西都不能像经验那样地教育人。就在捷尔任斯基公社的时候，曾经交给我几百个人，我看到每一个人的性格中都有深固而可怕的倾向，都有根深蒂固的习惯，我应当想一想：他们的性格究竟是怎样的？为了把这些男女儿童教育成公民，我应当向哪一方面努力？我一经思考，就看到这个问题绝不是几句话所能够回答的。如何培养好的苏维埃公民，还有人给我指出道路。我应当着手研究关于培养人的个性的更广泛的计划。刚接触到培养个性的计划，我就遇到了这样的一个问题：培养个性的计划对所有的人都应当是一样的吗？我应当把每一种个性，都归纳在统一的培养计划中吗？应当把每一种个性都列入一致的标准里，并追求实现这种标准吗？如果这样做的话，那我就要舍弃个性方面的个别的优点、个别的特性以及特殊的美好之处。要是不肯舍弃的话，那我的培养个性的计划能是什么样的呢？我不能那样简单地、抽象地解决这个问题，而是在十年的实践工作过程中解决了它。

我在自己的教育工作中，看到了应当有培养个性的一般的"标准"计划，还应当有对这个计划的个别修正案。对我来说，还没有产生过这样的问题：我的学生应当成为勇敢的人呢还是我应当培养胆怯的人？这里，我假定好了"标准"，即每一个学生都应该是勇敢的、刚毅的、诚实的和爱好劳动的爱国主义者。但是，如果遇到了像天才这样的个性上的细微之处时，那该怎么办呢？有时候，当遇到天才的时候，会对它产生很大的怀疑。有一个男孩在十年制学校毕业时，我就有过这样的情形，这个孩子的名字叫捷连秋克。他学习很好，成绩全是五分（我们学校当时采用五级制记分法），以后他想进高等工业学校。我早已发现他有很高的演员天赋，而且是非常稀有的喜剧演员的天赋，特别机智聪明，有天赋的悦耳的声带，富于表情，是一个聪慧的喜剧演员。我观察到只有在演剧工作这一方面，他才能够取得很大的成就，如果上工业学校，他就是一个平常的学生。但是，当时有那么一种爱好，所有我的"孩子们"都想做工程师。如果说到做教师的话，大家当面就会笑起来。"为什么偏要去做教师？""那就去当演员。""您说到哪儿去了，演员算什么工作？"于是，捷连秋克进了工业学院，我深信我们失掉了一个出色的演员。我让步了，归根结底，我没有权力挽回这件事情。但是，我总是不能释怀。他学习了半年，来参加我们的戏剧小组。我想了又想，最后决定召他参加社员大会，我说我要就捷连秋克的问题向大会提出申诉，因为他不服从纪律，上高等工业学校去了。全体大会上大家说："你怎么不害臊？给你说了，而你不服从。"大会最后决定："不许他上工业学院，决定把他送到戏剧专科学校去学习。"他很不高兴地走了，但他不能够不服从集体。他得到了奖学金和公共宿舍。现在，他成了出色的演员，已经在一个有名的远东剧院演出了，在两年中，他获得了一般人十年才能获得的成就。现在，他非常感谢我。

但是，如果现在我再遇到这样的问题，我还是没有解决它的把握。谁能了解捷连秋克？我有什么权力硬要用强制办法呢？改变这种志趣的权力对我来说还是一个没有解决的问题。不过，我深信每一个教师都会遇到这样的问题：教师是否有权干涉学生性格的发展，并引向正确的发展方向呢？还是只应当消极地跟随着学生的性格走呢？我以为，问题应该这样解决，那就是：有权干涉。但是，应该怎样做才对呢？个别情况要个别处理，因为，有权力是一回事，而能够做得好是另一回事，这是两个截然不同的问题。今后我们在培养干部时，很可能就是要教他们怎样做转化工作。培养医师，就应该教

他怎样施行穿颅术。在我们现在的条件下，可能将教教师怎样来做这样的"穿颅术"（也许比我做得更机巧些、更成功些），教他们怎样根据个人的品质、个人的爱好和个人的能力，引导人向他最需要的那个方向发展。

现在我们来谈谈在我的经验中和我的其他同事们的经验中的那些实际工作方式，我认为这些方式最成功地体现在教育工作中。教育工作的最主要方式，我认为就是集体。关于集体问题，在教育著作中似乎已作了不少的论述，但总感到有些不够明确。

什么是集体？我们对集体干预的界限在哪里？现在我正在参观莫斯科和基辅的许多学校，我没能经常看到学生集体。有时能看到班级集体，但我几乎从来没有看到过学校集体。

现在，我简单地说几句，把我和我的同事们所培养出来的集体告诉大家。请注意，我所处的环境与普通学校的环境是不相同的，因为，我的孩子们都过着共同的生活，都从事生产工作，大多数没有家庭，也就是说，没有另外的集体。因此，自然而然，在我所管理的范围内，集体的教育方法就要比普通学校用得更多些。但我并没有因为有了这样的良好条件作基础就松懈起来。当时我有一个学校——工厂（车厢工厂）学校，我这里仍然是有学生集体的。

在当时教育人民委员部的旧式领导之下的学校实际工作中，我看到许多很奇怪的现象，这些现象，以我的教育眼光来看是完全不能理解的。例如：昨天我到过一个文化休息公园，那里有区少年宫。在这一区里还有单独设立命名为小巴维尔。莫罗佐夫的少年馆，也就在这同一区里还有13所学校。所以，我昨天就看了三种机关——学校、少年馆和莫罗佐夫纪念馆，看到了这三个机关怎样把儿童们分为各种不同的集体。这里，儿童们是没有集体的。他们在学校里是一种集体，在家庭里是另一种集体，在少年宫里是第三种集体，在莫罗佐夫纪念馆里是第四种集体。他们在各集体跑来跑去，可能早晨选择一个，午间选择另一个，晚间又选择第三个。昨天我就亲眼看到过这样的事情：在少年宫里有一个舞蹈小组，其名称还是老的叫法——旋律舞蹈小组，在那里就是单纯地跳舞。有一个学校的共产主义青年团小组长申明说："我们不准女孩子参加旋律舞蹈小组。"学校的校长拍着胸膛说："大家看！团小组长申明不准女孩子参加！"校长拖着团小组长去诉诸公论。"事情就是这样的，请大家看，他干的是什么事。"但团小组长还是坚持自己的意见："就是不准！"于是发生了冲突。这里，我想起了我们公社里所发生的类似的另一

件争吵的事情。我们有许多严格认真的各种不同的小组，有真正的滑翔机，有骑兵队……有一次，有一个男孩子——很好的一个孩子，是少年先锋队队员，通过少年先锋队组织加入了哈尔科夫少年宫，并且在那里参加了北极考察工作，在那里表现得很好，少年宫奖励他和其他的孩子一同去穆尔曼斯克出差。这个孩子叫米沙·佩克尔，他在公社里说："我就要到穆尔曼斯克去了。"

有一个年龄大一点的社员问：

"你要到哪里去？"

"到穆尔曼斯克去。"

"谁叫你去的？"

"少年宫派我去。"

在全体大会上，年龄大的一些社员们说：

"叫米沙·佩克尔解释一下，是谁派他去？他要到哪里去？"

米沙说：

"是的，我要到穆尔曼斯克去考察北极，少年宫派我去的。"

大家都喊起来：

"少年宫怎敢派你去！也许，我们明天要把你派到非洲去。第一，我们要到伏尔加河去旅行，而你是我们的吹黑管的；第二，就是你不吹黑管，你补的是什么空子？你又要在这里干，又要在那里干。不行，你哪里也不能去。你事先就应该问问全体大会，问明白你可以不可以在那里接受所有的奖励！"

米沙听从了大会的意见。但少年宫和共产主义青年团组织知道了这件事，少年宫提出了意见："捷尔任斯基公社干的是什么事？我们要派人去北极，而他们那里偏说：你要吹黑管，因为要去伏尔加河旅行。"这件事情，一直闹到乌克兰共产主义青年团中央委员会。但说实在的，实际上一切全都解决了，因为，公社的共产主义青年团组织说：如果米沙应该去的话，当然，我们不会把他拉住，我们也会给他津贴等，请吧，转到少年宫去，做少年宫的队员去……如果我们有需要，我们自己也会派我们所需要的人到北极去，进行必要的考察，也会有助于征服北极的工作。在当前这段时期内，在目前来说，这是没有列入我们计划以内的事情。你们说什么施密特、施密特，到北部的施密特还少吗？但全苏联的人不会都到北部去，因此，不能证明说，每一个人都应当到北极去。很显然，米沙是想争一争的，但大家对他说："行啦。吵

上了一阵子，该停止了。"于是，米沙说："我自己也并不想去。"

这里还有第二个问题。我曾到过莫斯科近郊的几个夏令营，这都是很好的夏令营，在那里生活得很好、很愉快，当然，这是最有益于健康的机构。但我很吃惊，在这些夏令营里汇集着各所学校的儿童，这一点，我是不明白的。我认为这样做就破坏了教育上的某种和谐。一个孩子是一定的一个学校集体的成员，而夏天把他送到一个混合的集体里，这就说明，他的学校集体在他的夏季休息的组织里没有参加任何的工作。你们看，正像我给你们说过的一样，在少年宫和其他地方，感到有摩擦和倾轧的现象。我知道，这种倾轧是怎么发生的。

应当通过建立统一的、有力的和有影响的集体来组织正确的苏维埃教育。学校应当是一个统一的集体，在这里组织全部的教育过程，这个集体的每一个成员也应当感觉到自己对集体的依靠，应当忠于集体的利益，应当维护这种利益，并且首先要重视这种利益。如果让每一个成员选择对自己更适宜、更有益的人，但并没有为此借助自己所在的集体的力量和手段，出现这样的情况，我认为是不对的。这会造成怎样的后果呢？所有的各个城市里的少年宫的工作都做得很好，莫斯科的少年宫做得尤其好。少年宫的许多工作者和工作方法是值得赞赏的。不过，虽然他们这样好好地工作着，虽然我们的社会帮助他们这样好好地工作着，但这还是使有些学校有可能逃避一切额外的工作。许多学校中没有少年宫里的那些小组。一般说来，校外工作当真变成"校外的"了，学校也就认为有权拒绝这种工作。不成问题，借口总是可以找到的，比如说：我们没有大厅，我们没有拨款，我们没有专门工作人员，等等。在一个集体里应该组织全部的教育过程，我是赞成有这种过程的集体的。

我个人希望有这样坚强有力、设置完善和装备良好的集体制度，但这仅仅是集体组织的外表形式……

这样的少年宫和儿童俱乐部，可以说，能够和学校一起来进行工作，但其中的组织工作，仍然应当归学校。学校应当对这种工作负责，各学校应当在工作中联合起来。反对女孩子参加旋律舞蹈小组的那个团小组长是正确的，如果团小组长要对本集体里的儿童的教育负责的话，那么，他就应当关心他的孩子们在少年宫里究竟做些什么事情，并要对此负责。如果教育过程分散在各个机构和个人之间，而且这些机构和个人没有被相互的责任和一长制联系在一起，这样的过程就不可能带来好处。

我知道，设置完善、装备良好的统一的儿童集体，当然要花很多的钱，但也很有这样的可能，即组织得比较好的儿童集体，也是能够节省出资金的。

这都是有关集体本身组织的问题。总之，我坚决主张，领导儿童教育的统一的儿童集体应当是学校。其他所有的机关都应当服从学校……

我相信，如果一个集体没有目的，那就不会找到组织这一集体的方法。应当向每一个集体提出总的集体的目的——不是向个别的班级提出，而是必须向全校提出。

我们集体里有 500 个人。成员是 8～18 岁的孩子，也就是一年级到十年级的学生。当然，他们彼此之间是有很多不同的特点的。第一，年龄大一点的儿童是比较有教养的，在生产上是比较熟练的，也是比较有文化的。年龄小的儿童，因为脱离流浪生活不久，当然就粗野无知。最后，还有一般的儿童。但是，尽管如此，在我最近几年的工作中，所有这 500 个人，确实形成了统一的集体。我从来不允许自己剥夺集体成员的权利，剥夺任何一个公社社员的投票权，不管他们的年龄和发展程度如何。公社社员全体大会真正是实际的领导机构。

全体大会是集体的领导机构，这引起了我的批评者和上级的反对与怀疑。他们说："不可以让这样的大会来决定各种问题，不可以把领导集体的事情交给一群孩子。"当然，这种说法是对的。但是，问题在于应当争取做到，不是一群孩子的全体大会，而是集体成员的全体大会。

使"群"变成"全体大会"的方法和手段是很多的。这不是用什么人工方法可以办到的，也不是在一个月之内就能做到的。一般说来，在这样的情形下想追求速效，总是要失败的。我们以学校为例：如果学校里没有任何的集体，一切都是散漫无组织的，往好处说是每班都过着孤独的生活，遇到了其他的班级，就像我们在街道上遇到了普通的人们一样，那么，要想把这样一群无组织的儿童变成一个集体，当然就需要经过一番长期的（不是一两年）坚忍不拔的和耐心的工作。可是，一旦集体建立起来，如能爱护它，如能注意它的活动进展，那么，这样的集体就可以永远保持下去。这样的集体——特别在有 8～10 岁儿童的学校里，应该说是最可宝贵的、最良好的教育工具……

儿童集体的力量是强大的，其强大程度几乎是无与伦比的。但是，这样的集体，自然也是容易解体的。种种错误、领导的种种更替，能够使集体变

为人群。但是，集体存在得越长久，集体变得越坚强，那它就越容易延续下去。

这里，我们要谈一件重要的小事情，这件小事情我是要特别坚持的。这是什么呢？这就是传统。任何东西，也不能像传统那样地巩固集体。培养传统、保持传统是教育工作中极其重要的任务。一所学校如果没有传统，当然就不会是好学校，而凡是我所见过的好学校——就拿在莫斯科见过的好学校来说——都是具有传统的。什么是传统呢？我曾遇到过反对传统的说法。我们的一些老教育工作者说："一切法令、一切规章都应当合乎情理。应当在逻辑上是明白易懂的，而你却承认已经失去了理智和逻辑的传统。"一点也不错，我是承认传统的。例如，当我还年轻的时候，当我还没有很多工作的时候，我在公社里每天是早晨6点钟起床，并且每天要作一次检查，也就是说，要同值日队长一起去寝室检查，各队都喊"全队立正"的口令向我敬礼。每天一开始，我检查一次分队人员和分队情况。这时，我是被看作公社的首长，我就可以以首长的身份审查一些事情并予以惩罚。除我以外，公社里任何人都没有惩罚的权力，当然，全体大会是除外的。但是，我不可能每天都参加检查。我第一次下了通知，明天我不能够作检查，由值日队长担任检查工作。

这种方式，逐渐就变成通常使用的方式了。这样，就形成了传统：值日队长在检查的时候，是被当作首长看待的。起初对此是懂得的，但以后就不清楚了。新来的人都知道值日队长有惩罚的权力，可是，为什么会有这样的权力呢？那就不清楚了。这一点，老人是完全明白的。值日队长说："做两天值日！"大家就回答他："是，两天值日。"如果在其他的时候，不论白天或晚上，这个值日队长要使用这样的权力，那回答他的就是："你是什么人？"这样的传统保持下来了，它对巩固集体起了很大的作用。

另外还有一个传统，这也是不能拿逻辑来解释的。很久以前曾发生过一次纠纷。值日队长晚上作报告时说："伊凡诺夫吃午饭时破坏了纪律。"而伊凡诺夫说："没那事，我没有破坏纪律。"我检查事实以后说，依我看，伊凡诺夫是没有破坏纪律。其他的人也同意我的看法，可是值日队长却坚持自己的意见。我把这件事情搁了下来没作处理。值日队长在全体大会上指责了我的做法，他说："安东·谢妙诺维奇没有权力审查我的报告，我并不是私自悄悄地给他说话，我是当着所有的其他队长'立正'，敬礼，给他作报告。在这种情况下，如果他不相信我的报告，他就不应该相信值日办法。如果我的每

一个报告都要用审查口供的办法加以检查，那还要值日干什么？"

全体大会作了决定：安东·谢妙诺维奇不对，值日队长的报告是不需要审查的，如果是低声耳语，那就自然可以审查了。这样的决定，在这十年的过程中，就成了法律。一天里随便想说什么都可以，但当作报告时，那就确确实实是正确无误的：他敬了礼，举了手，这就表示报告是正确的、真实的。如果你事实上并没有错，那你心里知道值日队长错了就行啦。

这样就形成了一个优良的传统，它使工作变得容易进行了。

第一，任何一个值日队长都不肯说谎，因为他知道大家都相信他；

第二，用不着再因为检查费时间、费精力了。也许，值日队长当真会有错误，但不走运的受屈者，还是应当服从的。有一次，一个共产主义青年团团员曾说过：这是什么规则，应当取消它。因为，我去工作时确实没有迟到，而值日队长却在报告里说我迟到了十分钟，并且告诉我说，是不会调查的了。这时候，大家就给他作了解释：也许你是对的，也许你确实准时去工作，但是，对我们来说，对你来说，纪律和信任值日队长，比起你的对来是更为重要的。因此，你还是把自己的对牺牲了吧。如果我们要检查每一个值日队长说的是什么，这就不是值日队长，简直是奴才了。而我们需要的正是值日队长。在我的集体里，像这样的传统是很多的，简直可以举出好几百来。这些传统，我并不全都知道，但孩子们是全部知道的。孩子们知道这些传统，不是得自记载，而是凭借某种直接的感触。这样做是应该的。为什么要这样做呢？因为老社员是这样做的。老社员的这种经验，尊重老社员的逻辑，尊重老社员建立公社的劳绩以及最主要的——尊重集体的权利和集体的全权代表，这是集体的最重要的一种美德。当然，它是要靠传统来维持的。这样的传统，能美化儿童的生活。儿童们生活在这样的传统网里，会感觉到自己是在具有特殊的集体规律的环境中，并因此而自豪，力求改善这种集体规律。我以为，没有这样的传统，要有正确合理的苏维埃教育是不可能的。为什么呢？因为，没有尊重自身美德、感到自己集体面貌的坚强的集体，正确的苏维埃教育是不可能有的。

我可以说出许多有趣的传统来，并且可以举出一些例子。这既是传统，也是很可笑的事情。卫生委员会的值日员每天担任值日工作，臂上带着红十字的袖章，他有很大的权力——直接下命令的权力，他可以让任何一个共青团员或集体成员从桌子旁站起来去洗手，而对方就要服从他。他可以到任何

一个工程师、工作人员和教师的寝室里去，可以在全体大会上报告某某教师的寝室脏。在这一方面，是有过决议的——无论什么时候也不必细分什么样的脏，如谁泼了水，谁的窗台上有尘土，谁的椅子背靠上有尘土，等等。大家决定从来不作过于详细的报告，不描述杂乱无章的情况，只简单地说一个字"脏"。就警惕防止不清洁这一点说，这样做是完全够了。根据传统，这个发号施令的人，一定要从女孩子当中选出——一定是一个女孩子，一定是一个小女孩，而且一定是一个很干净的女孩子。究竟是从哪里得来的这种传统，我已经记不清楚了。例如，提议选出某一个女孩子，有人就说："你怎么啦，她已经17岁了。"谁也不明白，为什么不能选举17岁的女孩子当值日卫生委员。"从前有一次她出去的时候，她的长统袜子松下来了，所以不能当。"为什么必须是女孩子呢？据说，男孩子总是不能经常好好地把自己收拾干净；其次，按一般的道理说，女孩子厉害一点。如果女孩子一说话，那么，她无论对谁——不管对朋友，不管对仇人——总是不肯放过的。这一点，我是反对的："你们就不害臊，为什么要剥夺男子的这种权利呢？怎么表现出她是爱干净的或不爱干净的？"大家一致同意了我的意见，但是选举的时候，有人推举出女共青团员做候选人，大家都反对，说不行。那就推选女少先队员吧。选举出来的女少先队员完全是个小孩子，怎能委托她担任这样的工作呢？大家都说："不，她是合适的。"这样的卫生委员会委员真不好惹，同她们生活在一起是很麻烦的。谁要是同这样的12岁的女孩子在一起，谁就成天不得安宁了——无论吃饭、工作或睡觉，任何时候都是这样。大家都责骂她闹得别人简直没法活下去了。她在寝室里找尘土，找来找去，一点尘土也没找到，但她翻过椅子来说：

"这是什么？"

"挂了一根细头发丝。"

于是，她在报告中说：第十五寝室脏。再也没法子辩解了，因为这是事实。偏偏这是尼娜，一个小孩子，她说："是你梳的头发，你的头发飞开来了，莫非我应当替你来掩饰吗？"

这样的小孩子报告着，成年的小伙子们看着她。她叙述着她巡查了多少次寝室，作了多少次通知，等等。"工作得很好吗？""很好。"于是，大家又选举了她，忘记了自己因为她而吃的苦头。

这是一种传统。像这样的小女孩是最不放松小节、最纯洁、最诚实的，

对任何诱惑都不动心。集体觉得正是这样的女孩子，才可以把卫生委员会委员这样的工作委托她去做。这种传统，是很根深蒂固的，就是在共产主义青年团委员会里也这样说："不行，这样做不合适。还是教克拉娃这个女孩子干吧，她年纪小，她干净，她能担任这样的工作。"

孩子们就是创造这种传统的惊人能手。

应当承认，在创造传统中，要利用某种轻微的本能上的保守性，但必须是优良的保守性，也就是相信昨天，相信创造了某种价值并不愿意因为我们今天的任性而破坏那种价值的那些同学们。

在这些传统中，我最看重军事化的传统——各种游戏……这不应当是军事法典的重复。无论如何，也不应当模仿和抄袭。

有一些年轻的教师们，很爱好经常作整队行进——到食堂里去要整队行进，去工作时要整队行进，到处是整队行进。我是反对这种做法的。这样做并不美，也没必要。但在军队生活中，特别是在红军的生活中，有许许多多美的、吸引人的东西，我在自己的工作中，也越来越相信这种军事化的美学的益处。儿童们更善于美化这种"军事化"，使它更适合儿童，更愉快。我的集体在某种程度上是军事化了的。第一，名称上有一些军事用语，如"队长"就是。名称有很重要的意义。例如，把普通学校叫做不完全中学，这一点我并不是完全同意的。我觉得关于这个问题，还应该多想一想。一个学生在普通学校学习，而学生所在的学校的名称却叫做不完全中学，这表示什么呢？这是一种不全面的名称。名称本身对学生应该有吸引力，我对名称是很注意的。当我提议用作业组长这个名称时，孩子们说这样不妥当，什么叫作业组长，组长是生产工作部门的名称，而在我们分队里，应当叫队长。"其实你干的还是同样的事情。""不，这看怎样说，我可以发命令，而作业组长要是发命令，大家就会对他说：你不是队长，你是作业组长。"在儿童集体里，一长制是组织得非常好的。

例如，拿"报告"这个用语来说，当然，可以随便听取孩子们的报告。但我以为，给这种报告定出若干规矩，是特别能吸引儿童的。规矩是这样的：队长来作报告时应当穿制服，不能穿工作服，不能穿整天跑来跑去所穿的那种衣服。当某一个队长作报告的时候，他必须敬礼，我也没有权力坐着听报告，当时所有在场的人都要敬礼。大家都清清楚楚地知道，举手敬礼，是大家对分队的工作、对整个集体的工作表示敬意。这样就强调了一种荣誉——

斯大林同志所说的那种劳动的荣誉。

此外，在集体生活中，在集体的活动中，可以采用军队生活中的许多做法。例如，公社里具有关于全体大会如何开始的优良传统。全体大会经常只能由值日队长宣布开会。值得令人注意的是，这样的传统，已经习以为常、牢不可破了，即使当公社里来了高级首长——连人民委员会委员也包括在内，仍然是谁也不能宣布全体大会开会，而只有值日队长才能宣布开会。而且，根据传统，整整十年来举行的全体大会，必须有一定的规程。召集全体大会是用号声作为信号。吹号以后，安置在露台上的乐队演奏三遍进行曲。第一遍是让大家听的，这时可以坐着，可以谈话，也可以进来出去。当演奏完第三遍时，我必须来到大厅，我知道我是不能不到场的，如果我不到场，我就要受到指责，大家会说我破坏了制度。进行曲全部演奏完了时，我必须喊口令："对旗敬礼，立正！"这时候，我并没有看见旗子在哪里，但我知道旗子就在附近，我知道我一发出了口令，它就会被带进来的。当旗子拿进来的时候，全体必须起立，这时乐队演奏专用的行升旗礼的乐曲，当旗子插在台上时，大会就算开始了。值日队长立刻进来宣布："大会开始。"

十年来，任何一次全体大会，都没有采用过其他的方式来开始，如果改变了方式，那就有人要说我们没有制度，说我们不知在搞些什么把戏之类的话了。

这种传统能够使集体更美，它为集体建造了外表的骨架——能够在那里美满地生活因而具有吸引力的那种"外表骨架"。红旗就是这种传统的优美的内容。

根据这种传统，旗手和副旗手由全体大会选举品行优良的社员来担任，一经选出，"毕生不变"。这就是说：只要你在公社生活，你就要当旗手或副旗手。旗手不能受任何的惩罚，旗手有单独的房间，有特制的礼服，当旗手持着旗子的时候，不能够用"你"而要用"您"称呼他。

这样的传统究竟是从哪里来的，我也不知道。但是，我们的社员中只有一个人得到了军功勋章，这就是旗手。旗手在公社里是最受尊敬的人物，这一个事实就是证明。

在学校里尊敬旗帜是最好的一种教育手段。在捷尔任斯基公社里，对旗帜的尊敬表现为：如果立着旗的房间需要修理而要将旗移到另一个地方的时候，那就必须把整个集体整队集合起来，由乐队奏乐，隆重地把旗移到另一

个地方去，只许这样做，决不能用另外的办法。

我们差不多到过了全部的乌克兰、伏尔加、高加索和克里米亚，红旗一分钟也不会没有人守护的。我的教师朋友们知道了这件事情后曾经说："你们干的什么事？孩子们晚上是需要睡觉的。你们做的是保健运动——行军，但孩子们却在晚上给你们守旗。"

我们的看法是各不相同的。我不明白，在行军的时候，怎能让旗子没人守护呢？

在公社的入口处，总是站着守卫的，带着很好使的步枪。我甚至不敢提到这件事。当然，站岗人是不带子弹的，但他有很大的权力。站岗的常常是十三四岁的孩子，他们是轮流换班的。站岗的在门口检查每一个外来的人：来的是谁？他需要什么？他为什么要来？并有权用枪挡住来人的去路。公社的大门，在夜间是不关的，站岗的也要站几小时，有时候会胆怯、会害怕，但总还是要站够自己的两个小时。有一次，由乌克兰教育人民委员部来了一个女儿童学者和一个肃反委员会的工作人员。他们之间发生了一场很有趣的谈话："他为什么老这样站着？""就这样站着。""他会寂寞的，给他一本书读读吧！"肃反委员会的工作人员说："什么？让哨兵读书？""那为什么不行？应该利用时间、求取知识。"这是两种不同的人，女儿童学者惊讶的是站岗的什么也不干，而肃反委员会的工作人员对让哨兵在哨位上读书的建议感到惊讶。惊讶的内容是大相径庭的。像站岗这样的设置，是集体必要的职能，起着集体教育的作用。

我们有这样的一种规矩，也是一种传统：下楼梯时不能扶着栏杆。我知道是因为什么才采取这种办法的。很好的楼房的梯子，开始踏脏了，哪里有栏杆，那里就踏得很脏，因此，孩子们作了决定：为了保护梯子，不准靠近栏杆走。但是，大家一下就把这个决定忘记了。新社员来了，他们问："为什么不准扶栏杆？"大家告诉他们："应该靠自己的脊椎骨支持，不能靠栏杆来支持。"其实，起初注意的并不是为了锻炼脊椎骨，而是为了保护梯子。

应当有军事生活的美学，应当整饬、精确，但无论如何，不应变成单纯的步法操练。

至于军事训练，并不完全与这种军事生活的美学相同。军事训练是射击活动、骑马活动和军事学科的学习，而精确和美学在儿童团体里也是完全需要的。它好就好在能保持集体的力量，能防止不整齐、不协调的行动，能防

止行为松懈和散漫。从这种意义上说，制服具有非常重要的意义。这一点，大家比我知道得更清楚，教育人民委员部和党在这一方面也有了一定的看法，所以我就不再多说了。但是，只有当制服整洁好看、合身的时候，它才能是美的。在我做到了多少有了合身好看的制服之前，我常因为制服问题遭受许多不愉快和失败。

不过，关于制服我还想再多说几句。我认为孩子们应该穿漂亮的衣服，漂亮到能引起他们的惊奇。在旧时代里，军队穿得很漂亮，这是特权阶级的一种豪华表现。我们的社会里有这样的特权阶层，有权穿得很漂亮，这就是我们的儿童。我将不惜一切努力，要使每一个学校的学生都有很漂亮的制服，这是团结集体的一种很好的"黏合剂"。我在这一方面曾作过一定的努力，但我受到了阻难。我们的社员有金银色的花纹字，有宽边的刺花小圆帽，有熨平的白凸花棉布领子，等等。一个集体，只要你使它有很好的服装，那你在管理上就有 50% 的把握了。

个别影响的教育方法

1938 年 1 月 10 日、14 日、16 日和 20 日，马卡连柯为俄罗斯联邦教育人民委员部的工作人员作了四次演讲，本文是这次演讲第三讲的速记稿，最初发表在《教师报》上，时间是 1941 年 1 月 12 日。

今天我打算向你们提出个别影响的问题，即个别影响的教育方法问题。用特殊的方法从集体影响转向个别影响，从组织集体转向组织个人，在我最初几年的教育经验里，对于这一点的理解是错误的。我当时以为第一应当注意对整个集体的影响，其次是对个人的影响，作为对集体发展的一种校正。

在我的教育经验的发展过程中，我获得了深刻的信念：教育方法不是由整个集体直接转向个人，而只是通过为了教育目的而特别组织起来的基层集体的媒介转向个人的，以后的事实也证明确实是这样。

我以为，未来的教育学理论，应当是特别注意基层集体的理论。所谓基层集体，应该作怎样的理解呢？

一个集体的各成员在工作、友谊、生活和思想上固定地结合在一起，这样的集体就可以叫做基层集体。有一个时期，我们的教育学理论曾把这样的

集体叫做核心集体。

在我们的学校里，自然也存在这样的集体，这就是班级；它的缺点可能只是在我们学校中没有起基层集体的作用，也就是说它没有能起个人和整个集体间的联结环节的作用，而往往成了最高的集体。在某些学校里，我看到班级成了学校集体，而整个的学校集体，有时候反而看不见了。

我的条件是比较有利的。因为，我的公社有宿舍和生产部门，而我的公社社员在逻辑上和事实上又有许多理由去关注公共集体的事业，关注公共集体的利益。但是，我这里没有像班级那样的自然基层集体。我应当建立这样的集体。以后，我的十年制学校扩充了，我就可以依靠班级形式的基层集体来进行教育了。我所以没有这样做，是因为考虑到这样的问题：班级在不断的日常工作中团结了儿童，而由于过分倾心于此，很容易把这样的基层集体引导得脱离了公共集体的利益。班级有充分理由把自己囿于各个班级的利益范围之内而脱离公共集体。所以，最近几年来，我不赞成建立班级形式的基层集体，甚至不赞成建立生产队形式的基层集体。我以班级和生产部门这样有力的结合形式来建立公社基层集体的企图，得到了可悲的结果。这样的基层集体因局限于自己的小圈子，经常有脱离公共集体利益和囿于自己的基层集体利益的倾向。在这样的情况下，基层集体也就失掉它作为基层集体的价值，成了侵蚀公共集体利益的东西，于是，要转向公共集体利益就更为困难了。

通过犯错误我获得了这样的看法：这些错误，曾经影响过我的教育工作。因此，我有权说，有许多学校过分用基层集体的利益来限制学校的利益，也必然会得到同样的教育结果。

只通过基层集体（核心集体）是无法进行集体教育的。因为在这样的集体里，日常生活中长期的友好合作把儿童团结在一起，他们成天见面，出现了小圈子，结果就会获得不能称为完全的苏维埃教育的那种教育。只有通过大的集体——这种集体的利益不是仅仅源于单纯的交往，而是源于更深刻的社会结合——才有可能过渡到广泛的政治教育；这时候，集体也就意味着整个苏维埃社会了。

把儿童封闭在一个友谊集体中的危险性，也就是小圈子教育，而不是广泛的政治教育的危险性。

在我的教育经验里，我获得了这样的组织：基层集体既不限于班级利益

和学校利益，也不限于生产利益，而成为从各个小组中汇集学校利益和生产利益的一个基层组织。这就是我最近采取分队的组织形式的原因，我把不同班的学生和不同生产队的工作者都编在一个分队里。

我知道得很清楚，这种组织的逻辑是不足以使你们相信的。我没有时间作进一步的详细阐述，但可以简要地指出若干情况。例如，实际上，这样的问题最使我关心，我曾从统计、活动和行为方面研究过这样的问题。拿年龄问题来说，我在开始工作的初期，也是主张以年龄为标准来建立基层集体的，其中一部分的原因是以学校利益为出发点的。但是，以后我就知道这是错误的。

跟年长的儿童隔离开来的年幼儿童，看起来好像是处于最合理、最自然的一种境地里。这样年龄（十一二岁）的儿童，应当在一个集体里，有自己的兴趣，有自己的机构，我以为，这就是最正确的教育观点。我所以有这样的看法，是受了认为年龄是教育的决定因素之一的那种教育著作的某些影响。

但是，我看到跟其他年龄的儿童隔离开的年幼儿童，会陷入一种人为的不自然的境况里。在这样的集体里，没有年长的儿童的经常影响，没有世代的继承，没有由兄长们，由更有经验、更有组织、特别是在某些方面可以作为年幼儿童榜样的一些人们的言行所产生的那种道德的和美感的动机。

我试图把年幼的和年长的各种不同年龄的儿童结合在一起，试验取得了良好的成效。后来我就采取了这样的方式。在最近七八年来，我的分队一定是由最年长的、最有经验的、在政治上最开展的、文化程度最高的共青团员和我的公社社员里年龄最小的儿童组成的，其中也包括若干中等年龄的儿童。由各种不同年龄的儿童组成的这种集体，一方面使我获得了极大的教育效果，另一方面在我的手下又有了自己的很容易领导的、更活泼和认真的集体。

由同一年龄的儿童组成的集体，经常有局限于这一年龄所具有的共同兴趣的那种倾向，它跟我这个领导者、跟公共集体都疏远了。如果所有的年幼儿童，譬如说，都喜欢在冬天滑冰，那么，这种滑冰的爱好，自然而然就使儿童局限于某种个别的和孤独的环境里。但是，如果我的集体是由各种不同年龄的儿童组成的，那么，这个集体里的爱好是各种各样的，基层集体的生活也就更复杂，要求各个成员，无论是年龄大的还是年龄小的，都要作更多的努力，向所有的成员提出更多的要求，因而也就能产生更大的教育效果。

最近，我组织包括各种年龄儿童的这种集体，是依据“谁愿意和谁在一

起的原则"进行的。起初，我自己也担心这种原则是否适当，但以后我就发现这是最自然、最正确的一种办法。在这样的条件下，即在这样的自然的基层集体里，我就能有各个小组和各个学校生产队的代表了。

最近几年来，我一贯地主张组织这样的基层集体。

每一分队有 10~12 人，根据自愿的原则组织起来。当然，这样的结合是逐渐形成的。但公社里总有一些男孩，谁也不愿跟他们联合。这种情形使我感到很方便，我立刻就能知道谁最不容易加入公共集体。在 500 人之中，这样的男孩子大约有 15~20 人，哪一分队也不肯自愿地把他们吸收到自己的组织里。大家不肯吸收到基层集体里的女孩子是比较少的，这样的女孩子在 150 个人中，不过有 3~4 个人，虽然平常女孩子之间的关系总不如男孩子友好。所以有这样的差别，是因为男孩比女孩原则性强一些，因此，有时候就会发生种种偏向，不愿意接受某某人。"他会损坏我们的冰鞋，他会欺侮年龄小的孩子。"这都是借口。女孩子对教育上的希望比较乐观、比较温和，因此，也就很容易同意接受那些本来对她们有些怀疑的儿童进自己的集体里。

个别儿童不能参加基层集体，发生了这种情况我应该怎么办呢？我把他们带到全体大会上，在会上我说：

"这里有 15 个人，哪一个分队也不愿意收容。比方说泽姆利亚诺依，他想到第一分队去，第一分队拒绝了；他想到第二分队去，第二分队拒绝了；他想到第十五分队去，第十五分队也拒绝了。这该怎么办呢？"

通常，辩论是这样进行的，某一分队的代表站起来说：

"第一分队为什么不愿意要他？第二分队和第十五分队为什么也不愿意要他？为什么他们都不肯容纳他？他们应当说明理由。"

说明是很简单的：

"如果你们这样说，那就到你们第十四分队里去好了。你们对他负责去，你们和他打交道去。"

这时候，又有了这样的说法：

"我们和他没有关系，他是在你们那里的。他和某人是血肉相连的。你夸口说对他有办法！"事情很明白，哪一分队也不愿意收容他。

这是我的教育上的一种"收获"。我对他们该怎么办呢？自然，不愿意收容泽姆利亚诺依的分队也感到难受和不愉快，而且，谁也没有提出任何的指责，只说让其他的分队收容，不过，这样一来，泽姆利亚诺依站在那里成为

集体不愿意接纳的人。

泽姆利亚诺依开始下决心，发誓言，保证以后干好事，取得成就。事情总是应该设法结束的。这时候，通常是领导人、共产主义青年团委员会委员和队长们开始发表意见，表示最好某一分队能收容了他。不过，这样的意见，一般地说，也不会产生什么样的效果。

以后轮到伊凡诺夫、罗曼琴科和彼得连科，尽量把这 15 个人分配到各个分队里，每队各一个。

这时候，就开始了另一个过程。每一个分队都希望从这 15 个人里边选择勉强还可以的人，这时候大会宣布休息，休息以后，某一个分队的队长开始说：

"我要某某人。"

还可以过得去的那个人已经成了各分队所属意的人物了。于是，谁也不愿意收容的那个泽姆利亚诺依，现在成了各分队所争取的对象了。因为，还有彼得连科和沙波瓦洛夫，他们比泽姆利亚诺依还要差一些。

第一分队接受了泽姆利亚诺依，这时候我们就说：

"你们担保他。你们要的是他，你们要为他负完全的责任。"

接着轮到了第二个人。第二个又是其余的 14 个人里比较好些的，因此，为了他又要引起一场争夺。这样继续下去，一直到剩下最后两个人：沃斯科博伊尼科夫和沙波瓦洛夫。每一个分队又都想从这两个人里努力争取比较不太坏的一个。

这一分配过程，使我能够了解所有这 15 个人。对于我来说，他们是一个特殊的小集团，我把他们记在专备的本子上，这个本子每天我都随身带着，我知道这 15 个人是我的最危险可怕的成员。虽然他们没有犯过，但是，大家不愿意让他们参加集体的这种集体的意见，我是很重视的。

儿童们组成分队时，非常清楚地了解彼得连科的本质，如果他们不愿意接纳他，这就说明我应当特别注意他。

以后，我在这一方面获得了成效，收容彼得连科的分队，自然而然地要对他负责。

基层集体就是这样组成的。当然，这里还需要有很复杂的方法，以便使这样的基层集体能产生更大的益处。这种益处就包含在分队组织的步调和作风上。

什么是基层集体（分队）呢？在我们的实践里——在高尔基工学团和捷尔任斯基公社里——我们采取了这样的一种原则：作为公社中心的我以及所有的公社机构、共产主义青年团委员会、队长会议和全体大会，都尽力设法不和个别人发生关系。这是形式。我很难对大家证明这个逻辑。我把这个逻辑叫做平行教育影响的逻辑。这一点我很难作解释，因为，关于这个问题我从来没有写作过，因此，我没有寻找，也寻找不到合适的措辞来表达。

什么是平行教育影响呢？

我们只和分队发生关系，我们和个人不发生关系，这就是正式的说法。实际上，这正是影响个人的一种形式，但表达方式和本质是并行不悖的。我们事实上和个人是发生关系的，但我们要确信我们与个人无关。

怎样才能得到这样的结果呢？我们不愿意使每一个人感觉到自己是教育的对象。我是出于这样的考虑，我以为一个 12～15 岁的人活在世上，他应当以生活为乐，应当从生活中得到某种快乐，应当具有生活上的某些印象。

这样的儿童，对我们来说是教育的对象，而就儿童自身来说，却是一个活人。如果要使他相信，他不是一个人，而仅仅是未来的人；让他相信，他是教育的现象，而不是生活着的现象。这样做，对我说是不相宜的。我竭力要说明，与其说我是个教师，不如说我是在教他，使他有文化，教他在生产部门工作；我要说明，他是生产过程的参加者，是公民，而我是在他的帮助之下，在他的参与之下领导他的生活的一个长者。我决不愿意让他相信他自己仅仅是个学生，也就是说，仅仅是教育的现象，而不是社会的和个人的现象。然而，事实上，对于我来说，他确实是教育的现象。

分队也是这样的。我确信分队是小小的苏维埃细胞，它具有重大的社会任务。它担当着社会的任务，要努力使公社尽可能地达到良好的境地。它帮助以前的公社社员，也帮助来到公社并需要帮助的以前的流浪儿童。分队是社会活动家，是社会工作和社会生活的基层组织。

为了使儿童感觉到自己首先是个公民，为了使儿童感觉到自己首先是个人，我和我的教师同事们深信接近个人的方法应当是非常复杂的。这种方法在我们以后的工作中就成了一种传统。

彼得连科去工厂晚了，晚上我得到了关于这件事情的报告。我把彼得连科所属的分队队长叫来，对他说：

"你的队里有人上工迟到了。"

"是的，彼得连科迟到了。"

"以后不要再有这样的情形。"

"是，以后不会有了"。

彼得连科第二次又迟到了，我把全分队集合起来。

"你们分队里的彼得连科第二次上工迟到。"

我批评了全分队，他们回答说，以后不会再有这样的情形了。

"可以走了。"

此后，我就注意着会有什么样的情形发生。全分队的人都来教育彼得连科，并对他说：

"你上工迟到了，这就等于说我们全分队都迟到了！"

全分队以后就要把彼得连科作为本分队的成员，作为全集体的成员，向他提出更高的要求。

我们要使对分队的这种要求达到完善的程度。例如，拿队长会议来说。出席队长会议的有分队长，有全体大会选出的代表，有队长会议指定的人。但我们有这样的规定：分队长出席队长会议，或者由分队里的其他人员代理出席，完全是一样的。我们所要检查的是看各分队是不是都派出了代表。第一分队有代表吗？有了。但不是分队长，而是另一个人，因为分队长没有工夫。那么，出席的这个人就有权参加会议，并且和分队长一样，也有表决权。

例如，沃尔科夫偷了东西，这时候，对沃尔科夫本人自然要进行个别的工作，但不是针对着沃尔科夫一个人，而是要针对全分队提出意见和指出缺点。沃尔科夫偷了东西，分队要对此负完全责任。

又如，在分队里大多数都是优等生。12 个人中有了 10 个优等生，该分队就列为第一名，能获得一定的优先权——奖金或娱乐，例如，去歌剧院里看几次戏。我们每天都有几张戏票，全体分队队员完全一样，大家一同去。优等生去，成绩普通的也去，甚至成绩很坏的也去。全分队所得到的权利，每个成员都可以享受。

这样做，看起来好像是不公道的，而实际上却有很大的好处。例如，拿彼佳来说吧，他跟着 10 个优等生到剧院里去的时候就感觉到怪难为情的。他自己没有争取到，而享受了自己的同学所争取到的权利，对于他说，这是一种无形的道德约束。下一个月，他就会拼命努力，会变成优等生。

有时候，彼佳之类的学生走来对我说：

"把我调到另一个分队里去吧！这里都是优等生，我不愿留在这里。他们到剧院里去时对我说：'这里有票，反正不能丢了，走吧！'"

经过分队的督促所获得的这种个人的前进，对我们是很有帮助的。

如果一个分队里有 12 个人，其中 5 个是优秀的，工作得合乎标准，而有 7 个人不好，把分队拖累得降到最后一名，那么，全分队就要对这样的现象负责任。

我们有 35~45 个分队。每一个月，各项指标全部优良的分队宣布为第一名，成绩最坏的分队宣布为最后一名，都明确地标示在图表上。每月 2 日举行全体大会，在大会上，上月成绩最好的分队，在全体面前，在"立正！"的口令下，把优胜旗授给本月成绩优秀的分队——胜利者。这是特制的富丽堂皇、鲜艳夺目的一面旗帜，由得旗的分队悬挂在寝室里。此外，也可以举行其他的竞赛，例如，生活秩序竞赛、纪律竞赛或其他竞赛，等等。每六天总结一次，最好的前七名分队，可以得到戏票。我们在剧院里每天有 31 个座位，是这样分配的：最好的分队得 7 张票，其次是 6 张票，再其次是 5 张票、4 张票、3 张票、2 张票、1 张票，依次递减。这就是说，得第一名的分队，6 天之中每天可以得到 7 张票，第二名的分队每天得到 6 张票，依此类推。我们并不在意这些票究竟分给谁，也不在意推动分队前进或拖累分队的人去不去剧院。因为，这不是我们的事情，这是分队的事情。有票的人都去，每天都准备有大汽车，持票的人去坐汽车时，值日队长检查他有没有票，服装是不是整齐，有没有买点心的钱。这里，对去剧院的人有三个要求，那就是票、服装和钱。任何人也不问你在分队里是最后一名还是第一名。

在所有其他的一切情况下，分队都有这样的作用。例如，当分配清扫工作时就是这样的。公社里没有清洁工，而房舍却需要保持清洁，因为，公社社址在交通要道上，我们又要常常接待许多本国的和外国的代表团。在 1935 年一年里，仅仅国际旅行服务社就给我们送来 200 个参观团。这就促使我们不得不经常把公社整理得焕然一新。但是，保持清洁、擦洗地板、拭铜门把和镜子、经常布置新鲜的花草，就需要进行大量的工作，这样的工作，绝不是光靠一两个人，光靠清洁工就可以完成的，而是要全体动手的。每天早晨从 6 点 15 分到 6 点 45 分，500 个人全体参加工作。

要做好这样的工作，组织工作是很困难的，这需要有一定的工作经验。要进行这样的组织工作，就应当在半年前就分配好各分队应担任的工作，经

常调换工作是不可以的。一个分队使用刷子、水桶和抹布，另一个分队使用擦洗地板所需的一切东西；担任清扫厕所的分队，使用另外的用具；担任清扫演剧大厅的分队，使用擦洗地板和拭灰尘所需的一切用具。其次，在分配工作时，要注意到是哪一个分队，注意到是好分队还是坏分队。例如，好分队担任厕所清扫整洁工作，需要 12 分钟；而坏分队担任清扫演剧大厅的工作，这个工作要做好就需要很长的时间，因此，大家就要出一身大汗。通常，由最坏的分队担任清扫最清洁可是面积最大的地方，而且清扫工作做得不好，只是分队长受禁闭，我们并不注意谁没有揩拭暖气管子上的尘土。分队长受到禁闭，他为了分队所做的事情而受到惩罚。

在生活中的各种情况下，分队处于这样的地位：作为公社首长的我，和它发生最紧密的接触。但是，要细致地考察分队的动态，对我来说还是很困难的。这里与分队更接近的教导员要起首要的作用。关于这一点，我们以后再谈。

我本来可以再多谈些关于基层集体的意义方面的问题，但可惜没有时间。不过，我还想讲一讲这一方面的事情。在我们的学校里，很少能有这样的基层集体。那里应该用某种其他的方法。但是，尽管如此，我还是相信下面的事实：第一，基层集体不应当排斥公共集体，也不应该代替公共集体；第二，基层集体应当是跟个人接触的基本方式。这是我的一般的定理，至于说到更详细的办法，公社适用某一种，而学校适用的就完全是另一种了。

只有经过这样的基层集体，我们才能正式触及个人。这就是适当的方法，而事实上，我们也总是首先注意个别学生的。

我和我的同事们是如何对个别学生、对个别的人进行教育工作的呢？

为了对个别的人进行教育工作，应当了解他、培养他。如果在我的观念里充满了一个个的个人印象，和一粒粒的豌豆一样，没有集体的关系，如果我不以集体的尺度来接近个人，那我就无法应付了。

我有 500 个人，当时的情况是很严重的。我是一个初当教师的人，在第一年里犯了通常易犯的一种错误。我只注意脱离集体的个人。我有一个错误的观点——专门注意最危险的地方，也专在这种危险的地方下工夫。自然，使我特别注意的就是这些事情了：谁偷了东西，谁要无赖，谁反对集体，谁想逃跑，也就是说，专注意脱离集体的个别的人。自然，我对于这样的人就特别加以注意了。我是这样做的，我相信自己是一个教师，相信自己能够进

行教育个别的人的工作，也就是说，我把每一个人叫来，与每一个人谈话，说服每一个人，等等。

最近几年来，我改变了工作方法。我看到在我的工作中，最危险可怕的分子并不是使我最注意的人，而是躲避我的人。

为什么我会有这样的想法呢？这是因为我们已经有了 15 期毕业生，我留心注意这些毕业生，结果发现其中有许多人，我原来认为是最可怕、最不好的，而在生活中反而是积极的，按苏维埃方式工作着，有时虽然也犯错误，但一般地说，他们作为教育成果，完全能使我满意。而躲避我的人，在集体里不为人注意的人，往往在生活中完全成了小市民，早早结了婚，操办"小家庭"，利用各种投机取巧的办法找到了工作，退出了共产主义青年团，失掉了一切的社会关系，变成了灰溜溜的人。像这样的人，说不上是什么样的人，也说不上他们"将有什么可能"。而在某些情况下，我甚至看到了缓慢而深刻的腐化现象，有人开始建造房子了，有人开始养猪了，不参加会议，不读报纸；而有的人，看吧，从事小的投机事业去了。

在我最初几年的工作中，我看到了这样的一些情况，我就深深地相信正是躲避我的人，正是竭力不让我看到的人，才是最危险可怕的对象，对这样的人物，我应当特别注意。

同时，公社社员们也推动我这样去做。在某些情况下，他们直截了当地肯定，有的人蹲在自己的队里死啃书本，但不肯参加会议，不发表意见，甚至有了火警也坐着不动，死不放书本，或只埋头修理无线电收音机。这样的人，是最有害的人，因为，这样的人过于聪明了，过于"机灵"了，不肯出头露面，贪图平静，成为一个原封不动的毫无教养的人进入社会。

我取得了一定的成绩，我不再为偷窃和流氓行为提心吊胆了，这时我才明白，我的教育工作的目的并不是为了教育好两三个小偷和流氓，我的教育工作的积极目的，是培养一定类型的公民，是为了培养战斗的、积极的和富有生命力的那种品质。这样的目的，只有当我教育的是全体里的每一个人。而不是仅仅教育好个别的一个人时，才能够达到。

这样的错误学校里的一些教师也犯过。有的教师认为他们的责任就是忙于教育捣乱的学生或者落后的学生，而对于所谓"标准"的学生是任其自流的。但是，他们会到哪里去？会有什么样的结果了这就是问题了。

在术语问题上公社社员们也帮助了我。对集体经常进行分析，把分析情

况记录下来，让全公社都知道，这样的工作不是由我来做，而是由队长会议来做。全体公社社员，在我看来一共分为两种：第一种是现在的积极分子；第二种是后备的积极分子。

现在的积极分子是大家都知道的领导公社的人，他们对每一个问题都能充满感情、热情洋溢地作出回答，并且有自己的见解和要求。一般来说，他们领导着公社。一旦到了紧要关头，有了大的运动或对待某种争吵的时候，经常有后备积极分子——还不是积极分子，不是分队长，形式上还没有正式的地位……立刻来帮他们的忙，这是永远可以替代现在的积极分子的后备的积极分子。

我还发现一些优秀的非积极分子。这些人年纪还小，但参加了小组，参加了体育活动，参加了摄影小组，也参加了墙报的工作，他们顺从地跟着年龄较长的社员走。

我们还有几个腐化了的积极分子。他们是这样产生的：他是分队长，是委员会的委员，是共产主义青年团委员会委员。但我们——我和孩子们却单从眼色上、步态上（不需要给我们举出事实），就可以看出他所具有的机巧手腕，这里面有阴谋，有诽谤，有逃避工作，自己不收拾车床，而让某一个小男孩收拾，第二天还是如此。腐化是从利用特权、逃避工作和摆老爷架子开始的。有时候，这种腐化的情况会达到很厉害的程度。看！有时候从他身上散发出酒味来，而我们对喝酒是采取绝不宽恕的态度的。公社里有这样的规定：第一次喝酒，赶出公社！问问他，为什么发出酒味？

"我在城里喝了一杯啤酒。"

喝一杯啤酒，倒没有什么了不得，但可疑的是到底是不是啤酒。

腐化的积极分子就是这样的。我们并没有正式登记人名，但共产主义青年团委书记和两三个共青团员知道，某种腐化开始了。

还有这样的一帮人——有些公社社员很形象、生动地把他们称为"无赖团"。这就是表示，小心口袋，把全部注意力集中在他们身上！他们可能撬开钱柜，爬进工厂偷窃零件。一般地说，这些都是新来公社的，年龄都比较大。这样的人约有 15～20 人。他们什么也没干，但谁都知道他们是"无赖团"，如果一不留神看不见他们了，那他们一定是在捣什么鬼。

最后，还有这样的一帮人——用法国大革命时代的术语说，这就是"沼泽派"，约有 50 人。他们漫不经心地走来走去，马马虎虎地完成定额，但是，

他们到底关心着什么？他们的脑子里和肚子里究竟装着什么？他们对公社的态度如何？谁也不得而知。

监督这些分子，监督他们的活动，是特别愉快和令人惬意的事。例如，我们看到沼泽派里有彼得洛夫这样一个孩子，我们对他说：你是我们的沼泽派里的，你什么也不做，什么也不关心，什么也不感兴趣，你是苦闷的、萎靡的，什么也不能使你激动。而以后分队继续督促他，让他积极起来。结果，他慢慢地在某一方面表现了自己，关心起了什么事情。如果他能够再有所表现，那就会转变为后备的积极分子或优秀的非积极分子了。

我们的全部任务，就在于完全消灭这一帮"沼泽派"分子和"无赖团"分子。

跟"无赖团"要进行短兵相接的斗争，不能有任何的遮盖掩饰。对"无赖团"应采取直接的迎头痛击，要跟他们谈每一件小事，把他们召到全体大会上去。这项工作要求很高，若要做好它，必须具有坚忍不拔的精神。

至于说到对待较难教育的分子，即沼泽派和腐化了的积极分子，那就要进行各种各样的个别的教育工作了。

现在我们来谈个别的教育工作。这里，教师集体是一个最重要的机构。要以某种准确的说法来解释教师集体的工作是很困难的。也许这就是我们教育学上最困难的问题。我们的教育书籍中，"教导员"一词常常用单数，例如，"教导员应当是这样的人"，"教导员应当这样做"，"教导员应当这样说"，等等。

我并不认为教育学指望的是孤立的一个一个教导员。当然，没有有才能的教导员，没有善于领导、眼光敏锐、具有坚毅精神、聪明、有经验的教导员，一句话，没有优秀的教导员，对我们来说，是有困难的。但是，在教育我们的 3500 万儿童和青年的事业中，我们能单单指望这样的教导员的偶然情况吗？

如果单单指望个别的教导员，那就等于有意识地承认好教导员能教育得好，坏教导员就教育得不好。谁去计算过，有多少有才能的教导员，有多少庸碌无能的教导员呢？其次，我们还要解决这个问题——教导员本身也应当受教育。教导员应当怎样受教育，教导员的本质怎么样，教导员遵循着什么？教导员关注的是什么？不及格的教导员有多少，谁也不去计算……可是我们现在却要专指望孤立的个别教导员了。

因为在我的实际生活中，我必须主要依靠教育目的和教育任务，所以，把自己没有受过教育的教导员分配到我这里来，我为此感到苦恼。我曾经浪费了好几年的时间，白做了不少工作，因为，我极其糊涂地希望这样的没有受过教育的教导员，会给我们教育出什么样的人来。但以后我就深深地相信，最好干脆没有教导员，也比有本身没有受过教育的教导员好得多。我以为，一个集体里有4个有才能的教导员，要比有40个庸碌无能、没有受过教育的教导员好得多。这样的庸碌无能、没有受过教育的人在集体里工作的实际例子，我亲眼见过。这样的教育工作会得到什么样的结果呢？只能瓦解集体，其他的结果是不会有的。

因此，选择教导员就变成非常重要的一个问题。怎样选择呢？根据什么标准选择呢？不知因为什么，我们对这个问题总是不够注意。我们总以为任何一个人，不管是谁，只要指定他担任教导员的职务，只要付了薪金，他就能够进行教育工作了。其实，这是一桩最困难的工作，总的说来，可能是责任最重大的工作，因为它要求一个人不仅极其勤奋努力，而且要求他有极强的能力和才干。

任何人也不会像坏的教导员那样有害，任何人也不会像坏的教导员那样有损于我的工作，任何人也不会像坏的教导员那样把多年来上了轨道的工作引入歧途。因此，最近几年来，我采取了这样的坚定的方针——在完全没有教导员的情况下进行工作，和只用真正能担任教育工作的教导员。这是我的计划中的意外增补。

以后，我索性不再用专职的教导员了。我通常只依靠学校教师的帮助进行工作，不过，为了教会他们进行教育工作，也要作很大的努力。我相信，教会他们进行教育工作，就像教会算术、教会朗读或教会一个好的铣工和旋工一样的容易，我就这样做了。

这样的教学的要点是什么呢？首先是教师性格的培养，教师行为的训练；其次是教师的专门知识和技巧。没有这样的知识和技巧，任何一个教师都不可能成为好的教师，都担当不起教师的工作，因为他不会运用声调，还不善于和儿童谈话，也不知道在怎样的情况下该说怎样的话。没有这样的能力是不可能成为好的教师的。凡是不善于模仿，不能运用必要的面部表情或者不能够控制自己情绪的儿都不会成为好的教师。教师应当善于组织，善于行动，善于运用诙谐，既要快乐适时，又要生气得当。教师应当能让自己的每一举

动都能起教育作用，并且永远应当知道此时此地自己所希望的是什么，所不希望的是什么。如果一个教师不了解这一点，那他还能教育谁呢？

我相信在高等师范学校里，将来必然要教授关于运用声调、姿态、运用器官、运用表情等课程，没有这样的训练，我无法想象如何能进行教师工作。当然，声调的运用所以具有意义，倒并不是仅仅为了能优美地唱歌，悦耳地谈话，而是为了能够更准确地、生动地、有力地表达自己的思想和情感。所有这些问题，都是有关教育技术的问题。

例如，拿声调来说，就应当知道该怎样来申斥，该以怎样的程度表达出自己生气和愤怒；应当知道你们是不是应当表示生气和愤怒，如果应当，那又该怎样表示才适宜。这是教师经常应有的表现，这也就是所谓教育工作。学生所以了解你们的心理和思想，并不是因为知道了你们的心里有了什么念头，而是因为看见了你们的行为，听见了你们的言语。如果我们到剧院里观剧，欣赏演员的精湛表演，那么，这种表演，就是我们的一种美的欣赏，而在学生面前，这里也呈现出同样的活生生的人来，但这不是进行表演的人，而是教育人的人。

我不能过多地停留在这一个问题上了。教师应当成为积极地从事活动的一个人，应当自觉地致力于教育工作，这是很重要的。

第二，无论哪一个教师，都没有权力单独行动，不能作个人冒险，不能要求个人负责。凡是教师没有结合成一个集体的地方，凡是集体没有统一的工作计划，没有一致的步调，没有一致的、准确的对待儿童的方法的地方，那里就不会有任何的教育过程，那里就应该有一个教师的集体。因此，如果有五个能力较弱的教师团结在一个集体里，受着一种思想、一种原则、一种作风的鼓舞，能齐心一致地工作的话，那就要比10个随心所欲地单独工作的优秀教师要好得多。

这里，可能会有各种曲解。你们大概知道有受爱戴的教师这一现象。例如，有人会有这样的想法：我是学校的教师，我想我是受爱戴的教师，而我的所有的同事们，都是不受爱戴的。这样，我不知不觉地就按一定的路线走。学生们爱戴我，我也努力去争取这种爱戴，努力使学生喜欢我。总之，我是受爱戴的，而其他的人都是不受爱戴的。

这是什么样的教育过程呢？一个人已经脱离了集体。这样的人以为学生爱戴他，因此，他就可以随心所欲地来工作。

我尊重自己的助手，我这里有的人在教育工作上简直是天才，但我要说服他们，教他们知道并不需要争取做被爱戴的教师。我个人从来不追求儿童的爱戴，并且我认为教师组织这种爱戴来使个人得到满足是有罪的。也许有些公社社员会敬爱我，但我只认为在我教育的 500 个人之中，应当培养出公民，应当培养出真正的人，为什么此外还要对我以及对我的工作计划，附加上一时冲动的某种爱戴之感呢？

这种轻率态度，这种对爱戴的追求，这种对爱戴的吹嘘，对教师、对教育都极为有害。我使自己和我的同事们都相信，这种多余的附加物……在我们的生活中是不应该有的……

要使爱戴无形之中产生，不必经过你们的特别努力。但是，如果一个人把爱戴看成目的，那就只能产生害处……如果一个人没有获得学生的爱戴，那么，他无论对学生、对自己，可能都是严格的、公正的。

应该有这样的教师集体：这样的集体有共同的见解，有共同的信念，彼此间相互帮助，互不猜忌嫉妒，不追求学生对个人的爱戴。只有这样的集体，才能够教育儿童。因此，我热烈地欢迎报纸上所登载的这一报道，我们的教育人民委员部现在郑重地提出了关于加强校长和教导主任的影响和权力的问题。这一措施，会促进发展教师工作中的集体性。

不久以前，《苏维埃作家》出版社编辑部给我送来莫斯科的一个教师写的一部稿子。在这部稿子里，叙述了在学校里工作的一个女教师，叙述了学年中工作进展的情形，叙述了其他教师、学生和学校。书是用第一人称写的。

编辑部对这部稿子的意见是分歧的。一部分人说这是低级庸俗的东西，另一部分人却说这是杰出的作品。我被推选为评判人。

如果说这本书值得出版，那只是为了一个目的：叫人看看书里描绘出来的一个那样可憎的女教师的形象。老实说，为了让人们读了这本书以后能感到女教师是不对的，倒是很有益处的。但是，作者却大为赞赏这个女教师。

这是教师中的骗子，她只知道追求学生的"爱戴"。书中的父母都是可怕的人，她极其轻蔑地把他们称为"老爷子"和"老娘"，她说"父母——这是平庸的人"；而她自己呢？看吧，是了不起的教育家。所有其他的教师也是不中用的，这一个骄傲自满，那一个漫不经心，还有一个阴险诡诈，另一个是取巧偷懒的家伙；校长既无能、又痴笨；只有她自己一个人呱呱叫、有天才。

同时，这部作品又完全是以极卑俗不堪的笔调写成的。说到一些教师，"他们太不够检点，有工作能力，而很少有天才"。作者随时随地都在模仿韦尔比茨卡雅的风格，矫揉造作地叹息。作者追逐着爱，对学生作这样的描述：这个女孩子"在晴朗的日光下，投射下自己的倩影"。作者还特别注意，而且是不健康地注意性问题。

或许，全部内容就包括在这里：某一个男孩子瞧了某一个女孩子一眼，某一个女孩子写了张字条儿，而女教师以教育家的身份，怎样天才地破灭了这些爱的企图，大家怎样感谢这位女教师。

教师中的这类骗子，在学生面前、在社会面前，惯于卖弄个人的才智，决不能教育任何一个人，所以，要想使从事教育工作的人员成为善尽职责、严肃认真的教师，只有一条路可走，那就是把他们团结在一个集体里，团结在教师集体里的一定中心人物——校长的周围。这也是非常重要的问题，我们的教育家应该特别注意。

如果对一个教师要求得如此严格，那么，对把教师团结成集体的人，对他的要求就要更为严格了。

教师集体组成的时间的久暂是非常重要的问题。我以为我们的教育家对这个问题注意得还很不够。如果我们公社里的社员在公社里平均生活五年的话，那么，一个教师在公社的平均年限，也不应当少于五年。这是一条法规。因为，一个集体如果要能真正地生活在一起、团结在一起，那么，每一个新成员——不仅仅是学生，连教师也是一样，都应当当做新人来看待。如果以为今天新来的教师就可以进行教育工作，实在是一种错误的看法。教师的成功与否，决定于他是集体中多老的成员，决定于为了领导集体他在过去花了多少精力。如果教师集体比学生集体年轻，自然，教师集体的力量就会弱一些。但是，这并不是说在教师集体里，只需要聚集一些老头子。这里，我们的教育家应该研究老教师和新教师的作风上所具有的特点。教师集体不应当是偶然集合起来的，而是要合理地组织起来。应当有一定数量的有经验的年长教师，也一定要有一个刚刚从高等师范学校毕业、还没有工作经验的女青年。这个少女是必须有的，她所以非有不可，是因为这里能发生一种教育学上的神秘作用。因为，当这样的女青年参加了老的教师集体和学生集体的时候，就开始有了不可捉摸的微妙的神秘作用，这种神秘作用，可以决定教育上的成就。这样的女青年，会向老的教师学习，也会向老的学生学习，而她要向老的教师学习这一点，正说明老教师有责任帮助她正常开展工作。

在教师集体里，究竟需要多少女教师、多少男教师呢？这个问题需要解决。这个问题应当慎重地想一想。因为男教师占优势的时候，会造成一种不好的风气；而女教师过多了，也会形成某种片面的发展。

我可以说，单单教师的外表，也有非常重要的意义。当然，最好是所有的教师都是美丽的。但是，至少必须有一个年轻漂亮的男教师，一个年轻漂亮的女教师。

我就是这样做的。我有22个教师，有一个缺额。我看到所有的人都和我一样，因此还需要用集体中的美来吸引儿童。让他们能多少有所爱，这种爱，应该是最好的一种类型，同时又不是性爱，而是赏心悦目，具有某种美学因素的爱。

应当研讨一下这个问题：在教师中，愉快乐天的人应该有多少？抑郁不快的人应该有多少？由抑郁不快的人所组成的集体，我是想象不出来的。纵然只有一个乐天愉快的人，纵然只有一个绝顶聪明的人，也比没有强。在未来的教育学里，关于建立教师集体的规律应当有成卷的论述。

我有一个教师叫捷尔斯基。我很担心，惟恐他离开了我，他是一个非常快乐的人，他的强烈的快乐情绪感染了我，也感染了学生。他是个不容易集中精力的人，但我终于使他成了真正的好教师。他有时候也惹人恼怒。他已成家。有一次我们去剧院，他抱着一个周岁的孩子，我问他："为什么要把孩子带到剧院里？"他回答说："这是需要的，要让他从小就习惯听音乐。"

我说："带着吧，当没有社员的时候。"

但是，他以后成了一个非常出色的人物。他一分钟没有快乐就连什么事情也不能做了，并且，他又是善作种种揣想和画谜等的惊人能手。例如，他绘的一幅画谜有半面墙大。我实在惊奇这个人的天才，惊奇他怎么会想出这么多的玩意儿来，画幅上写满了各种各样的问题——长的、带图画的、带线条的和滑稽可笑的问题。不是他一个人想出这些问题，和他一起工作的有150个人——全部编辑人员。他们在杂志上寻找材料，剪剪贴贴，各人自己也想一些出来，等等。这是一个完整的工作系统。悬出题目，每个题目能得1000分。一个人解答一个题目，解答的人得1000分，出题的人也得1000分；如果100个人解答了同一个问题，那就每人得10分，因为这样的题目比较容易些。

他把所有的社员都团结在这些画谜的周围，他的火一样的热情和精力，也就不得不贯注到这一方面来了。

例如，贴出这样的题目来，"我在假日里要到公社东北方向4公里的地方去，我的右口袋里，有一个很有趣的东西，谁找到了我，谁就得1000分。"

于是，在假日这一天，全公社都出发到距离公社东北4公里的地方寻找捷尔斯基。孩子们准备了罗盘，准备了早餐，但捷尔斯基却无影无踪。我决定取消午餐。

"孩子们在哪里？"

原来，他们在公社的东北方寻找捷尔斯基。

这里究竟有多少趣闻趣事，简直不可能——列举！画谜结束了以后，他又宣布说："某日某时，需要解生产主任所罗门·鲍里索维奇·科甘的皮鞋带子，谁要能做得到，谁就能得多少多少分。"

科甘是个大胖子，身体结实粗壮。他已经知道了这件事情，并且动气了。3点钟的时候，科甘被全社社员包围起来。他说：

"怎么啦？你们要压倒我吗？这是办不到的！"

事实上当真是办不到的……需要用诡计来解开，想什么法子一下子就成功。

捷尔斯基是朝气勃勃的，他善于随时随地引起孩子们的兴趣。

或者，捷尔斯基突然向全社社员宣布：

"老实说，永动机是可以制造出来的。一定能够制造永远转动着的机器。"

他这样地坚信，这样地善于带头，看吧，连工程师和指导员们都受了他的影响，所有的人都开始来做永动机。我对他说：

"你们这是干什么呢？不可能做出永动机，这是大家都知道的。"

但是，他回答说：

"就让他们试试吧，也许有谁能够做出来。"

于是，我也几乎相信当真能制造出永动机了。

而从另一方面说，从来不笑的、对谁也不宽恕、大家不得不听从的那种特别严厉的人，也是需要的。

因为下面的事情，我感到很愉快。今天值日的是一个女孩子，她昨天刚从师范学校毕业，全公社都动员起来了，因为，常常发现有打算欺骗她的学生，她是需要帮助的。

"利季娅·彼得罗夫娜,我上工晚了,因为我没有鞋子。"

完了,她完全没有办法了。但这时候,立刻会有一个人插嘴:

"哼!你撒谎!"

这就是整个集体都动员起来了。

明天的值日是一个严厉的人。他6时整当值,打开了门,不让任何人再睡,只要他一沉下脸,大家就知道他是不会放松的。

在我的实际工作的经验中,我深信教师和教导员不应当有惩罚的权力,我也从来不给他们惩罚的权力,甚至连申斥的权力也不给。这是因为:第一,惩罚是极困难的事情;第二,我认为惩罚权应该集中在一个人手里,以免步骤紊乱、相互干扰。因此,教师的工作是很困难的,因为他们首先应当具有威信。

说到威信,许多教师都相信威信或者是由上帝赐给的——有的人一生出来就有威信,大家一看就知道这是有威信的人。或者,威信是通过人为的安排产生的。因此,许多教师都说:

"为什么你们要当着学生的面对教师提意见?你们破坏了教师的威信。"

依我看,威信只能产生于责任感。一个人应当对自己的工作负责,如果能负起责任,这就是他的威信。他应当在这样的基础上特别有威信地掌握自己的行为。

教师的工作应当最能接近基层集体,应当和基层集体保持最亲密的友谊,应当有同志式的教育。一般地说,教育方法是很复杂的,又是要经过长期体验的。例如,集体里的一个成员破坏了纪律,表现得不好,那我就要求教师首先设法让分队来处理。教师的工作,应当是鼓励分队的积极性,鼓励集体对个别人提出要求。

关于个别教师的工作方法问题,我不能再多讲了,因为,这需要很多的时间,但我要讲一讲我自己作为一个教师,如何对全体学生、对个别的人进行工作的。

关于对待个别的人的态度问题,我主张采用直截了当的当面批评的方法,同时我建议其他的人也采用这样的办法。这就是说,如果一个小孩子干了不好的事,干了极坏的事,我就对他这样说:

"你干了一件可耻的事。"

大家论述得最多的、人所皆知的教育机制,就在于你们的意见是否真诚。

我决不隐瞒任何东西，我决不随便渲染粉饰，我想什么就说什么。这是最真诚、最简单、最容易和最有效的，但是，恰恰又是并不总能这样说。

我认为，谈话的效果是最小的。因此，当我看到没有必要谈话时，我就什么话也不说了。

例如，一个男孩子侮辱了一个女孩子，我知道了这件事情以后应不应该谈一谈呢？在我看来，重要的是不进行谈话就让这个男孩子知道问题在哪里。我给他写好字条，装在信封里送去。

应当说明，我经常有这样的"通讯员"。这是十岁左右的男孩子，有苍蝇般的灵敏复杂的眼睛，他们总是能知道应当在什么地方去寻找什么人。通常，这样的通讯员都是很好的男孩子，能起很大的作用。我把信交给通讯员，信里写着："叶夫斯基格涅耶夫同志，请你今天晚上 11 点钟来。"

我的通讯员清清楚楚地知道字条里写的是什么，发生了什么事情为什么我召唤叶夫斯基格涅耶夫，等等。总之，全部底细通讯员都知道，只是不表示出来。我对他说：

"把字条送去！"

我再不多说任何的话，我知道会有什么样的结果。通讯员走到食堂里说：

"你的信。"

"什么事？"

"安东·谢妙诺维奇找你。"

"为什么？"

"我就给你说。还记得吗？你昨天欺侮了谁？"

10 点 30 分钟的时候，通讯员又来找叶夫斯基格涅耶夫：

"你准备好了？"

"准备好了。"

"他在等着你。"

有时候，叶夫斯基格涅耶夫忍不住了，等不到晚上 11 点，下午 3 点钟就来找我了。

"安东·谢妙诺维奇，您找我吗？"

"是，但不是现在，是在晚上 11 点。"

他到分队里去了，同学们都问他：

"怎么啦？自作自受啦？"

"自作自受了。"

"为了什么?"

于是,在晚上 11 点以前,分队里就严厉地申斥起叶夫斯基格涅耶夫来了。到了晚上 11 点钟的时候,他到我这里来了,因为白天一天的经历而激动不安,脸色苍白。我问他:

"你明白了吗?"

"明白了。"

"去吧!"

再不需要多说任何的话。

在另一些情况下,我又采取不同的办法。我对通讯员说:"让他立刻来。"

当被召唤的人来了的时候,我把我心里所想的完全说出来。如果这是一个很难缠的人,他不相信我,从感情上反对我,对我有怀疑,那我就不和他说什么。我把年龄较大的召集起来,也把他叫来,以严正的、殷切的语调与他谈话。对我来说,重要的不是我说些什么,而是其他的人如何集中视线来注视他,他可以抬起头来看我,却害怕看同学们。我说:"同学们随后还有话对你说。"

于是,同学们把我事先教给他们的话说给他听,他就会以为这是同学们自己想出来的。

有时候需要用特别的方法。有时我邀请全分队,但是,为了不表示出来我请全分队是为了对付某一个人,我请全分队来喝茶,桌子上摆出茶、点心和汽水。通常,每一周总有一个分队到我这里来。一般地说,这个分队并不知道为什么请他们,因此特别感兴趣。当座谈时,喝茶时,打趣说笑时,社员们在思考着谁有了过失,但不表露出来究竟是谁犯了错误。如果他们在谈话中自动说出谁犯了什么过失,那么,马上就对此人进行奚落嘲笑。茶会以后,大家都情绪愉快地回到寝室里去了。

"一切都很好,但是,看啊!你一个人连累了我们。"

下一周,我再邀请这一分队来喝茶。队员们都知道这是一种检查,这是检查茶会。于是他们自己就会告诉我,说他们如何与他(犯了过失的儿童——译者)交谈,说他许了诺言,说他们给他指定了监护人:"不要担心!一切自然会好的!"

有时候,我邀请全班来参加这样的茶会。

　　因为，分队通常不知道什么时候将有茶会，不知道谁将被邀请，所以经常在做着准备，尽力要穿得整齐好看（他们有花露水）。一般地说，每一个分队，每一个队员，当他们的分队里出了什么毛病的时候，都担心忽然被邀请参加茶会。

　　有一次，有过这样一件事，茶会开始了，忽然发生了一项过失，竟使得值日队长决定停止茶会。这是应当遵办的。第二天早晨，全分队都很难受，因为，人家这样问他们：

　　"噢！做过客了？喝过茶了？"

　　"没有……"

　　这是个别教育方法的一些方式。来自学生自身的一些方式尤其重要。有时候，一个男孩或女孩走来对我说："我需要与您谈点秘密。"

　　这是最友善的，最好的方式。

　　但是，在有些情况下，我允许自己改变正面出击而采取较为曲折的办法。这种办法是当整个集体起来反对一个人的时候应用的。这时候，正面打击一个人是不可以的，这样做，他就会处于孤立无援的境地。全集体反对他，我也来反对他，他会被毁掉的。

　　有过这样的事情，有一个女孩子，名字叫列娜，很温柔，很美丽，但曾当过流浪儿。有一个时期，她让我们感到很不好办，但经过一年以后，开始改正过来了。突然，她的女友放在床头柜里的50卢布丢了，大家都说是列娜偷的。我让大家去寻找，他们找了，但没有找到。我说事情就可以算完了。

　　但是，过了几天以后，在俱乐部的阅览室里，丢了的钱被找到了，是在窗帘下面发现的，钱藏在关闭窗户用的特制的插销里。孩子们都说他们看见列娜在这些窗户周围如何转来转去，甚至还看见她手里拿着什么东西。

　　队长会议把列娜叫去，孩子们都说：

　　"你偷了！"

　　我看到孩子们确实认为列娜偷了钱，并因此要求开除她。我看到没有一个人同情她，甚至于连通常在这样的情况下肯维护自己的女友的女孩子们，这时也坚决主张开除她：我看到钱确确实实是列娜偷去了，这已经没有一点疑问。

　　在这样的情况下，必须采用迂回曲折的办法。我说：

　　"不对，你们没有证据能证明是她偷了，我不许开除她。"

大家奇怪地看着我。我说：

"我敢相信不是她偷的。"

于是，当大家提出证明说是她偷了的时候，我就提出证明说不是她偷的。

"为什么您这样坚信？"

"我由眼色上就能看出来。"

他们知道，我确实常常能根据眼睛的神色，知道许多事情。

第二天，列娜到我这里来了。

"谢谢您！您维护了我，他们攻击我是毫无道理的。"

"这是怎么回事？本来就是你偷的。"

这里，我以出其不意的转折把她问住了。她哭了，也承认了。但是，这一个秘密只有我和她两个人知道。我知道是她偷的，但为了维护她，我在全体大会上"说了谎"，从而把她完全置于我的教管下。

这是谎话。但是，我看到集体被激怒了，可能把她赶出去。为了避免这一点，就需要运用这样的手段。我是反对用这种迂回曲折的办法的，这是很危险的一种方法。但是，当时列娜知道我为了她欺骗了全体大会，知道我们两人有了共同的秘密，这就能使她完全成为我的教育对象。但是，这种迂回曲折的办法是很难运用的，也是非常复杂的，只有在极少有的情况下才能下决心去应用它。

智育与人的全面发展

本文是苏霍姆林斯基的论文《全面发展的人的培养问题》中的第三章。论文完成于1969年10月至1970年4月期间。是一篇关于自己所发表的主要学术著作的综合报告。

智育包括：获得知识和形成科学世界观，发展认识能力和创造能力，培养脑力劳动文明，使一个人在整个一生中都对丰富自己的智慧和把知识运用于实践感到需要。

智育是在掌握知识的过程中进行的，但是不能简单地把智育归结为积累知识。在教养程度和智力训练程度之间，在学校里所获得的知识分量和智力发展程度之间，是不能画等号的，虽然后者也有赖于知识的分量。智育是一

个很复杂的过程，它包括形成世界观的信念，形成智慧的思想方向性和创造方向性，它与个人的劳动、社会积极性紧密地联系着，从而又把学校内的教学教育工作跟社会生活和谐地结合在一起。

马克思说过："有识之士往往通过无形的纽带同人民的机体联系在一起。"正在成长中的人的头脑吸收着人民的意识形态和心理，吸收着人民的信念、传统和世代积累的经验，吸收着人民的智慧的、道德的和审美的文明。学校只有在依靠人民的精神生活和人民的历史来进行教学和教育过程的条件下，才能培养出聪明（就这个概念的真正的和多方面的含义而言）的人。在教学过程中实施智育，它的成就取决于下列因素：学校整个精神生活的丰富性、教师的思想面貌、他们智力的、道德的、情感的修养以及学识的渊博程度；教师对每个学生在智慧创造力的形成上保持各种能力和潜在可能性之间的和谐发展的关心；他们阐明教材内容的技巧，教学方法的丰富多样性；以及学生在学习劳动中的积极作用等。在教学过程中实现着智育的主要目的——发展智力。在共产主义建设时期，学校的培养目标是：不要任何一个在智力方面没有受过训练的人进入生活。愚蠢的人对社会来说是危险的，不管他们名义上受过哪一级的教育，愚蠢的人本身不可能成为幸福的人，而且会给别人带来危害。一个人离开校门的时候，也可能有些知识没有学到，但他必须是一个聪明的人。应当再三强调指出：智力训练程度绝不等于所获得的知识的分量，问题的全部实质在于：在人的复杂而多方面的活动中，知识究竟具有怎样的生命力。

平克维奇写道，"我们应当努力培养灵活的、生动的思维——能反映自然界本身的运动的思维。"在教学过程中对个人的智育，只有当教师把自觉而牢固地掌握知识看作是发展认识力、创造力和思维（灵活的、生动的、好钻研的、探求的、永远不以已知的为满足的思维）的手段时，它才得以实现。在这种教师那里，知识就是工具，学生借助这一工具在认识周围世界和创造性的劳动中迈出自己的新步伐。因此，智育的最重要的途径和方法就是：生产劳动，研究，实验，独立研究生活现象和文献资料，文学创作尝试等。

智育对于人之必不可少，不仅是为了劳动，而且是为了精神生活的充实。无论是未来的数学家，还是未来的拖拉机手，都应当善于创造性地思考，都应当成为聪明的人。智慧应当给人以享受文化财富和审美财富的幸福。真正的智育指引人去认识生活的全部复杂性和丰富性。如果培养智慧只是为了去

从事狭隘的职业劳动，那么生活就会变得贫乏，死气沉沉，远离共产主义的理想。

　　智力训练的核心是建立在知识的基础上的信念的世界观方向性。我们认为很重要的一点，就是在实践中要遵循这样一条重要的真理，即科学的世界观不仅是对世界的正确看法的体系，而且是个人的主观状态在情感、意志和活动中的表现。智力训练的意思就是，人对世界的看法不仅表现为能够解释世界，而且表现为他具有一种用自己的创造性劳动来证明、确立和捍卫某种东西的意向。因此，在我们的智育体系中，设有专门的劳动作业，这些作业的主要目的在于使学生确立自己的活生生的思想（例如，改良一块地的土壤，以保证高产）。只有当学生对周围世界的现象持有个人的观点并且使之占据了他的精神生活的一切领域——占据了他的思维、情感、意志和活动的时候，知识才会变成一种行动的因素。

　　让思想在创造性的劳动中实现——这是教育技巧的极其重要的表现，借助于这样的教育技巧，教育才能造就聪明的人。我们认为，使脑力劳动带有研究性质具有重大的意义：要让学生们通过观察、思考、研究、对比，竭力在改造自然界的道路上迈出哪怕是很小的一步。每个学生在校求学期间，都要完成一项具有创造性和世界观方向性的劳动作业（例如，用自己的劳动来提高小麦中的蛋白质含量）。智慧在取得的劳动成果中表现出来，劳动使人变得更加聪明。这种劳动能教会学生抱着积极的态度去看世界，帮助他们树立一条极其重要的信念：人不仅在认识周围世界，而且还能用自己的智慧和创造力去支配和利用自然力，达到改造生活的目的。在认识的同时进行证明，并在证明的同时进行认识——正是在这种思维和劳动的统一之中体现出智育和教养的统一。

　　当学生对知识具有他自己的独立观点的时候，他才会形成生动的、探求的、创造性的思维。对所获得的知识表现出个人的积极态度，——这正是我们称之为正在形成的个性的智慧之所在。这种积极性首先表现为：儿童成为掌握知识过程中活跃的、全心全意的参与者，由此而使认识和学习给予他们一种欢乐感和兴奋、振作的情绪。智力情感好比是肥壤沃土，把知识的种子播下去，就会使智慧萌芽生长。我们力求使以下的一切都能打动儿童的情感：无论是关于周围世界中生物界和无生物界之间永恒的相互作用的初步观念也好，还是关于人类、人民和个人的概括性知识也好，或是关于学生在为他们幸福的童年、少年

和青年而创造一切条件的祖国和人民的面前负有责任的思想也好。特别重要的是，在培养探求的、创造性的智慧的过程中，还要使儿童、少年和青年看到和感到人与人之间的激烈斗争，使他们在这些斗争中保持爱憎分明的立场。

只有把人类最宝贵的知识财富变成学生所拥有的财富的时候，才可能实现和谐的智育。普通教育学校的教学大纲规定学生要学习关于自然界和社会、关于人体和思维、关于劳动和艺术的科学基础知识。而学校的一项相当艰巨的任务则在于：每个教师都要履行教育者的使命，要把自己所教的学科作为智力素养的源泉展示在学生的意识面前，使这门学科的教学成为个人全面发展的一个方面。应该看到，科学基础知识具有双重的任务：第一，每门学科和所有各门学科合成一个整体，对于每个学生来说都是他和谐发展的必不可少的条件；第二，某一门学科对于某一个学生之所以必不可少，是因为它是发展他的个人爱好和能力、形成他从事某种事业的志向和职业方向的源泉。当然，我们应该看到这两种任务是紧密地相互联系着的。不过，在普通教育学校里，第一种任务是主导的。每一个学生都应当在一定程度上既懂得数学、物理、化学、生物，又懂得历史和文学。这里所说的一定程度，是指对全面发展来说必不可少的程度。每门学科的知识都包含着形成学生活生生的、创造性的智慧的教育潜力。因此，决不能同意下面这种意见，即如果说一个学生既然没有数学才能，就可以容许他对这门学科方面的知识学得肤浅。

数学在普通教育学校里，像文学一样，对于全体学生都是必不可少的。数学在智育中有着极其重要的作用，数学已经渗透到一切研究自然界和社会生活的科学中去。数学思维——这不仅是对数量、空间和函数关系的理解，而且是一种对待现实的态度，是研究事实和现象的方法，是推理的方式。所有的孩子在学习数学过程中所形成的思维素养，对他们在整个学习过程中的脑力劳动，对他们学习生物、物理、化学、天文、地理等都会发生深刻的影响。

我们认为，物理、化学、生物、地理、天文学的教育作用，在于使这些学科的知识对每个人的精神生活留下终生的印记。在学校里学上述每一门学科，都应该成为一种智力的火花，永远燃烧下去。通过积极学习这些学科而获得的思想，好像是照亮生活、事物、现象的光源，它的亮光在一个人从学校毕业后的许多年里都会影响着他对待所见、所读的东西的态度，以致影响着他对他的子女在学校里学些什么以及怎样学习的看法。人文学科——历史、

社会学、语言、文学等，在智育中占有特殊的地位。学好历史课的主要标志，不是死记硬背历史事件及其发生的日期，而是自觉地、扎实地研究一系列历史事实，深刻地理解历史过程及其规律性，理解阶级斗争、各国人民的命运以及当代的尖锐问题，并且认识到自己对祖国和劳动人民所负的义务。必须使学生形成关于社会历史的科学唯物主义的观点，而要做到这一点，就应当使学生具有广阔的智力背景。他们应该思考和领会很多东西，只有这样才能使主要的东西留在他们的意识里，确立起对过去、现在和未来以及全人类所关切的那些问题的正确态度。这就要求使学生熟悉比"知识"这个普通概念中所包含的东西更为广泛的事实资料。如果把历史跟其他学科加以比较，那么"第二套大纲"，即通过课外阅读为学生的智力发展和道德发展打下一个一般基础的历史阅读大纲，其阅读范围要比其他任何一门学科都要广泛得多。我们早在低年级里就向孩子们介绍范围很广的历史事件，给他们举行有趣的历史书籍朗诵会，对儿童的思想和情感施加影响。我们为中、高年级的学生举行一系列的晚会、谈话会、演讲会，题目有：《伟大的人文主义者——争取人类幸福的战士》、《科学共产主义的先行者》、《从远古到现在的人民起义》、《最早的共产主义者》、《为自由而献身的人们》、《今日世界》、《世界各国人民的物质文明和精神文明》、《列宁的不朽思想》等等。

掌握本族语有助于开拓学生的丰富而广阔的智力兴趣和审美兴趣。我们尽力使各门学科的教师都要教会儿童正确地思考和表达自己的思想，正确地运用内部语言。努力使自己的思想清晰、准确，这有助于准确无误地反映现实。教会学生正确地说话——这是教育工作的一个重要领域。在这个领域中的工作成功与否，在很大程度上决定着个人和集体的精神生活面貌。我们平常所说的把外界现实模式化，并加以改造，翻译成人的内心世界的语言，这就是教育工作的一个极其细腻的领域，它的成功与否，要靠言语修养的水平来保证。由于这种改造的结果，便造就出个性的内在的"我"是一个由个体意识中形成中的许多观点、信念、习惯、道德评价等构成的复杂的世界。这个领域在教育过程中极其重要，但是还研究得很不够，而那种可以称之为个性的"可教育性"的东西，在决定性的程度上取决于这个领域的工作。我们认为，教育的任务就在于使一个人身上正在形成的内在的"我"能领悟教育者的意图，体会他的信念。所有这一切都在很大程度上取决于言语修养（就这个概念的广义而言），即正确地、准确地看待人与人之间的关系并且正确理

解它本身在这个关系体系中的作用的修养。

文学在智育中的地位，是由这门学科对人的内心世界发生的特殊影响来决定的。按高尔基的说法，文学使思想成为有血有肉的东西。在文学知识这个概念本身里，主观因素就起着决定性的作用。通过艺术形式体现出来的那些政治的、社会的、道德的、公民的思想和审美原则，是以何种深度在个人的精神世界里、在人的信念和行为中反映出来的。文学知识与道德教育紧密地联系着。我们为儿童、少年和青年严格地挑选供他们阅读的作品，并认为这一点十分重要。在我们学校里形成了一个学生必读书的最低限度书目。学校首先应当通过阅读——个人深入思考的、精神集中的、扣人心弦的阅读，这种阅读是一个创造的过程——使学生把自己的强烈感情倾注到书里，或者对美的、高尚的和有道德的事赞叹不已，或者对丑恶的东西感到厌恶、愤慨、鄙视和不能容忍。我们认为很重要的一点，是使阅读成为一个人在书的世界里度过一种有思想性的生活。

我们认为真正的和谐教育就在于，知识应保证使人的一般智力发展达到最优的水平，而在掌握知识过程中达到的这种一般发展，又能促进掌握新知识的能力不断增长。即使在智力发展、智慧创造力的发展相对地不依赖于知识的分量的条件下进行教学，也要保证教学在发展智慧、培养聪明的人上的特殊方向性和目标明确性，否则，完善的教学就是不可思议的。教育工作的这种特殊方向性，早在学前期就应当开始实现。在儿童入学前的两年里，教师就带领学前儿童进行这种活动（到野外去参观，做游戏，进行集体劳动等）。在许多地方，周围环境可以激发学前儿童的思考，我们努力创造条件，使儿童跟自然环境和人们的关系更加丰富起来。对学前儿童进行这些活动的重要任务，是要研究每个儿童是怎样思维的，教会他们思考，激发他们的求知欲和智力兴趣。我们所持的出发点是：思维是大脑的一种离散性的工作——大脑在瞬息间离开一个思想，转移到另一个思想上去，然后再回到原来的思想上去，如此往返不已。这种转移是在瞬息间进行的，转移的速度越快，人把那些反映世界的痕迹保持在意识里的能力、对所认识的对象的理解能力、特别重要的是对自己的思想进行思考的能力就越强，反之亦然。我们提出的目的是要对每个学前儿童思维的个人特点有所了解，所以我们早在他们上学之前就能"看清"他们的大脑是如何工作的。我们看到，孩子们的大脑工作的离散性的表现是不同的：在一些孩子身上这种离散速度很快，在另一些孩子身上则较慢，由此就产生了

聪明与不聪明、理解快与理解慢、记忆牢固与不牢固、掌握知识的能力强与弱等等的区别。智育就是要经常研究学生的思维活动，谨慎地触及儿童的大脑，以改善其离散性。

为了改善大脑的离散性，我们给学生上一种专门的思维课（从学龄前开始到八年级末）在这种课上，孩子们探索、理解和认识自然界以及人们的劳动。孩子们成了研究者，他们经常把思考跟双手的精细操作紧密联系起来。这种联系（手使大脑得到发展），对于那些感到学习非常困难的儿童来说，真正起了拯救的作用。要是教学中没有这种特别明确的方向性，即明确地要求发展智慧和培养聪明的人，那么这种儿童将不可避免地遭受不幸的命运。改善大脑离散性的主要条件是：在学前期的 5~7 岁，然后在小学的 7~10 岁这个时期里，要向孩子展示尽可能多的他们所不懂的东西。这是关于智育的一种很微妙的论点：儿童碰到的不懂的东西越多，关于不懂的东西的思考越使他们感到惊奇，则他们的大脑离散性的改善就越加明显，儿童也就变得越聪明。儿童的脑子里会产生许多个"为什么"。如果教师设法使这些问题得到回答，那就会使儿童大脑的离散性有明显的进展。让儿童在观察的同时思考，又在思考的同时观察——这是使儿童表现其天才的极为重要的条件。如果教学过程具有"培养聪明的人"这个特别明确的方向性，那么每个学生就会以各自的方式成为天才的人。这里我们强调了成为天才的人这个词语；才能不是从天上掉下来的，而是由我们教育者发掘出来的。这就要求我们运用自己的教育技巧，明智地去塑造人的心灵，正像雕刻家使用刻刀去雕刻一块大理石那样。如果没有雕刻家的智慧和创造，大理石仍不过是一块不成器的石头而已。这里必须指出智育中特别重要的一点：不容许以粗暴的态度对待儿童的记忆。在某些学校里，刚刚开始进行教学，便不加限制地拼命使用孩子的记忆力，把大堆大堆的知识往他们的记忆里塞，——这已经不是什么儿童能否胜任的问题，而简直是对儿童的迫害。记忆是一种脆弱而娇嫩的东西，必须小心翼翼地对待它！儿童需要掌握的知识分量越大，增强记忆力的专门工作就越重要。增强记忆——这在实质上就是改善大脑的离散性。

因此，发展记忆成为教育学上带有普遍性的问题。在学生必须牢牢记住、永远保持在记忆里的东西跟他们只要理解而不必熟记的东西之间。我们要划一条清楚的界限。同时，学生在需要时能不能从意识的"储备室"里提取出那些必要的定理、概念和事实，这种能力则取决于理解的深度。每个教师应

该特别关心的是一定要使那些必须牢固记住的东西能永记不忘，而无需记住的东西则不要让学生去死记硬背。思维的创造性、智慧的灵活性和能动性，都在很大程度上取决于此。

培养为顺利学习所必需的那些技能，在智育中具有重要的意义。在这些技能跟儿童所学知识的实际分量之间，必须保持和谐。如果技能落后于知识，那就很糟糕，会早在小学里，学习对于儿童就变成一种毫无乐趣、苦不堪言的事情，从而会失去智力活动的欢乐和认识的欢乐——这个取得成功的极重要的动力。我们认为建立技能和知识的和谐是学校教育最重要的实际和理论问题之一。学生只有在学会观察、思考、表达思想、阅读、书写、边读边想和边想边读的时候，他们才能顺利地学习。掌握这一套基本技能，需要在教育过程中完成一系列工作。很重要的一点是：在这方面的工作永远不能中断，要使全体教师认识到，这项工作的成果是使学生顺利学习的必不可少的前提。阅读的技能在这里占有特殊的地位。二十多年来，我们的教师集体一直在研究快速而又有理解的阅读教学法。我们取得的最终结果是：儿童在学习的第三、四学年，能够一眼看下去把好几个词作为一个整体来感知（看一行字，目光只停留二三次），这样一来，他就不仅能理解所读的内容，而且能使思想兼顾到别的方面，即同时能从知识的储备中抽出别的思想来。此外，这样的阅读也是发展和增强记忆的重要动力。

从智育的最初几步起，我们就关心知识的能动性和积极性，即知识的运用。知识和技能的和谐，记忆力的增强，创造能力的发展——所有这些，都取决于知识的状态：是把它们像死的货物一样堆放在脑子里呢，还是使它们活起来，处在经常的运动中，也就是说创造性地运用它们。在第一种情况下，儿童将感到学习变得越来越难，他对知识的态度越来越冷淡，他不是变得聪明，而是越学越蠢了……在第二种情况下，儿童越来越聪颖和机敏，求知欲和钻研精神不断增强——一句话，就是越来越聪明。我们多年来研究的一个问题就是知识的创造性运用的问题。经过多年的观察，我们得出一条结论：运用知识的关键就在于，要让学生对他所见、所观察、所研究和所做的一切表现出自己的思想。在这种要求下，人的智力就会紧张地活动，他就会自觉地把已有的知识"开动"起来——思考这些知识，从运用的角度分析它们，用它们去解释不懂的东西，或者更深入地去思考已懂的东西的本质。所以，我们认为创造性的书面作业——写童话和写作文等，就在智育里占有重要的

地位。孩子们编写童话故事，这些童话故事的依据，就是他们用敏锐地智慧从大千世界中觉察到的那些微妙而多方面的依存关系。如果没有童话，儿童的完满的智力发展就是不可思议的。智力发展的"童话期"不单单是思想的童年期，它还是儿童用独特的、无法以任何别的东西相比拟的眼光来看待自然界和人们的关系的时期。我们学校经过 20 年的时间，形成了让学生写关于自然界和劳动的作文的一整套做法。当儿童在作文里写他们所见、所观察、所感到惊奇和赞叹的事物时，词语的诗意和感情色彩会具有很大的教育意义。儿童为自然界的美和在他面前所展示的现象的神秘性感到激动和惊讶，他就去寻找准确而鲜明的词句去表达它们，而对周围世界漠不关心的儿童是永远找不到这样的词句的。

要在智育领域里进行完善的工作，还有一个必不可少的条件：学生一方面掌握教学大纲所规定的知识，另一方面参与集体和个人的多方面的智力生活，而在这两者之间一定要保持正确的比例关系。我们要发现和确立学生的各种能力、天才、禀赋和个人爱好，一个极其重要的条件就要为掌握知识创造一个丰富而广阔的智力背景。如果学生的学习生活只局限于上课、读教科书和完成必须做的作业，那就根本谈不上说智育是一种有特殊方向性的教养活动。学生的智力兴趣的范围应当广阔得多，只有这样，知识才能成为人的需要，作为一个思想者、劳动者和向往未来的人才能充分展示出来。这在实践中就意味着，教师要经常鼓励学生越出教学大纲的范围。在他们面前展示出知识的浩瀚海洋，激励他们去理解和感受思想的美和伟大，攀登认识的高峰。我们认为，很重要的一点是使我们的每个学生成为醉心于智力活动的人。每个学生要在牢固掌握各门学科知识的同时，要找到一门自己喜爱的学科并在这门学科上大大越出教学大纲的范围——这是不仅使个人得到全面发展，而且使集体的生活充满多方面的兴趣而变得丰富多彩的规律性之一。对于每个教师来说，在课堂上，他的学生（儿童、少年、青年）都热烈喜爱他所教的学科；而在课外，他是学科小组的指导者，使小组里充满一种目标明确、内容丰富的精神生活和创造性劳动的气氛。

对这样的教师，学生们会经常去向他借书，他的个人藏书就是使学生通过读书而进入知识海洋的第一个出发港。只有在每个教师都成为智力生活的中心人物的情况下，学校里才会出现一批批有能力、有才干、有天赋的学生，他们在某一个活动领域里能远远地超过同龄人的水平。个人的能力、爱好和

志趣，好像明亮的火光，照亮了集体的精神生活，使它变得更充实、更有趣味。这样一来，所有的学生的能力得到不断发展，就使集体里没有那种"灰溜溜的"无人注意的学生。集体精神生活对全体学生的这种影响还有一个突出的特点，即儿童、少年、青年的智力兴趣总是跟劳动紧密地联系着。每个学生都在劳动中（在教学实验园地，在果园，在少年机械师工作队或者在教学工厂里）发现他个人的才能和天赋。学生对劳动的迷恋带有明显表现出来的智力活动色彩，通常所说的平凡劳动成了学生愿意去做的有趣的事。多年的经验使我们坚信：把认识兴趣引导到劳动上去，在劳动中渗透思考的成分，使学生由于感受到生产劳动中有充实的智力活动而热爱劳动——所有这些正是智育与劳动教育的结合点，教育者应当依靠自己的思想信念、智慧和意志去实现这种结合。

形成科学无神论的信念，是指在全面发展社会主义和共产主义社会的人的智慧而进行的教学和教育工作的不可分割的一个部分和极其重要的任务。

进行无神论教育和树立战斗的无神论信念，这不仅是集体与个人的世界观和智力生活的极其重要的组成部分，而且体现出我们所教育的人跟环境及集体成员之间的某种关系。在对正在形成的个人进行教育工作中，向宗教势力进行积极的、进攻性的斗争，要求特别机智，要有策略和耐心。我们与之进行斗争的宗教世界观，是同家庭的精神生活紧紧地纠缠在一起的，它渗透在成人与儿童之间的道德和审美的、精神和心理的关系之中，数千年来存在于人们意识里的东西，是不可能一下子就"清除"掉的。在科学无神论教育中，比起在教育过程的任何其他领域中，都更加不能容忍形式主义和空唱高调的做法。

无神论信念是建立在自然科学和人文科学知识的牢固基础上的。苏共党纲要求依据现代科学的成就来进行无神论教育。必须把科学知识跟迷信和偏见清楚地、鲜明地、令人信服地进行对照。同时，在对儿童进行的教育中，必须注意到下面这个事实：有些人的谬误观点，他们对各种现象的错误解释，特别是对人的生活与极其复杂的环境之间的依存性的起源的错误解释，——这些东西很容易迷惑儿童的尚未成熟的意识。因此，早在小学里，就应当在使儿童接触自然界和与人交往的过程中，向他们科学地解释周围世界的各种现象。要使儿童从亲身观察中，从积极的活动中产生信念和观点，使这些信念和观点触动儿童的内心情感，使他们形成自己对真理和思想的态度。在形

成儿童、少年的科学无神论信念的过程中，特别重要的是要使他们理解带有世界观性质的那些思想的实质，如：世界的物质性，各种现象的互相联系和互相制约，各种因果关系的真实起源和存在等等。逐步揭示知识的历史发展过程，这在无神论教育中具有重大的意义。学生由于知道和理解了人类走过的道路而产生一种自豪感，这种情感越强烈，他们对于贯穿人类全部历史的科学和宗教的不可调和性的思想便体会得越深刻，他们对歪曲真理和背离真理的言行便越加鲜明地表现出不能容忍的态度。那些为了争取理性的胜利而进行了不调和斗争的人们的形象，就会成为学生们在维护真理的斗争中表现出勇敢坚毅精神的榜样。

对科学真理的正确理解，还不能完全保证使一个具体的人树立起科学无神论的信念。无神论表现为对宗教的完全否定，恩格斯把无神论也称为宗教的反面。真正科学的无神论，不仅是要承认和捍卫对世界的唯物主义解释的真理性，而且要使人树立起一种乐观主义的、充满生活乐趣的世界观，使他认识到生活的目的和意义。结合这一点来说，掌握知识的过程是在什么样的道德气氛中进行的，就具有特别的重要性。在认识有关人本身（生与死，情感和体验等）的科学真理的过程中，集体和个人生活的道德背景也具有特别重大的意义。我们可以使学生相信：人的机体跟整个周围世界一样，也是由那些化学元素组成的，所以根本不存在什么"不死的灵魂"。但是如果认为这样就足以使他们具有抵抗宗教信仰的免疫力，那就未免太天真了。那样，学生对这一切思考得越深，他们就会越感到困惑不解：难道人就是在无机界和有机界里到处遇到的那些东西中的相同的元素吗？难道我们生下来就是为了死后变成一撮骨灰吗？我们应在正形成的人的意识里确立起一种人的崇高使命的信念，即一个真正的人是不朽的人民的一分子，他的生活不是什么昙花一现的东西，而是要使自己的精神能真正地永垂不朽。不这样做，我们便不能完成无神论教育的任务。

科学无神论教育不仅有世界观的方向性，而且有道德的方向性。不要忘记：信教的人总是力图把真正人道的东西——善良、公正、诚实说成是唯上帝所独有的，以便从精神上解除人的武装，注定人是无可作为的。宗教许诺人在彼岸世界里可以得到报赏，从而便人对现实生活中活生生的问题抱漠不关心的态度。所有这些都迫使我们想到道德教育与无神论教育的统一是多么重要。第一，无神论教育的道德方向性和道德教育的无神论方向性，有助于

充实人的精神生活，使人得到幸福。乐观主义的、充满欢乐的人生观跟无神论是不可分离的。在儿童的意识里，有了欢乐、创造、友谊、爱的体验，就会抵制宗教观点和宗教情感的侵入，这是因为高尚的、人世的、现实的思想能鼓舞人，召唤人去积极地活动。而相形之下，逆来顺受地听从命运摆布的思想则显得是对人的尊严的贬低。宗教式的弃绝私利和盲目的舍己精神是跟共产主义道德格格不入的。如果我们要求人现在忍受困苦而答应在冥冥的未来给他以幸福，那就是伪善。科学世界观之所以能在同宗教的斗争中取得胜利，是因为它认为个人幸福乃是人类的现实的普遍幸福的一部分。道德教育和无神论教育相结合的力量就在于：少年期和青年期是一个人的能力和天赋达到鼎盛的年代，是他怀着欢乐而兴奋的心情去发现享受文化财富这种最高享受的源泉的年代；是他享受友谊的幸福的年代，这些岁月将永远留在他的记忆里而终生难忘。我们所要关心的是，不要让任何一个人在青年时代感到孤独，不要让他对自己的生活和劳动感到没有前途而心情压抑。

第二，能使人相信自己的创造力、智慧、意志和坚毅精神。一个人感到自己是坚强有力的，这才能给他的自由思想插上翅膀。在少年期和青年早期，每一个人都能用自己的劳动向自然力提出挑战，对于自己的劳动成果感到自豪，那样，道德教育和无神论教育就能成为和谐的统一体。对于那些好像处在各种思想影响的十字路口而犹豫不决、畏缩不前的儿童和少年说来，这种劳动教育起着特别重要的作用。

第三，能达到个人和集体在精神上的一致。一个人如果意识到自己的思想和信念是集体所赞同的，这就会给他增添精神上的坚定性，使他满怀信心，不屈不挠。集体的思想生活愈丰富，集体对那些在思想和意志上受到不良意识形态影响的学生的吸引力便愈大。有关世界观和道德的问题在集体的精神生活中反映得越鲜明，那么集体成员在思想上的一致便越巩固，因而集体对每个个人的精神世界的影响便越大。

在课堂上，在学习历史发展规律的过程中，要向学生阐明人类为争取理性的胜利而进行的斗争。不过单单上课是不够的。还必须专门安排一系列的教育性谈话，讲解宗教和无神论的历史，讲解科学跟愚昧、迷信和宗教黑暗势力的斗争。这些谈话以确凿的事实为依据，有条理地分析宗教的认识论的根源和社会根源，阐明宗教信仰和宗教仪式产生的原因。在这些谈话中，事实起着很大的作用。这些事实使学生认识到，教会是怎样在祈祷声中，在各

个历史时期里，以及今天在资本主义世界里仍然在犯这样的可怕的罪行，从而在头脑中形成鲜明的印象。这些事实和由此得出的结论，能够使学生形成这样的信念：宗教就其本性来说是反人道主义的，宗教道德是虚伪的，是假仁假义的。

教师的人格、教师集体与学生的全面发展

本文是苏霍姆林斯基的论文《全面发展的人的培养问题》中的第十三章。论文完成于 1969 年 10 月至 1970 年 4 月期间。是一篇关于自己所发表的主要学术著作的综合报告。

形象地说；学校好比一个精致的乐器，它奏出一种人的和谐的旋律，使之影响每一个学生的心灵，——但要奏出这样的旋律，必须把乐器的音调准，而这种乐器是靠教师、教育者的人格来调音的。由此就提出最重要的一点：学生是怎样来看教师的，他们在教师身上看见和发现了什么，每一个教育者和整个教师集体在学生面前表现了人的品质的哪个方面。能够迫使每一个学生去检点自己、思考自己的行为和管住自己的那种力量，首先就是教育者的人格、他的思想信念、他的精神生活的丰富性、他的道德上的我的完美性。

究竟什么是教师对学生集体和每一个个别学生的教育影响呢？个别人对许多人的影响——对他们精神的一致性，对他们创造的、劳动的、智力的合作的影响，是由什么决定的呢？没有受教育者对教育者一定的积极态度，这种影响是不可思议的。教师要培养起学生集体作为一个统一整体对待自身的这种态度，为教师所需要的态度。只有教师善于做到这一点，他才有可能对学生产生必要的影响——既包括直接的影响，也包括通过集体对每个个人的影响和通过个人对集体的影响。教师怎样表现自己，以及在哪方面表现自己，根据这一点学生就可以作出结论：人一般是些什么样的人，什么是善良，什么是理想。因此，必须使教师的人格能吸引学生，以其思想和生活观点、信念、道德伦理原则、智力的丰富性和热爱劳动的品质的完美性来鼓舞学生。

只有在学生从内心希望成为像教师那样的人，教师所说出的话具有一种吸引和鼓舞他的力量这一条件下，他的知识才能转化为信念。那么，在教师的人格中，什么东西能吸引童和青年，什么东西能使他们变成我们的学生

（就这个概念的深刻含义来说），什么东西能在精神上把学生联合起来，从而造就一个在思想上、道德上、精神和心理上保持一致的学生集体呢？这首先就是教师在生活、工作、行为中体现的理想、原则、信念、观点、道德和伦理立场的和谐的统一体。没有这个统一体，也就没有教育者完美的人格，也就没有真正的学生集体。教师首先是以自己的思想、自己的思考来教育学生的。教育工作首先是一种思想的劳动，它的目标是要用求知、思考和对周围世界持有正确观点的愿望去鼓舞学生。真正的教育者总是怀着鲜明的思想和信念去接触学生的。这就是说，教师有一种在人们面前表现自己的人格，敞开自己的内心世界的精神需要。教师对我们社会主义社会的神圣思想，对人民的道德和智力财富表示自己的态度，以此来建立集体的多方面的生活，使儿童、少年和青年在这种生活中成为跟自己思想一致的人。坐在我们面前学习的那些人，只有当他们感到，教师在帮助他们认识世界的过程中，不只是讲述知识，而且在满腔热情地捍卫他所阐述的思想时，他们才会真正成为受教育者。做一个教师，——这就是要号召学生，学生对这种号召感受得愈强烈，集体的追求就表现得愈鲜明。从本质上说，集体的形成就是从学生跟着教师走而开始的。

只有教育者号召和带领学生前进，希望他们成为精神丰富的、各方面发展的人，学生才能感受到教师是深切地关心他们的命运的。如果一个青年能意识到自己是集体的一分子，体会到别人对自己的关心，深知自己每一个不够谨慎的、失误的、不正确行动都会使教师和整个集体感到痛心，那么他就能成为"接受教育的人"。

教师真正的教养性表现为：学生能从他身上看到一个引导他们攀登道德高峰的引路人，从他的话里听出他在号召他们成为忠于信念、对邪恶毫不妥协的人。儿童是在惊奇和赞叹中认识世界的，少年是在怀疑和受到鼓舞中认识世界的，青年则是在建立信仰中认识世界的。教师越是关心让学生去认识周围世界中的一切事物，首先是认识关于人的一切道理，那么学生头脑中产生的问题就越多，他就会更加顽强地、更加好奇地、更加严格地去探求真理。真正的教育者是这样一种人，他竭力使儿童、少年和青年在他们所关心的一切问题上都得到真实的答案，以便他们在人生的起步阶段没有徘徊和失望。用卢那察尔斯基的话来说，教师是否具有鲜明的个性，这在很大程度上决定着学生的正确的评价、观点和理想的形成。

在学生身上正在形成的道德和伦理信念的体系中，义务的思想占有重要的地位。履行义务，使每一个学生体验到对集体、对社会所负的义务和责任——要培养这种道德品质，具有决定性意义的即在于教师本身的义务感和责任感表现得如何。如果在一个教师的精神生活中能把义务感同个人的劳动融和起来，那么这个教师就拥有强大的教育力量。在年轻的心灵里培育这样一种品质，即深思熟虑地、细致入微地审视自己，严格要求地评价自己的愿望和行为的品质，一个必要的条件是：教育者本人就是善于思考的人，是体贴入微地关怀别人的人。以劳动者身份出现的教育者，乃是激励学生进行自我教育和自觉地控制自己愿望的第一个推动因素。

要使教师人格的影响变成一种现实的力量，单有教师个人的天才、精力和创造性劳动还是不够的。一个学校的教师集体在几十年的工作中创造了许多宝贵的财富——先进的教育观点、信念、思想，长期保持的学校优秀传统。教师个人的工作如能从集体财富中汲取力量，他的才智就会成倍增长。如果一个学校的教师集体善于保持珍贵的道德财富和智力财富，那么年轻的教师在这里就会很快地、顺利地成长为有经验的教学和教育能手。

那么教师集体凭借什么才得以建立、生存和发展起来呢？这就要靠集体的思考和创造把它联合起来。校长要善于把各个教师组织起来进行集体思考，并在创造性的劳动中去实现集体的思想，这样他才能成为这个集体的组织者和领导者。为了使教师集体成为每一个教师的思考、创造性发展的源泉和生长环境，为了在实际工作中体现共产主义的党性，贯彻在马克思列宁主义理论指导下的先进教育思想，必须以下列几条信念把教师联合起来。

第一条信念——深信教育的力量。这种信心应当成为每一个教师的良心，成为整个学校的一面旗帜。相信教育的力量，这就是要相信自己的劳动，相信教育者能够主宰学生的思想和情感，相信通过教育能够把最困难的、"无可救药"的学生造就为真正的人。凡是对教育的力量充满信心的地方，集体生活就具有鲜明的、独特的乐观主义色彩。在那里，学生就会把教师所说的话、所提的建议和教导，当成严父慈母般的意志来领会，感到这是一种热爱美好事物和憎恨卑劣行径的意志。在这样的学校里，占统治地位的是父母般的理智的意志，——不是欲望的放纵和由此造成的一片混乱，而是这种意志，不过这种意志虽然是严厉的、不容抗辩的，但又是公正的。

如果教师集体立足于对教育的巨大力量的信心，它就有权利命令和要求，

这种权利就会成为对集体和个人施加影响的最强有力的手段之一。如果教师集体坚信：通过教育这条途径能够到达人类文明、理智、义务和自由的和谐的顶峰，那么这也会使儿童集体的精神生活有了滋养的根源，从而使儿童集体也能够对它的每一个成员施加教育影响。我们这里所说的这种根源，就是指教师集体对个人的全面发展（道德的、智力的、审美的、劳动的和身体的发展）的关怀。

第二条信念——让学生理解和体验到自己在最崇高、最神圣的苏维埃祖国面前所负的义务。这一点能从思想上把全体学生联合起来。教师集体正是依靠这种信念，才能使每一位教师成为理智的教育者。在对待全民利益的态度上保持思想上的一致性，是一股强大的力量，有了这种力量，教师和学生才能赤诚相见，他们才能成为朋友和战友。教育的党性和高度的共产主义思想性，就在于要使我们社会的小单位——学校集体和它的每一个成员都感到自己与人民、与祖国是休戚相关的。

第三条教育信念——深信智慧的巨大可能性。这是对学生实施有效影响的必要条件。我们全体教师坚定地相信：只要完善地安排教育过程，只要达到教学与教育的充分和谐，就能够使学生掌握比现在的范围更加广泛的知识。为此，就必须在年轻的心灵里培育和确立那种无法遏止的求知欲望。如果没有热烈的求知愿望，没有要成为一个真正有学问的人的顽强的追求，那么教学论便成为僵死的条条框框。我们认为，揭示智慧的巨大可能性的途径，就在于形成一个有教养的人的智力需要和智力兴趣，这种需要和兴趣依靠他的道德尊严感来支持，而与他想要掌握什么专业的意图无关。教育工作的意义、方向和效果，这一切都在很大程度上取决于教师集体的生活内容是什么。如果教师集体中没有这种对知识的渴求，那么无论用什么言词和教诲都无法在学生的心灵里唤起对知识的渴望。有了全体教师的智力丰富性，才能使每一个教师找到自己的学生——就其最深刻的含义上所说的学生，也就是说，使教师在他最入迷的那门学科上，找到了自己的继承者。

培养学生精神世界的途径和方法

苏霍姆林斯基的教育专著《学生的精神世界》于 1959－1960 年用俄语写成，1961 年有俄罗斯联邦教育教学出版社出版，本文是这本书的第二章内容。

1. 道德教育诸方法的特点及其统一性

社会主义制度为每一个人积极参加社会生活开辟了无限宽广的天地。随着人与人之间的社会主义关系的发展和巩固以及共产主义关系幼芽的生长，儿童和青少年参加社会生活的机会越来越多了。结合学生的年龄特点来考虑参加社会生活的可能性，在很大程度上决定了道德教育诸方法的特点和统一性。学生精神生活的宽广程度制约着进行道德教育的两种基本方法的实施效果，即说服教育和培养道德行为习惯的实施效果。

实践经验表明，道德教育的艺术在于：一进学校门，孩子首先要通过自己的行动来提高认识，并且从老师的教导中找到自己在积极活动中产生的思想和感受的共鸣。高尚的思想和高尚的道德情感融为一体并变成高尚的行为之时，也就是丰富的精神生活的开始。我们鼓励学生行为要光明磊落，情操要高尚。这样的道德教育方法，我们称之为鼓励学生积极表现思想情感。

在我们的教育工作实践中，占首位的是培养学生对人的人道主义的态度。一个人的精神生活丰富与否，主要看他对高尚的人道主义思想的理解和感受的深刻程度。

培养学生的人道主义情感，是造就人的人格和尊严的极为重要的条件之一。人道主义的行为主要表现为为他人，首先是为未来进行创造性的劳动。

学生入学的头一年，我们就让他们参加培植幼林的活动——播种橡树种子。在劳动时告诉他们，这些橡树在 50 年后即可成材，造福后人。在以后的10 年学习中，学生一直照看着橡树的成长。此外，他们还参加其他的劳动，每年为人民、为未来创造新的物质财富。例如，为了在三五年内提高某一块土地的肥测程度，他们就种植果树和观赏树木，并且还植造防护林。

教师在孩子们心灵中所唤起的思想情感，如能诱导进行较之当时所进行的更为重大而艰巨的活动，就能成为他们思想成长的动力。经验告诉我们，对学生进行思想教育的效果如何，在任何情况下首先取决于学生所积极参加的活动的性质：这种活动是否能在学生思想中根植高尚的情操，它将鼓励学生从事何种更为重要的新的活动。

不论现在从事何种活动，学生应从中取得信念：他们能够承担更大的任务，他们有力量和可能克服更大的困难和障碍。对自己和自己的劳动不完全满足，对自己所做出的努力及其成果持批评态度——这是学生精神得以成长

的极其重要的不可缺少的因素。当学生意识到他们能够取得比现在更多的成绩，他们就会精神振奋、满怀信心，勇往直前；相反，如果学生感到自己尽了最大的可能，再也无能为力了，那么他们就会懈怠、松弛，这样一来，即使是最容易的事也会觉得难以完成，遇到障碍就会垂头丧气、萎缩不前，甚至对在老师一再鼓励下取得的成绩也不感到高兴和满意。

意志上的努力，是思想感情的一种积极表现，这种努力只有当学生看到他们所完成的工作并没有达到极限，他们面前还有更重要的劳动任务时，才能产生出来。在教育工作实践中，我们曾多次组织儿童和青少年从事集体劳动，使他们在完成某一项任务时就在心中孕育着要完成更大任务（或取得更为显著的成果）的愿望。在这种情况下，一想到将来的那种诱人的劳动场面，学生们就会产生出巨大的意志力量，这使他们在克服困难的过程中感到无限的喜悦。要使青少年看到他们面前还有更重要的劳动任务，这一点尤为重要。我们多次发现，青少年之所以情绪不高、怠惰、漠不关心，是因为他们看不到他们正要取得的劳动成果后面还有什么新的、更加重要的东西。随着年龄的增长，战胜困难的自尊感和荣誉感，对学生的精神成长更加重要，同时他们也会进一步认识到，现在克服困难就是为将来的事业作准备。

自觉的意志上的努力，自觉支配自己的行动，是高年级学生所特有的精神生活的因素，是男女青年精神成长的一个十分重要的条件。

青年学生对他们为之奋斗的目的越明确，领会得越深，他们对自己的行动就越自觉，越富有自尊感。这就是吸收高年级学生参加一些明显关系到国家人民利益的活动，之所以如此重要的缘故。

鼓励学生积极表现思想、感情、意志时，必须考虑当今脑力劳动和体力劳动本身正在发生的深刻变化。青少年在同先进生产者的接触中，在参加集体劳动的过程中，发现成年人劳动所遇到的困难多半是智力方面的。我校十年级学生尼古拉在一次共青团会议上说："今年夏天我在拖拉机队实习，我深深感到，不论干什么活，主要不是凭体力，而是要凭技能、靠巧干。强壮的双手只有加上聪明的头脑才能变得灵巧。真是智慧给双手添光彩啊！"

青年学生喜欢干"智慧表现在手指尖上"的体力劳动，这就给教师提出了一个很重要的课题。

组织学生参加需要毅力的活动时，要尽可能活跃学生的思想，使他们对活动发生兴趣并产生意志的力量。活动本身应留有余地，让学生在活动中促

进体现意志上的努力，深化思想感情。倘若学生在劳动中能认识到正是劳动使他们变得更加聪明，道德更加高尚，那么劳动对他们来说，不仅是必须完成的一项工作，而且是一个能发挥他们的聪明才智，表现他们的道德风貌和意志力量的好机会。在建设性的、创造性的劳动（这是学生最经常参加的活动）中，智力、道德、思想诸方面是有机地结合在一起的；在劳动中能发挥智能、动作敏捷、表现灵敏被认为是人应有的素质。这就是为什么在学生的精神生活中创造性的劳动应占有重要地位的缘故。

在德育中起着极其重要作用的自我肯定过程，实际上就是学生认识自己品德的过程。丰富的精神生活的特点，是学生确认自己是一个人，他应具有为公共利益战胜困难的品质。不去战胜困难就不可能有自我肯定，也不可能有丰富的精神生活，精神上的成长也就会受到限制。幻想在战场上建立功勋，向往去远方旅行，遨游太空，等等。——这一切之所以能使青少年迷恋不已，首先是因为它们为考验意志力量，为表现人的品格提供了可能。学生在自己的活动中战胜困难的要求越强烈，他们精神上的成长就越扎实，他们的思想、情感同积极表现思想和情感的有意志的行为就会越鲜明地融为一体。

为了弄清楚那些促使学生为达到既定目标做出巨大努力的各种动因，我们研究了许多班级、小组和一些学生的精神生活。研究结果表明，最重要的动因之一，是战胜困难的自豪感，尤其是在战胜困难过程中发挥了聪明才智的喜悦心情（这一点我们要特别注意）。例如，生活本身向一个学生提出一项任务，他以极大的热情着手去做，后来碰上了意外的困难，但他把看来不能完成的任务终于完成了，这样他就会从内心感到极大的满足。学生越经常感到精神上的满足，他就越深刻意识到，生活的意义就在于全体人民为美好的未来而奋斗。这就使他的精神面貌更加高尚，道德感受日益丰富。

实践告诉我们，为了丰富学生的精神世界，所选择的方法应能引导他们进行积极活动，能在他们面前展现出战胜困难的吸引人的前景，能唤起他们的自豪感、荣誉感和自尊心。活动本身还应包括克服困难和障碍的可能性，但应适合孩子的年龄。重要的是，从孩子们受教育的第一天起，就要用克服困难的社会意义和智力创造来吸引他们。任何一种劳动，即使是最平常的劳动，都可以具有社会活动的性质，都能成为引人入胜的智力探索和开拓的对象。而且，这对孩子们来说也就是战胜困难的过程，并会给他们带来极大的愉快，从而产生孩子们自我肯定的萌芽。比如，大面积种植小麦，在通常条

件下每公顷产量一般不超过 3000 ~ 5000 千克。但如果动脑筋、想办法，根据小麦尚未完全弄清楚的新的特性组织生产，那么单位面积产量就可以提高 3 ~ 5 倍，甚至 10 倍。我们的学生是这样开始从事创造性的劳动和克服困难的。7 ~ 9 岁的孩子在几十平方米的土地上获得的单位面积产量比集体农庄的大面积产量要多 10 倍，有时 15 倍。这并不是增加学生体力负担的结果，而仅仅是积极动脑筋创新的结果。这种劳动使学生认识到、体会到这就是真正的克服困难，这就是对自己的富有创造性的智慧和美德的肯定。

学生的年龄越大，他们在日常生活中对所须克服的困难和障碍的难度的要求就越高。青少年时期，当高尚的情感——对祖国的热爱，对敌人的憎恨，对怯懦、不诚实、虚伪等毛病的卑视，愿为集体贡献自己的力量等等——激发他们去战胜困难，并从中意识到自己所担负的社会的（道义上的）责任和能发挥自己的智力及毅力的时候，他们就会感到莫大的欣慰。

高年级学生在评价人的品德时，越来越多地把人的社会责任感、公民责任感摆在首位。我们总是为中年级学生，尤其是高年级学生，选择那种能明显看出是为建立理想的共产主义新世界必须战胜困难的活动。生活本身就是从事这种活动的广阔天地。而这首先是为社会进行无私的共产主义劳动，是以加强共产主义道德规范和遵守社会主义公共生活准则为目的的社会活动，其中包括为增加全民财富而奋斗。

应让青年参加这样的劳动，这种劳动能够使他们清楚地看到在共产主义社会中人们将如何工作，人们将如何深切关心社会利益。用这种劳动鼓舞青年是非常重要的。在教育工作实践中，我们是这样组织学生劳动的：给每个中年级班级 0.25 ~ 0.30 公顷土地，要求他们在 5 ~ 6 年内不仅做到逐年提高粮食产量，而且还要增加土壤的养分，使土地更加肥沃。学生所施的肥多于作物生长所需要的，这就可以使养料和水分在土壤中逐年储存起来。学生认识到参加这种劳动就是创造共产主义物质财富，而丰富的物质财富是建设新社会最重要的前提。这样，学生就会感到生活充满乐趣，使他们精神上的要求和兴趣得到充分的满足。

学生越早参加为崇高目标而进行的引人入胜的、火热的自觉斗争，并在斗争中收获越大、信心越足，那么我们所希望学生在道德上的成熟就来得越早。经验表明，只要注意正确引导学生拥有丰富的、有目的性的精神生活，他们在少年时期就能自觉地驾驭自己的愿望以达到具有重大社会意义的目标，

并因战胜困难而感到高兴。

向往建立丰功伟绩的崇高理想之光,使学生、尤其是男学生的精神生活更加绚丽多彩。必须使学生树立并发扬这种理想。但是做到这一点还不够,还应当培养学生为建立功勋而进行长期的、坚持不懈的努力。功勋在人的生活中不是偶然现象,而是他的精神面貌合乎规律的继续发展和表现。极短时间内建立的功勋,和长时间的、富有理想的、有充分价值的精神生活一样,也能使人的精神面貌变得高尚。

在教育工作实践中,我们力求使每一个学生在少年时期就能做出就其年龄、力量和条件来说可以称之为功绩,同时也被集体所认为是功绩的行为。在每个学生的生活中都会有机会遇到这种情况:要求他当机立断、全力以赴地采取紧急的、果断的行动。有时长时间的行动也需要有这样大的精神力量。如果学生合乎自己思想发展的状况,建立了功绩,做出了舍己为人的行为,这就意味着他在自我肯定的道路上迈出了决定性的一步。帮助学生迈出这一步对形成学生的精神世界是极其重要的。

综上所述,可以得出结论:道德教育进程的特点以及对学生的思想加以影响的方式方法的统一性,取决于共产主义教育的方向性,取决于我们所追求的道德标准。新人的高尚道德首先表现在劳动和创新中,在思想和行为的统一中。道德教育的方法应当保证学生有活跃的精神生活,有可能在活动中经常发挥自己的智慧、情感和意志。

下面我们简略地分析一下形成丰富的、有高度思想性的精神生活的方法,即鼓励学生积极表现其思想感情的方法的某些特点。

2. 鼓励学生积极表现思想和道德情感

观察学生的精神生活时,我们发现,最能渗透学生精神世界的思想是那些我们称之为高尚的思想。这些思想的实质在于对为社会、为集体谋利益的活动的美好憧憬激励着他们。这些思想包括:参加共产主义建设,对全世界劳动人民履行国际主义义务,憎恨压迫者,支援被压迫者,同全世界劳动人民的儿童建立友谊,无私地为集体服务,个人利益服从社会的、崇高的目的,尊重人的人格,关心他人、帮助他人,互相帮助,努力作出贡献等等。

这些思想所以能够成为影响人的精神生活的力量,是因为它们反映了我们社会的生活和历史的崇高内容。就是说,这些思想体现了创造性劳动和建

立功勋的英雄气概，同时也体现了对经济制度和人的灵魂进行革命改造的豪迈精神。应当根据学生的年龄、能力和条件把这些高尚而纯洁的思想灌输到他们的意识中去。从教育角度来看，崇高思想之所以可贵，是因为它们把个人与集体、个人与社会结合在一起。这种结合是进行道德教育的极其重要的一个条件。如果学生从小因参加人民的共同事业而产生了自尊感，那么他的个人利益将会服从社会利益。根据对某些学生的多年观察，我们深信这些崇高的思想对年龄小的学生也能起鼓舞作用。例如，7岁的孩子不仅对他熟悉的人物的痛苦表示十分关切，而且对殖民地国家的千百万劳动人民的孩子所遭受的苦难也表现了同情心。但是这种思想教育应该以形象具体的形式来表现。形象越鲜明，孩子们对这种形象所体现的思想的反应就越强烈。而且，这种反应首先表现在情感方面。

精神生活的各种因素——智力、情感、意志，因年龄不同所起的作用也不同。对于小学生来说，在形成、巩固和发扬能促使他们采取积极的坚定的行动的思想方面，起决定性作用的是教师用以向学生灌输这种思想的各种现象和事物的本质是否形象鲜明和富于表现力。通过具体的情景和形象来表达现象的本质特征越有说服力，那么孩子在感情上受到的感染就越明显，对抽象的思想就越容易理解，同时他们也就越想要努力表现自己的积极性。这一切是这种年龄的孩子的思维特点。

由此也就决定了教育小学生的方法的特点：要向他们灌输具有重要社会意义的道德思想，为鼓励他们积极表现思想和道德情感，首先必须激发他们的情感。那些表现社会现象本质的、反映道德思想的生动情景能触动孩子幼小心灵的深处。

这一结论曾多次为我们的实验所证实。比如，我们鼓励7~8岁的儿童进行大胆、勇敢的活动（根据他们的能力和可能。当然，我们还采取了一些适当的保护措施）。有时，我们用形象鲜明的生动例子在孩子心目中引起对怯懦和不诚实的鄙视；有时，我们只是用概括的和多少有些抽象的（但都是为儿童完全能听得懂的）讲述来评价英勇行为。结果，前者比后者的收效要大得多，孩子们总是想表明他们一点儿也不胆怯、不犹豫和不畏缩。

对高年级学生进行的类似实验使我们有根据认为，学生的年龄越大、社会经验越多，那么概括性的论述在促使他们积极表现智慧和道德情感方面所起的作用就越大。对某种思想进行综合性的论述和深刻的推理，对事物从道

德角度进行分析——这一切能唤起并树立高年级学生的牢固的感情,并赋予这种思想以鲜明的感情色彩,从而使之更加突出。男女学生对崇高思想的实质领会得越深,这一思想在他们感情上的反映也就更加深刻。这决定了要鼓励高年级学生积极表现他们的思想感情的方法的特点。要给男女青年灌输崇高纯洁的思想,使他们受到这种思想的鼓舞,就必须向他们揭示人类丰富的道德经验,对各种现象给予广泛的、概括的阐述。思想和道德情感只有在人们的交往和已形成的相互关系中才能积极地表现出来。

社会主义社会中,人们之间的友谊和同志般的互相帮助,是培育一个集体的丰富精神生活的良好土壤。社会主义社会中人的精神生活是否丰富多彩,有高度的思想性,有明确的共产主义目标,完全取决于一个集体的精神生活中是否有坚定的目的性,是否有团结在一起的基础、推动力和愿望,每个成员是否忠于共同事业,集体活动给予每个人的感受是否充实而深刻。

人的道德精神上的成长,首先是在集体中实现的。先进的观念和集体主义精神的形成,是集体对个人有效教育的极重要的结果。个人和集体的精神上的一致及其思想的相近关系,是强有力的道义上的力量,它能激励个人为崇高目标战胜困难、建立功勋。

通过观察许多班级的学生在劳动和休息中的相互关系,我们力图弄清楚是什么力量使学生坚信自己所做的事情是正确的,并坚持自己的信念。我们得出的结论是,学生认识到并切身感受到本人和集体精神上的一致是一个主要原因。比如说,某一个小组全体成员都坚信他们要制造的那部复杂的机器或机械的模型一定会成功,对需要克服的困难和阻碍都心中有数,那么每一个人在和别的小组成员争论时就会坚持自己小组设计的正确性。通过这样的活动,既发挥了个人的创造性,小组的设计方案也得到了改进和完善。

在劳动活动中的创造性设想同劳动活动本身的重大社会价值结合在一起的时候,个人与集体的精神上的一致性所起的作用尤为明显。这种一致性越深刻,每一个成员就越把劳动的社会目的当作自己的目的,同时也就更加愿意为共同事业多做贡献。在教育工作实践中,我们把一个集体的组织上的一致性,即相互依存、领导和被领导的关系建立在思想上、精神上的一致上面。

试举一些学生连续3年从事社会公益劳动的事例。我们给一个少先队中队(都是12~13岁的孩子)讲述了我国劳动人民为增加全民财富而进行的工作。同时也讲了在我们村里也可以把两公顷的贫瘠土地变为肥沃的良田,使

它创造的物质财富造福于人们几十年，甚至几百年。这个崇高目标鼓舞了孩子，他们坚持不懈地劳动着，他们施农家肥，并采取各种各样的措施来改良土壤。3 年后，在这块原来贫瘠的土地上，粮食作物获得了大丰收。这项工作要求少先队集体团结一致，步调一致。他们克服了相当大的困难。如果每一个学生认识不到他们所做工作的社会价值，感受不到集体的支持和帮助，那么不管什么样的组织形式，不管什么样的相互关系都不能使他们取得成功。

经验证明，组织 7~8 岁孩子的活动时，也可以把精神上的一致建立在崇高思想基础之上。教育工作之艺术，在于使年龄幼小的孩子也有机会在生活中，在和小朋友的关系中能够积极表现自己的美好的感情和愿望，以激发他们产生远大的、有社会意义的、道德高尚的理想。

在低年级集体里，孩子们之间还没有建立起密切的同志关系和友谊，因此培养他们为崇高理想而共同奋斗的精神上的一致性，对把孩子们组织起来具有极其重要的意义。随着眼界的开阔，学生对精神上的一致性的认识越来越深刻，到了高年级，他们就把对祖国的义务和对社会的责任放在首位。苏联杰出的教育家安·谢·马卡连柯 3 十分重视班级这个集体对个人的重要影响。高年级学生已经认识到这种影响是实现社会和人民赋予他们的教育职责。对优秀的高年级集体的生活和劳动的观察使我们确信，一个集体道德面貌的好坏，正是取决于整个集体对一些学生所起教育者的作用是否有深刻的认识和感受。

10 年来一从孩子入学的第一天起到领取毕业证书为止——我们参加了几个班集体的生活。这使我们能够观察整个集体和一些学生的精神发展情况，观察学生的道德信念、观点和世界观是怎样形成的。我们确信建立在共产主义理想和信念基础上的道德思想和行为的统一，只有在下列条件下才能更充分地表现出来。这些条件是由共产主义理想联结在一起的，精神上的一致性不仅始终不间断，相反，随着青少年，尤其是男学生的能力和可能性的增长而不断加深。比如，我们学校的几个班级，从低年级到毕业，由于共同的活动紧密团结在一起，而这种活动的基础是各班学生的友好合作、互相帮助、互相支持（如学生在田间劳动时）。这些班级成员都善于对周围生活中的各种现象从道义上给以评价，因为他们深深关切社会利益。

思想上一致性的削弱或间断，会导致在教育实践中常见的紊乱现象（特别是在学生的过渡的，也就是"困难"的年龄期里）。集体的不巩固和不稳

定，组织上的缺乏统一，个人利益同集体利益对立倾向的增长，集体荣誉感的丧失，个人自尊感的减弱，对自己缺点满不在乎，——上述这一切是伴随以高尚思想为基础的精神上的一致性的削弱而引起的附带现象。随着学生能力的增长，我们不仅力求发挥思想教育的作用以增强集体的团结，而且还扩大智慧和道德情感的表现范围，这一点对学生，尤其是男学生的精神上的成长具有重要意义。

对形成学生精神世界，对保证集体的精神上的一致性方面具有重大意义的是正确理解能使学生积极表现智力和感情力量的那种活动的实质是什么。不能把这种活动仅限于体力劳动，仅限于用手干活，——这是对精神生活的简单化的、浮浅的看法。有人认为，似乎从事繁重的体力劳动，克服生活上的艰难——这本身就是精神锻炼和思想教育。绝对不能同意对教育过程的这种浮浅的看法。劳动的教育作用决定予劳动在精神生活中是怎样反映的，它在思想感情上又是如何反映的，它使意志力得到多大程度的磨炼。

在体力劳动过程中，当克服困难的努力是由重大的社会道德观念所激起的，只有这样的努力才能成为精神成长的一个因素。因此，培养学生具有信念，对周围世界具有个人的看法，是一项极其重要的任务。

学生思想和道德情感的积极表现，是在各种活动的结合中实现的。除体力劳动外，克服纯精神性质的困难的集体活动也具有很大的教育意义。这主要是指在学生集体中和成年人集体中要建立新的共产主义的相互关系。我们很重视同这方面精神生活有关的行为和表现。每一个少先队组织，特别是共青团组织，要把在集体的相互关系中确立某种品质（这种品质，一般来说就是共产主义的萌芽）作为自己的努力目标。例如，有一个少先队中队为了使每个队员不说谎，在任何时候都不掩盖自己的任何缺点做了多年的努力。我们向学生明确说，努力做到这一点就是具有高尚行为的表现。在这样的行为中，少先队员看到了，更重要的是体会到了道德标准和审美标准的统一。他们努力做到说真话，因为，用他们的话来说，说真话是非常美的。

在获取知识、认识周围现象、克服智力方面困难的过程中，善于思索对于形成信念具有重大意义。一在学习过程中，脑力劳动的性质决定着智力的活跃程度，因而也就决定着整个学生的精神生活的活跃程度（在这里教学与教育最紧密地联系在一起）。我们对课堂和其他活动进行了观察，发现教学过程中存在着影响信念形成的许多严重缺点。其中最主要的是脑力劳动的片面

发展——单纯积累知识，不在生活实践中应用知识，也不在个人进一步精神发展所必需的智力劳动中应用知识。对周围的事物和现象进行逻辑分析时不能触动学生的思想感情，在学习时即使不死记硬背，这种片面性也是精神发展的死敌，因为学生的脑力劳动实际上被局限于识记、储存知识和按照老师的要求复述一下而已。课堂上所听到的，学生都要保存在记忆中，所读过的，只被看做是规定要掌握的一定的学习量。这样的教学即使符合教学法的要求，也会使学生变得头脑迟钝，不善于独立思考，对学习科学知识的兴趣减退，对自己的精神生活无所要求，使好奇心丧失殆尽，从而失去了最重要的智力上的感情——认识事物的喜悦。学生不去注意许多值得思考的事物和现象，只是因为"这不在必须掌握之列"。这样，除了规定要学习和消化的材料之外，可以思索的事物、事件、现象的范围就很狭窄了。

这种教学方法的缺陷，不仅在于学生有了许多知识而不能运用，更重要的是他们的思维能力变得消极被动，不再向情感和意志提供养分，不再是精神生活的源泉。

为了避这些缺点，我们很注意使学生在脑力和体力劳动的过程中积极思考。在教育教学的实践中我们遵循这样的原则：学生在学习过程中所获得的知识，不应死放在脑海里让他"沉睡"，以备将来什么时候应用；知识应该不断地在实际运用的过程中得到发展，从而提高学生的思维能力；处于某一发展阶段的学生的知识越多，他的思维活动也就应当越活跃、越全面，而且，这种思维活动与手的活动，即创造物质财富和改造世界的体力劳动是结合在一起的；每一门课程，特别是自然科学基本原理，都为思索和劳动相结合提供了无限广阔的可能性，并在此基础上丰富学生的精神世界。

老师的任务，在于鼓励学生从事有趣味的、富有创造性的劳动。智力和体力在这种劳动中的结合，正是年轻一代得到思想锻炼的条件，同时也是培养他们参加生产劳动的前提。

我们所要造就的人，不仅能劳动，能操纵机器，还应该是一个聪明的、能深刻思考问题、情感细腻的劳动创造者。体力劳动的创造，在共产主义社会中将被认为是人的最崇高的精神财富。生气勃勃的、活跃的智慧在建设事业，在情趣盎然的、充满理智的体力劳动中起着主导作用。

外部环境是学生精神生活的决定性因素

苏霍姆林斯基的教育专著《学生的精神世界》于 1959－1960 年用俄语写成，1961 年有俄罗斯联邦教育教学出版社出版，本文是这本书的第三章内容。

人的精神生活，内心世界是否丰富，取决于他同周围世界的实际关系是否丰富多样，取决于他同自然界和其他人的相互作用的内容与性质。在这些关系和相互作用中占首要地位的是劳动的积极性、思想与感情的活跃性，这种积极性和活跃性最终必将发展成为改造世界的活动。

人的天赋素质的发展是人的个性及其能力和才干的发展前提，而先天素质的发展取决于同周围世界的关系是否丰富多样，而且首先取决于劳动和社会生活的内容如何。社会主义制度给每个人提供了全面发展其素质、能力、天才、天赋的广阔天地。共产主义的最终目的就是使人得到全面发展，使社会的每一个成员都能获得人生的真正幸福，即能有充实而丰富的精神生活，这是建设新社会的最高目的，这一目的正在成为苏联学校的教育纲领。

如果我们的教育工作者保证每个儿童和周围世界都能建立起丰富多样的实际关系，例如，同集体中的其他成员的种种联系，参加各种各样的创造性劳动，充分发挥他的智能和审美能力，等等，那么就一定能够达到这个目的。然而为了有效地完成这些任务，必须掌握儿童精神生活的规律性，而这种规律性是由他的年龄特点决定的，是由形成人的精神面貌的过程的复杂性和多方面性决定的。

7 岁的儿童刚跨进学校门就睁大眼睛去观看大同学所做的一切。他们对什么都感兴趣，诸如用小锯锯东西、照看生物室的植物、培育果树幼苗等。当然最吸引他们的是游戏室，在这里有趣易懂的玩具把神秘的技术世界展现在男孩子的面前。一切是那样的令人美不胜收，赞叹不已。他们什么都想马上当天就动手试一试。但几个星期后，我们会发现，在对一切新的、不平常的、没见过的事物的强烈好奇心的基础上不能培养孩子真正的兴趣和爱好。这种对周围事物的好奇心是孩子从童年到少年这段漫长的时期内的一个特征，注意到这一点是非常重要的，而且在此基础上采取一些教育措施也是必要的，但同时不能忽视儿童精神生活的其他方面，即思维、信念和世界观方面的问题。

精神上的成长是一个多方面的、连续的，同时也是一个统一的过程。在儿童身上所有的心理过程和个人精神面貌的各个方面都在不断地发生着质的变化。思维、情感、意志、能力，精神生活所有方面的发展都是紧密联系和相互作用的。而且我们可以看到，当儿童在某一个发展时期，其某些心理因素表现较为突出并有力地影响着他对周围世界的态度，影响着他所选择的活动的内容。这就证明在学生的精神世界里发生了新的质的变化。

例如，少年早期的行为，较之少年后期，尤其是青年期更富有感情色彩。尽管孩子的感情将进一步发展和深化，尽管青年或成年人的感情要深广得多，然而低年级学生的活动内容，较之其他心理因素在很大程度上取决于情感的因素。

当谈到某一发展阶段的某一方面心理因素表现得最为强烈时，我们丝毫也不忽视这样一个事实，那就是一个人的发展是各种心理活动和整个个性不断发生质的变化的过程。我们是用辩证唯物主义观点来说明发展是运动的，用列宁的话来说，就是"'飞跃'、'渐进过程的中断'、'向对立面的转化'、旧东西的消灭和新东西的产生的钥匙"。

能看到精神世界和心理活动的某些方面在一个人生长的某一时期表现得比其他时期更为明显这一点，在教育工作实践中具有重大意义。无论青年人或成年人的感情世界多么丰富，也都不能和早期儿童行为所特有的丰富的感情表现力相比拟。教育工作的成败，在很大程度上取决于教师是否认识到高兴和苦恼、满意和不满意、有信心和没有信心在低年级学生生活中起着多么大的作用。

在教育工作实践中我们特别重视低年级学生的感情状态。从童年到少年的生活道路应当是充满快乐和生气勃勃的——这是整个教育工作中最重要的原则之一。快乐是儿童对自己的力量产生乐观和信心的源泉，是他们同周围世界建立多种多样的实际关系的前提，没有这些多种多样的关系，便不可能有精神的发展，尤其不可能有先天素质、能力和天赋的充分发展。

我们要努力做到使每一个孩子在他喜爱的事情中，首先体验到的是在学习中品尝到取得成绩的欢乐。当孩子们第一次跨进学校门槛时，他们多么兴奋，他们对未来的快乐生活怀着无限美好的憧憬。如果有些孩子学习了几个月甚至几个星期之后，就大失所望，有时还厌恶学习，那么教师对此也有责

任，因为他未能给孩子带来快乐。这种快乐对大人来说是微不足道的，但对孩子却是巨大的力量源泉。由于 7 岁儿童还不能自觉地克服困难，所以他们主要是从感情中汲取初次的意志力量。

我们力求使低年级学生，尤其是一年级学生，所做的每一件事一定要取得成功。我们面前有 22 名即将毕业的高年级学生，他们的学习成绩都很好，并且积极参加科技小组活动。他们每个人的独特才能都得到了充分的发挥。回顾在低年级教这些男女青年的情况，我们可以得出这样的结论：如果热心的老师没有能使孩子们得到儿童的初次乐趣，即在学习和创造性劳动中取得初步成绩的乐趣，那么他们现在的情况就很难说了。

以 1960 年的中学毕业生托利亚为例。在校时，胆怯、忧郁、腼腆阻碍了他的思维能力的发展。老师讲的东西他领会得很慢，也记不住，掌握实际技能就更差了。同时，托利亚感情脆弱，如对他做的手工提些意见，他就很敏感。当看到别的小朋友已经会画道道，画圈圈，而他自己还不会，别人已经会用小锯锯胶合板，而他怎么也学不会时，他就感到很难过。在这种情况下，对孩子的最好帮助是：耐心地、热情地、不伤其自尊心地扶持孩子的微小力量。放学后，老师同托利亚一起留在学校，教给他怎样正确用铅笔和钢笔，怎样使手的动作又灵活又准确。原来托利亚在上学前几乎没有使用过任何简单的劳动工具，因此手指肌肉没有得到训练。现在就不得不教他使用儿童用的小铁锹、小刀子和小剪子了。孩子终于取得了初步成绩，能削出一根根整齐的用于算术的小棍了。这使托利亚非常高兴，使他产生了要很好完成书面作业的愿望（以前由于几次的失败而灰心过）。

获得成绩的喜悦使他产生了克服困难的意志力量。他反复地练习做同一个动作，力求完美，以达到老师要求的标准。劳动中的成绩使托利亚无比高兴，他已在一定程度上意识到这种进步是战胜困难的结果。就这样，老师引导托利亚从劳动的快乐逐步体会到克服障碍的快乐，同困难作斗争的快乐。托利亚认识到了成绩不是偶然地、碰运气得来的。老师继续热情地、耐心地鼓励他在独立劳动的道路上迈步。在整个 4 年的小学阶段，老师不仅想法创造条件使托利亚产生取得进步的喜悦，而且还培养了他的道德行为，这对他在今后生活和劳动中遇到挫折时会起很大的作用。老师帮助托利亚取得的克服困难的经验，成了托利亚正确对待挫折所不可少的精神力量的源泉。

在托利亚上五、六、七年级时，老师们继续使这方面的宝贵经验得到充

实，他们努力使托利亚在学习和劳动中的每一个成绩都不是偶然得来的，而是使他通过与困难进行坚持不懈的斗争来取得胜利的喜悦。在这个才能平庸的男孩身上，却形成了一种对困难朝气蓬勃的乐观态度。托利亚在五、六年级时，对技术发明产生了浓厚的兴趣。他之所以喜欢设计和制作模型，主要是因为攻克这方面的难关会给他带来莫大的愉快。上八、九、十年级时，托利亚已掌握了机械工人的技术。他逐渐地对机械和电力方面的通俗读物发生了兴趣。这增加了他学习自然科学（数学、物理、化学）的自觉性。当托利亚中学毕业走向生活时，他不仅具备了必要的实际技能和技巧，而且养成了不怕困难的乐观态度。

在注意中学生同周围世界建立多种多样的关系时，考虑他们的年龄特征尤为重要。当在中年级学生的精神面貌中发生急骤的、在某种意义上可以说是互相矛盾的现象时，就必须正确引导他们在道德方面健康成长。各方面积极性的增长——思想活跃、积极活动、在集体中好交往——是该年龄学生的特征。如果说小学生的积极性主要来源于感情上的冲动，那么中年级学生的积极性主要来源于向往集体社会活动的志趣。

少年对周围一切抱有浓厚的兴趣，但要理解现实生活的各个侧面却还没有能力，因此产生了对自己的不满。这是少年身上特有的一个矛盾。重视这种矛盾的特点，是对中年级学生进行正确教育教学工作的一个极其重要的条件。

少年们都渴望更多地认识世界。我们要努力使这种积极性变成有助于他们认识自己，有助于他们找到自己的兴趣所在，也就是说让他们自觉地从事某一种富有创造性的劳动，而不要分散精力。做少年工作时必须注意使每一个男孩、每一个女孩在较长的一段时间内集中精力从事某一项课外活动，并能克服较大的（对他们的年龄来说）困难。

发展中的"不平衡"、"飞跃"，在少年时期表现得较突出。他们的思想发展受客观现实，尤其是个人与集体之间关系的影响。而这种关系往往是不平稳的、有起伏的。甚至在短短的一个月之内，学生的精神状态也会发生很大的变化（比如，孩子入学三四个星期之后就已经和刚进校时不一样了）。有些孩子的生活中会发生一些急剧缩短他们按部就班的正常发展进程，使他们某些重要的性格特征得以迅速形成（比如，由于家庭发生不幸所引起的震动，可以使幼小的孩子具有少年性格的特征，使少年具有青年性格特征）。

这一思想发展规律在少年时期表现得更为明显。在中年级班里，往往有不少男女学生比同龄同学要成熟些，他们的社会生活能力和劳动能力比其他学生要强得多。

有些学生在这一时期发展得较迅速这一事实，为改进教育工作提供了值得研究的课题。我们观察了许多学生的生活和活动，发现，如果十四五岁的学生由于种种原因被置于和过去完全不同的条件中（如要在家庭中担起更重的担子，从事繁重的劳动，积极参加少先队或共青团的工作等等），他们身上便会出现思想成熟的成分。这些条件对内在的心理发展有一定的影响。这种发展就是新的品质的逐步积累，在一定条件下这些品质还会表现得比较突出。所以，一旦周围环境发生剧变，这些逐步积累起来的品质就会一下子出现在十四五岁学生的行为中，而这种行为一般是年龄大的孩子才能采取的（我们再次强调，正是周围现实的社会生活，对人的意识、感情产生着最大的影响）。

有些十四五岁的学生在精神发展中所以出现"不平衡"和"飞跃"，还由于他们所在的集体内年龄不一。甚至还可以说，小孩子同大孩子的经常接触是他们顺利发展的一个极其重要的条件。如果小孩子一入学就和大孩子一起参加具有高尚目的的共同活动，这有利于丰富他们的精神生活，有利于培养大孩子才有的品质。

青春时期是学校教育的最后阶段，需要教师加倍注意。"青春"这个词反映了一种概念，这个概念包含着一系列具有鲜明的感情色彩的特征。我们赋予这一概念以广泛的内容：在这个时期，对周围事物、自己的生活和活动进行深刻的思索，精力与体力旺盛，意识到丰富多彩的、有意义的、有血有肉的生活即将来临，心田受到爱情、忠诚等美好情感的滋润，对未来充满幻想并不断进行探索。

在青春时期，人的精神面貌的各个方面——情感、活动的热情、认识事物的能力和才干、劳动中的创造萌芽、毅力——都处在成长之中。但这时期在精神发展中起主导、决定作用的是世界观问题，有意识地从世界观角度来解释自己的言和行。

青春时期思想发展的这个方面——对待周围世界的上述态度——在很大程度上决定着人的内心世界的其他方面，特别是意志。

青春时期喜欢探讨世界观问题，尤其喜欢用世界观来解释道德行为问题。

具有共产主义崇高理想的男女青年尽力以共产主义理想作为自己行动的准则，换句话说，给自己的行为赋予鲜明的道德性质。

青春期早期是形成世界观的时期（它在中学阶段还远不能完成），这就要求教师们负起重任。这就不仅要力求使学生在中学时期的多种多样的、有高度思想性的活动中进行个性的自我肯定，而且要为青年未来的精神生活打下牢固的道德品质基础：坚守道德规范、忠于共产主义信念、坚持原则、与生活中的不良现象作斗争。

活跃的精神生活，只有在学生不感到自己是被教育的对象，而是教师施加影响的对象时才能实现。学生的主动精神不但是培养集体主义的重要原则，而且是他们思想发展的重要条件。在实际工作中我们要力求通过学生独立的、有意义的、有理由的活动对他们进行思想教育。在教育工作中不故弄玄虚，顺乎自然，不拘泥，密切个人与集体的关系——这一切能保证在对现实生活的积极态度中形成的精神力量得到最充分的发挥。

深思如何领导好学校

《帕夫雷什中学》首次由莫斯科教育出版社于1969年出版，在这部书中苏霍姆林斯基科学地总结了他曾领导多年的基洛夫格勒州帕夫雷什中学的教育教学工作的经验。本文是这本书的第一章的第一节内容。

要把学校领导好，意味着要精通教育的科学，并使这门科学成为科学地指导教育以及组织全校师生活动的基础；意味着要成为教育教学过程的能手，要掌握影响儿童和青少年的艺术。要知道，教育在广义上说，就是精神上的不断丰富、不断更新的过程，无论对受教育者还是教育者来讲，都是这样。而且，这个过程具有深刻的个性特点：一条教育真理在一种情况下是正确的，在另一种情况下是中性的，而在第三种情况下则变成荒谬的。

学校领导人只有不断完善自己既作为教师又作为教育者的技巧，才能充当教师和学生的优秀而有威信的教导者。一个好校长，首先应当是一个好组织者、好教育者和好教师，不仅对上自己的课的孩子来说，而且对全校学生和教师来说都应如此。

校长肩负的重大责任对他的精神世界——道德情操、智力素养、意志品

质，提出了许多要求。首先，一个最主要又是最重要的品质（不具备这个品质，就不能当校长，就像不是任何人都能当教师一样）就是：深深热爱孩子，有跟孩子们在一起的内在需求，有深刻的人道精神，有深入到儿童精神世界中去并了解和觉察每个学生的个性和个人特点的能力。

这种能力，从某方面讲，是发挥高度的教育素养的结果，但它首先取决于一个人用心灵去认识世界，即善于理解和体察他人喜忧并乐于相助这样一种特殊素养。

学会爱孩子，是不可能在任何学府中或任何书本中学到的。这种能力是在一个人参加社会生活的过程中，在与他人的相互关系中锻炼出来的。但就其本质讲，经常跟孩子们交往的教育工作本身就在不断加深对人的热爱和对人的信任。献身教育事业的志向是在学校里，在教育工作的过程中不断得到发展的。

本书由我个人的经验构成，在某种程度上是我在帕夫雷什中学任教 33 年、其中包括 26 年任校长工作的总结。从事学校工作和教育孩子已成为我的天职。在进师范学院之前，我当过两年小学教师和少先队总辅导员。进师院学习时（我是经过 3 年函授和 1 年住院学习的），我就确信，学校工作是最有趣、最引人入胜的工作。

每逢回忆起母校波尔塔瓦师范学院，回忆起教育学、文学、历史等学科的老师，我总是感到十分亲切。那里讲的教育学不是枯燥乏味的结论，而是关于教育艺术、关于如何影响意识和情感的生动而清晰的阐述。在那里，老师们教我爱上了语言。我永远不会忘记，我们在师院写作文的情景：写过瑰丽的晚霞，写过严冬的暴风雪……

在语言文学系毕业以后，我怀着激动的心情踏进了中学校门。我教的是高年级学生，却总是感到离不开低年级的孩子；于是我当上了一个少先队中队的辅导员，还帮助做少先队总辅导员工作，常跟孩子们一起去远足旅行。

如今，当我思考教师工作时，得出一个结论：孩子们所喜欢的是那种本人就喜欢孩子、离开孩子就不行、而且感到跟孩子们交往是一种幸福和快乐的人。当然，我做教师工作的头几年里，并没有去考虑这个规律，只是孩子们使我感到愉快而已。每当学年一结束，我就跟孩子们一道去远足旅行，去田野、森林、河边旅行。跟孩子们一起在南方晴朗的星空下宿营，架锅煮饭，述说图书内容，讲传说和童话故事。这些对我来讲，是一种幸福。或许正因

为如此，孩子们也才那样兴致勃勃地在炽热的阳光下，背着沉重的行囊跋涉。

到了夏忙季节，许多幼儿无人照管（当时农村还没有托儿所和幼儿园），我就把他们集合起来，跟他们一起玩，在池塘边上为他们办了一个类似现在的少先队自办夏令营。

少年们夏天想进行"水上旅行"——乘船经过水库驶入大河，然后登上某个"无人烟"的岛子……我只是现在才意识到，正是我自己使他们产生了这个想法；而当时我觉得，他们产生这个念头跟我给他们讲故事无关。可是我们没有船，于是我从新学年一开始就攒钱，到了春天，我就从渔民那里买来了两条船，家长们又买了一条船，于是我们的小船队便出航了。可能有人会想，作者想借这些事例来炫耀自己特别关心孩子。不对，买船是出于我想给孩子们带来快乐，而孩子们的快乐，对于我就是最大的幸福。

每个孩子都引起我的兴趣，总想知道，他的主要精力倾注在什么上面，他最关心和最感兴趣的是什么，他有哪些快乐和苦恼，等等。我的小朋友圈子一天天扩大，并且像我以后才意识到的那样，连我不曾教过的那些孩子也成了我的朋友和受我教育的了。

我是语文教师，组织课外文学小组的任务交给了我。学校给了我一本方法指南，但从一开始，我就没有按指南建议的那样进行。我给孩子们朗读自己的诗。当然，我并没有打算焕发孩子们的作诗才能，但不知怎么的，就自然而然地在我周围形成了一个小诗人和文艺爱好者的圈子。

在春天宁静的傍晚，在阳光明媚的假日，我们去到田野间、池塘边、树林里，找一片草地坐下来，便对我们的所见、所闻、所想编写诗歌或进行充满诗意的描述。这些诗文和作品汇集成册，我们就把它们叫做文学杂志。

有些孩子身上显示出真正的诗文才华。记得，阿廖沙的诗曾使我感到惊讶，他的诗里总是描绘出整幅整幅的画面来。而当我得知阿廖沙语文成绩不好，在算术课上不愿做习题等情况时，这种现象就显得十分荒诞了。我对阿廖沙了解得越清楚，就越发确信正常的孩子不可能成绩不好。每个孩子都显露出具有某方面的才能，认为不存在无才能、无天赋、生来懒惰的孩子的信念也越来越坚定了。我没有一个成绩不及格的学生；可是在工作头几年里使我十分奇怪的是，也有个别教师教的学生不愿做功课，成绩得"差"（2分），以至于留级。当时我觉得，能促使儿童学习的最主要动力，应是对老师的尊敬，对自己能力的信心，对知识的兴趣和求知的渴望。

我希望尽可能充分地满足孩子们多种多样的兴趣和企望。换句话说，我希望使孩子们生活和学习得有意思。

在那些年月，引起全国关注的大事是：苏联飞行员最初的几次远程飞行，远至北极的考察探险，原始森林区新城市的建设等。我和孩子们不仅写诗来歌颂英雄，而且做考察队和陆地探察者的游戏。村边有一座被废弃的半坍塌的旧农舍，我们把它布置成了一间类似轮船船舱的舱室，并把我们想像中的这个海轮取名为《北方鲁滨逊号》。我们在这里读关于著名探险家的书籍，绘制我们想像中的新发现的地图。

我永远也忘不了那些秋天的夜晚：窗外大风呼啸，雨点敲击着我们海船的"舷窗"玻璃，而我们聚在熊熊燃烧的炉火旁，屏住气息去感受阿蒙森和米克鲁霍·马克莱的奇特传奇故事——跟他们一道在北极的冰山中和赤道的原始森林里艰难地跋涉。冬天，我们堆砌雪屋和冰山——做《契留斯金号》探险队游戏。

而今，四分之一个世纪之后，还是在那个半坍塌（稍作了修缮但依然特地保留了半坍塌状态）的农舍里，我早年学生的孩子们却又在玩宇航员游戏了。这间"舱室"里依然是一派浪漫主义气氛，漫长的深秋夜晚，室内火炉里依然有木柴烧得噼啪作响。我深信，没有浪漫主义精神，没有家庭式的友爱场合，让孩子们能在那里像我们在《北方鲁滨逊号》那样跟老师呆在一起，就不可能教育孩子。

学校工作的最初年月，即我被任命为校长之前的那几年，对我来说，是幸福地、尽管往往也是痛苦而艰难地发现儿童心灵中那些隐秘角落的几年。在那些角落里隐藏着快乐，对成人的无限信任和准备信赖地向成人敞开自己心怀的愿望，但也有另外一些相反的心理——戒心、不信任、痛苦、委屈、怨恨、有意的执拗和固执。出人意料的是，儿童心灵上有时竟然还有伤痛乃至于仇恨，这是令人吃惊的。我确信，人生中最可怕的因而最需要用爱抚、温柔、关怀、关注、善意去抚慰的，就是遭到毁损和伤害的孩子的心。我就遇到过那样几个孩子，其中每个人的生活遭遇都能写一本书：科利亚亲眼目睹过杀人事件；奥克萨娜既没父亲，也没母亲，被遗弃在一个远房亲戚家，这个亲戚不仅恣意虐待她，而且给她灌输了一些非人道的生活观；维佳出身于一个富农家庭，养成了仇视人类的道德恶习；娜佳是一个"无主的"女孩子，一个弃儿，她选择凶狠和极不信任的态度，用以对付嘲笑而自卫等等。

只是人的恻隐之心促使我像亲近其他遭遇同样不幸命运的孩子一样去亲近这些孩子。因而在我做学校工作的头几年中，许多这类难教的孩子已经成为我的朋友。

总之，我被任命为校长时就已深信：只有当教育建立在相信孩子的基础之上时，它才会成为一种现实的力量。如果对孩子缺乏信心，不信任他，则全部教育智谋，一切教育、教学方法和手段都将像纸牌搭小房一样会倒塌。此外，要使孩子相信自己的力量，从不向困难低头，他还应当相信他的老师，不仅能看到老师的榜样，还能得到他的支持和帮助。

教师在课堂上跟孩子们的交往，只是教育工作的一部分。孩子的教养、精神上的发展、道德面貌的形成，所有这一切在很大程度上都有赖于在课余时间内进行的、不列入课表的工作。一个教师，只有当他成为孩子们在其中度过其精神生活并建立彼此间道德关系的那些集体的组织者和领导者的情况下，才会是一个教育者。早在那几年，生活就向我说明：少先队集体和共青团集体，就是培养公民战士的强大手段。

我当班主任的那个班的共青团组织于1938年自己提出了一个指标：要在一公顷土地上培植出比当时集体农庄一般单位面积产量高三倍的小麦。我们的这种劳动具有十分明显的公民意义。我们不是一般地干活，我们是要用劳动树立一个信念：科学能够帮助人提高劳动生产率。我们的胜利（即共青团员们种植出每公顷单产38公担的小麦）使我们在自己的心目中得到了提高，我们感到自己是社会主义建设的参与者。

每个孩子在思想、观点、情感、感受、快乐、不安、悲伤、忧虑等方面都是一个独特的世界。教师应当认清并熟悉自己学生的这个精神世界，但他绝不能把他们当作研究对象来对待。教师应当成为孩子的朋友，深入到他的兴趣中去，与他同欢乐、共忧伤，忘记自己是教师。这样，孩子才会向教师敞开他的心灵。学校，只有当它成为孩子过愉快而有趣的生活并努力求取知识和钻研科学的园地时，才能成为教育基地。

当我被任命为校长时，我十分高兴，我将有机会跟全体教师一道去实现我的教育信念，学生个个都将受我的教育。这时正当卫国战争前夕，我虽然已经有了5年教师工作经历，但那种离开孩子便不可想象的全部生活还在前头。

战前时期的苏联学校所创造的精神财富，在决定祖国命运的时刻发挥了

巨大作用。这种精神财富表现为：青年一代热爱祖国，愿为祖国而献身，坚信共产主义理想，热爱劳动，有浓厚的求知兴趣。优秀教师们向来都把组织得当的劳动视为有力的教育手段。还在战前，我们学校每个班就有各自培育果树苗木的地块，少年技师和设计家们在学校教学工厂和工作间里进行劳动，暑假期间，高年级学生则去充当拖拉机手和康拜因手。

苏联学校培育的一代青年的道德潜力在卫国战争期间得到了充分显示。战前六届毕业生总共147名男女青年中，有42人在前线为祖国的自由独立献出了生命。留在法西斯占领区的女青年参加了地下反法西斯组织，其中有一个叫薇拉·波夫莎的姑娘，领导了一个编写并向居民散发传单的青年小组。她被逮捕并遭到惨无人道的虐杀。薇拉在鲜血涌流、生命将息的最后时刻依然坚强地高呼："祖国万岁！"

我从战争一开始就上了前线，先后参加了斯摩棱斯克方面和莫斯科市郊的战役，以后又参加了加里宁市前线的战斗，1942年我在尔热夫市郊受了重伤，在乌瓦镇和乌德摩尔梯亚住了几个月医院。出院后，我作为残废军人复员，担任了乌瓦中学的校长。这是一个艰苦时期，但是，一年半的学校工作给我留下了愉快的回忆：我们当时有一个师生团结友爱的集体，我们关心每一个孩子。

我的家乡刚从占领下解放，我就回到了原来的学校。29个月的法西斯侵占，不仅在经济上，而且在精神生活上，都留下了可怕的遗迹。我们在战前怀着那般珍爱的感情建立起来的一切——实验室、图书馆、树木繁茂的果园等等，被毁坏殆尽，连课桌椅也都尽遭焚毁。我们教师和高年级学生一道，通过艰苦的劳动，修复了教室和实验室，登记收容了全部学龄孩子。

战争给孩子们带来了极大的不幸——孤儿生活。如没有教师和孩子间的真正友爱，学校教学没有高尚道德作基础，就不能想像让所有的孩子都来上学。许多孩子的精神世界遭到了损伤，这不只是由于沦陷区的残酷遭遇，而且还由于某些家庭中形成的那种冷漠无情和对人生麻木不仁的气氛所致。村里出现几个无法查找来历的孩子，他们凄惨得无处栖身，当时国家还无法把所有无人监管的孩子都收容到孤儿院去。

同情、友爱、集体主义，每个教师都应当把这些带进学校的精神生活。我认为，当时最主要的任务就是使全体教师赞同我的教育信念。在开始教学之前，以及在随后一些日子里，我都竭力使他们相信：只有靠真正的人道精

神才能克服我们面临的许多困难。因为来到我们身边的许多孩子没有享受过温暖和关怀。他们怀有戒心，不相信人，有些孩子还怀有怨恨情绪。只有抱有这种信念的教师，即相信这是一些本质很好的孩子，只要给予帮助，他们身上好的因素必定占据上风，才能成为好的教育者。我告诫我的同志们，切不可由于自己对孩子的不信任，由于怀疑他们的诚实和善良动机而使孩子怕接近自己，不要向孩子们探问他们的过去，以免刺痛他们心灵的创伤，但又必须尽可能详细地弄清每个孩子的情况，特别是那些很早就遭到不幸的孩子的情况。要弄清造成这种不幸的根源，但又要做得使孩子不察觉我们的探询之意。

这些意见过去是，今后永远也将是我的坚定信念。对人抱有信心，对我来说是最珍贵的东西。我过去和现在都在竭诚地维护它免遭怀疑和冷漠之情的玷污。

在困难的情况下，教师的真诚、诚实、直率特别重要。我曾向教师们建议：如果你怀疑某件事情，你就直说，不要把疑团，特别是对孩子的不信任放在心里，对教师来说这是一种十分有害的负担。我一旦发觉教师的某种行为或言谈中含有对人或对教育力量的怀疑，我一向总是想方设法（而且现在也仍然是这样）向他证明他的不对，说服他确信自己错了。正是说服，而不是采取行政手段——压服和强迫。

在那些岁月中，生活一再令人信服地说明：集体的教育力量有多么强大。我们的共青团组织对那些在家里得不到经常照管的低年级同学负起了经常辅导的责任。青年们在暑期还为这些同学举办了少先队夏令营。

进行个别的、亲切友好的、推心置腹的谈话，是校长对教师做工作的主要方法。要知道，教育是一种十分细致的精神活动。我要把教育者对受教育者的影响，同音乐对人的影响相比拟。列夫·托尔斯泰写道："对精神活动强施影响，无异于去捕捉阳光，不论用什么去覆盖，它总还是在表面上。"有上千次跟教师的谈话仍在我记忆之中，其中有一些在我心中留下了愉快的印象，有一些则是不愉快的。我不只一次地不得不为教师的一句话、甚至一丝微笑或一瞥发怒的眼神而跟他进行一个钟头、两个钟头、三个钟头的谈话。有一次，在五年级一个班上检查家庭作业，文学课女教师叫起一个比较差的学生来。教师对这个学生造的一个句子感到不满意。她一句话没说，挥了一下手。这个孩子却为此哭了一晚上……随后我只好花很长时间跟这位教师谈话，证

明她错了，向她说明，她这一挥手反映了她的教育观点——对待学生态度冷漠，不相信这个学生能做出什么好事，默认坏学生永远是坏学生这一错误观点。

只有每当我成功地说服了教师，而且他已开始用实际工作证明他已心悦诚服的时候（当然，这不是通过一次谈话，也不仅仅是通过谈话就能做到的），我才认为我完成了自己作为领导者的使命。我从没草拟过一道涉及教育过程的指令，这在校长工作中是毫无意义的。同样，我也从不把跟某个教师的任何一起最复杂的争论拿到校务会议上去讨论。

尽可能深入地了解每个孩子的精神世界，是校长和教师的首条金科玉律。一个新生来到学校，我总是细心观察他，寻找跟他进行精神交往的手段。这些手段要能唤起他去积极活动，去明显地表露他的愿望和兴趣。孩子应当用他的行动自行表明我所要了解的有关他的情况。这是对儿童集体进行教育领导的原则之一。

全校有几十个教学和课余活动集体，每个集体都开展着学生多方面的精神生活。校长是这些集体的积极参加者，并且首先是学生的朋友、同志。通往儿童心灵的道路要靠友谊，靠共同的兴趣、爱好、感情、感受来铺设。我能举出几十个实际例子，来说明那种看来似乎最难接近和最不开朗的孩子只是由于我和他因同一项活动或者同一本书、同一场游戏、同一次旅行而高兴、而激动，就向我敞开了心灵。

我记得，有一个执拗的、精神遭受了摧残的、而且因某种原因充满怨恨的孩子来到我校五年级。他事事都跟教师作对。我便建议教师：必须找到跟孩子共同的兴趣，那样他才会向我们敞开他的心怀，我们才能了解到需要了解的东西。于是探察他兴趣的行动便开始了。整个集体都动起来了。我确信，我们必定会在某个场合跟这个执拗的五年级生相遇：或在文学创作小组里，或在故乡自然资源少年考察小组里，或在少年探险家俱乐部里（我们有时在我们的《北方鲁滨逊号》里聚会），或在绿色实验室里，或在少年电工技师小组、无线电技术小组及少年摩托家小组、少年生物化学家小组、少年动物饲养家小组里。

我跟他相遇过两次：第一次是在少年自然考察小组里，第二次是在科学幻想爱好者协会里（我们学校有这样一个协会）。当时，我们长时期未能做到使南方的珍贵果树——桃树适应我们地区的水土气候。最终，我们尝试把这

种性喜温暖的树的几棵幼芽嫁接在耐寒性强的杏树上。春天到了。每天，性急的孩子们都要跑到园地里去看，看芽苞是不是开放了。我总是一大早就到园里去。有一次，我看到一个孩子蹲在杏树旁。我觉得他好像屏住了气息，生怕损伤了刚发出的那闪闪发亮的嫩绿叶芽，它是在这个阳光明媚的清晨刚刚萌发的。我同样为这第一枚叶芽而兴奋激动，以至没立即想到是谁竟比我来得还早。我随即抬起头来，或许是为了同这位朋友分享喜悦。他在此刻也举目相迎，显然，也想同我分享喜悦。我俩的目光相遇了，原来在这里的就是他，是沃洛佳。我们互相拥抱起来，从此我们成了好朋友。展现在我面前的，不仅是一个聪明的、极端敏感而又诚挚可爱的孩子的心，而且还有曾经损害了他心灵的并导致他不信任人的那些可怕祸根。

关于这可怕的祸根，我暂且不去说它，我提及这次跟沃洛佳的真正的人的相遇，只是为了证明我的一个信念：要以人对人的方式对待孩子，要善于发现他心中能响应我们召唤的那一隅，这样，才能使你更容易克服那些妨碍教育的不利因素。我总是竭力使教师们确信，如果你只限于在班里从讲台上看见学生，如果只是由于你叫他来，他才走近你，如果他跟你的交谈只是回答你的提问，那么，任何心理学知识都帮不了你的忙。应当像跟朋友和志同道合者那样对待孩子，应当跟他同享胜利的喜悦，共分失败的忧伤。

如同一个医生为预防和治疗疾病，必须十分清楚哪些因素能增强体质，哪些因素则可能削弱体质一样，一个校长作为学校的首要教育者，也应当分析和研究儿童入学前的生活环境。从这方面来讲，我最关注的仍然是那些最难教育的孩子（因为如果他们不在学校里朝好的方面转变，那么，好孩子也会朝坏处变化，会从难教的孩子身上染上坏习气和不良习惯）。每周我都走访这些困难孩子的家庭，以便深入了解形成他们道德的最初环境。我跟家长们、家长的邻居们、原先教过这些孩子的老师们进行交谈。每个困难孩子各自都以其思想、感情和愿望诸方面的独有境况出现在集体面前，这个境况的和谐已被冷酷自私的人们所破坏。

例如，11 岁的科利亚来到我们学校。这孩子的孤僻与凶狠使我们大家都十分吃惊。他觉得老师的真心好意和爱抚不过是一种诡计和圈套。他总是喜欢一人独自呆着，不愿跟同学们交往，不愿意劳动。我访问了科利亚父母生活的村庄，了解到一些令人吃惊的情况。原来，这孩子曾经生长在一个偏僻的、与人们隔绝的小天地里，那是一个充满虚伪、欺骗和犯罪行为的天地。

科利亚原先上学的那个单班制小学的女教师灌输给学生的那些道德概念，完全是讲给某种抽象的学生听的，而孩子们则把它们只当做需要记住的材料来接受。科利亚本来是一个肯钻好问、求知欲很强的孩子，他经常提出一些用女教师的话说"奇怪的"问题："为什么费道尔大叔在全队会议上说要爱惜集体农庄的财产，可自己却把一整车玉米棒子从地里运到他家里去了？为什么格里沙大叔（他在沦陷时期曾在法西斯警察局服务，而现在当森林管理员）为自己建起了两所新房子，可是加利娅大婶的丈夫牺牲在前线，她却连养老金都没申请到？为什么集体农庄主席每个礼拜天都带着老婆坐上小汽车进城逛市场，而安东老爷爷病了的时候，却不给汽车送医院，结果老爷爷死去了？"

女教师对这些问题总是不予理睬，孩子内心却困惑不解，因为一方面书里面讲：一个人应当成为怎样的人，云云；另一方面继父却训导说：不骗人就没法过活，工作喜欢傻瓜，傻瓜才赞美工作等等，尽是一些不知为什么人们总是要低声低气去讲的邪恶。这孩子对一切光明、纯洁、正义的东西都失去了信心。他产生了怀疑，认为巴夫利克·莫罗佐夫和卓娅·科斯莫捷米扬斯卡娅的英雄形象同样也是神话，就像美貌绝世的公主、起死回生的神水和英勇无比的壮士那样的神话一样。科利亚凶狠起来了，变得不听话、好动怒了，冲着女教师和母亲说粗鲁话。

我又到那个村庄去过两次，了解那里的人，了解那个村庄小小的劳动集体，力图弄清孩子周围那些人们的情趣所在。老师们就科利亚的精神生活进行过不止一次的讨论。我们终于得出一致的结论：我们国家还有一些死角，那里，包围孩子的是一种追逐私利和贪图财富的小私有者腐朽习气。如果在这种情况下不好好开展学校的教育工作，那么，渴求光明、善良和正义却又得不到支持的富于感受性的、敏感的孩子就会在情感上困惑不安。年幼的人不愿向非正义现象妥协，他有抵触情绪，但这种情绪与自觉地以善抗恶相距还很远。他对所有的人和一切事物都怀有怨恨。对这样的学生进行教育是一个十分复杂艰难的过程。应当使他确信：在我们的社会真、善、美必定取胜，一个人不是命运旋风中的一粒尘沙，而是争取真、善、美的积极斗士。

这种关于"困难孩子"的教育和这些孩子的道德渊源的讨论，增强了我们教师的同情心、关注之情、教育的敏锐性和观察力。

我们在帕夫雷什考察并了解每个学生家庭的精神生活，但这只是家庭

——学校教育的开始。我的坚定信念是，教育学应当成为众人的科学——不论是教师还是家长。我们竭力给每个家长都讲授最低限度的教育学知识。为此，我们办有家长学校，家长们在自己的孩子入学之前两年就进家长学校，一直学习到孩子从学校毕业为止。家长学校的心理学和教育学课为 250 课时（顺便说一句，这比任何师范学院或大学的课时都多得多）。家长学校的学员分 5 个班（按他们孩子的年龄划分）：（1）学前班（孩子为 5 至 7 岁的家长）；（2）一二年级班；（3）三四年级班；（4）五至七年级班；（5）八至十年级班。各班每月上课两次。上课的基本形式是由校长、教导主任和最有经验的教师讲演和谈话。心理学和教育学的理论知识紧密联系家庭教育的实际。

教学大纲包括师范学院相应课程的全部章节，但我们着重讲年龄心理、个性心理和体育、智育、德育、美育理论。我们力求使每个父亲和每个母亲都把在家长学校所学得的理论知识跟自己孩子的精神生活联系起来。这要求我们教师掌握严格的分寸和具备高度的敏感性。我们从不"抖搂儿童的内心世界"，从不公开谈论家庭相互关系中敏感而又容易触痛人心的问题。这些问题只能在个别谈话中触及。

没有家长学校我们就不可能想像有真正的家庭——学校教育。孩子们的健康，在我们学校也是校长经常关注的对象。不经常关心孩子体质的增强，就不能想像有成效的教育。患有疾病和身感不适的孩子有时仅仅因此而没法接受教育。

为了尽量清楚地了解孩子身体的健康状况，我攻读了专门的医学著作，从而日益确信：对教师来说，懂得学生身上所发生的内在的生理、心理、年龄、性机能发展等过程是多么重要。许多事情都有赖于这些知识。孩子在学习上开始落后往往是由于他身体不适，而他自己却不知道这一点。教师不能不去了解孩子身上发生了什么情况：他为什么身体不好，他的健康状况怎样影响到他的智力和精神上的发展。

在我国，整个社会生活制度创造了爱科学、爱知以、爱学习、爱教育的氛围，而教育孩子爱学习则在吮楚性程度上要靠教师。知识的掌握应当给孩子带来愉快和充实的精神生活。促使孩子热爱知识的首要源泉就是教师的、首先是校长的高度知识素养。缺乏教学计划内各门学科的知识，就无法领导学校的教育教学过程。我从当校长最初那些日子起，就开始研读物理、数学、化学、地理、生物、历史，3 年内自学完了学校所有科目的教科书和主要教学

法参考书。我特别在数学上下了更大的功夫：解完了数学习题课本里的全部习题和补充习题课本里的许多习题。我逐渐在笔记本里把习题按章节和专题划分开，现在每个练习本每年都要补充一些新的习题。

但这仅仅是个开头。对我来说，密切注视构成教学大纲各门学科的最新成就和成果成了一条常规。了解数学、物理学、生物学、生物化学、电子学等学科所达到的最新水平尤其重要。在我的实验室里（我这样称呼我的办公室）放着一叠叠笔记本（每门科学或一个科学问题各有一个厚本子），笔记本里有成千上万条期刊摘录和剪报。我的兴趣和爱好直接地、特别是通过教师间接地不断传给学生。

例如，对土壤中的生化过程的研究吸引了我。国内外在这方面所进行的试验为生产水平的提高开辟了极广阔的前景。我跟喜爱植物栽培学和园艺学的老师们谈论这个有趣的问题。生物课教师和几位低年级教师逐渐对这个问题产生了兴趣，他们给孩子们讲述土壤生命活动的引人入胜的情景，讲述帮助土壤创造营养物质的种种奇妙微生物。这个问题也引起了孩子们的极大兴趣，他们在生物专用室、绿色实验室、教学实验园地、温室里做起试验来。对校长来说，这既是同学生进行精神交往的一个领域，又是接近较难教育的孩子心灵的一条途径。

我抱着极大的兴趣阅读遗传学、自动化技术、电子学、天文学等方面的科学书籍。物理教师们都知道，任何一件新事物都不会被我们的注意所遗漏。我跟物理教师的每一次交谈，都是一个新设想，一个新计划。自动化技术和无线电电子学少年爱好者小组、少年无线电技师和少年电工技师小组、少年天文学家小组开展活动的那些专用室和工作间都吸引着我。我和孩子们一样，同样兴致勃勃地为装设语音教室而装配仪器和模型。我跟学生们一道架设气象站和儿童天文观察台。当观看星体和星系，幻想遥远的世界时，我也和他们一起激动。

我焦急地等待大地回春。树木汁液流动，首批嫩叶和花蕾萌发，我们在学校的果园里和教学实验园地上，进行着许多试验，栽培着数十种粮食、技术作物和果木。春、夏、秋三季，都有好几个少年植物爱好者考察队到田野去考察。我们挑选耐旱的小麦穗和其他禾本植物的穗以备育种，收集土壤标本，寻觅新的（可能至今科学上未发现的）、能增加土壤肥力的有益微生物品种。冬季，在我们的温室里和柠檬苗圃里，花朵散发着芳香，金色的柠檬正

在成熟。这些花果之角吸引着学生，吸引着那些应当使他们对劳动美产生兴趣的学生。

我是文学教师，我承认，我喜爱自己的学科。我的教学体系的基础，是善于阅读、理解和欣赏原著的能力。对语言的喜爱和语言美感，这在我们学校被视为文学教学中获得成功的决定性条件。整个集体都在不断努力提高自己的语言修养水平。文理不通，说话含糊，口齿不清，这在我们学校被看作如同无知。"说话务求确切：每个词都有它的含义，不善于选择恰当的词，无异于美术课上不用削好的铅笔而用钉子去绘画。"这些话是小陈列栏的结束语，在教员休息室的这个陈列栏里陈列有关发展语言的各种材料（如好课记述、报刊剪辑等）。

我有丰富的藏书，我收藏的只是那些具有重大艺术价值的著作。我想使这些书成为审美修养的标准。教师、学生、家长都来向我借书。跟读者的每一次晤谈都给我带来极大的愉快：我们总是自然地攀谈起来，我从中了解到种种有趣的生活经历，这样便开阔了我的教育眼界。

不论是照管挂着果实的葡萄藤，还是诵读描写自然和人的抒情诗，对我来讲，都是极大的享乐。我常写东西，但不是为了发表，而是为了自己，为了教会自己的学生抱着爱惜的态度使用语言。在我从事教育工作的岁月里写了上千篇短文；每篇短文都是写自然现象、感受和体会的。下面便是一些短文的标题：

《日出时的露珠》，《阳光照射在鲜花怒放的桃树枝上》，《桃园》，《葵花向阳开》，《亚麻开花》，《苜蓿遍野》，《蜜蜂出箱》，《秋日大自然的凋萎》，《林间簌簌声》，《河上黎明》，《落日云雨》，《林中雷雨》，《夏日酷暑》，《夏日蓝天中的云雀》，《第聂伯河那边浅蓝色的远方》，《春汛》，《小麦将熟》，《几次亲眼目睹列维坦的＜桦树林＞》，《秋日艳阳天》，《林中早秋征兆》，《草原夜静》，《蝈蝈的音乐》，《夜莺歌唱》，《草原暴风雪》，《秋日的阴天》，《夏日的阴天》，《积雪覆盖下的生命》，《黎明时森林的苏醒》，《林中道路》，《草玉铃》，《第聂伯河岸边的夏天》，《基辅的栗树》，《塔拉斯·谢甫琴科的陵墓》，《野花花束》，《少年植物爱好者》，《星夜》，《晚秋初寒》，《柳枝上的霜》，《池边垂柳》，《篝火旁的夜晚》，《小男孩怎样救出了小狗》，《暖房里的葡萄果穗》，《清晨严寒》，《乌克兰土地上的白俄罗斯山梨》，《洋槐花开》，

《苹果树开花》,《八月之夜》,《入秋初雨》,《第聂伯河岸上的幼松》,《古斯基福人陵墓地带阵亡将士纪念碑》,《会见英雄的母亲》,《谷中丁香林》,《沟壑——土地的创伤》,《小儿迈出第一步——母亲的喜悦》,《我的孩子们怎样在林中找到一只小鸟》,《我们身边到处都有好人》,《我怎样无意中委屈了小男孩》,《毕业晚会上的悲喜交集》,《会见过去的学生》,《书——我的朋友》,《书架旁的遐想》,《栽下你自己的一棵树》,《身后要给世上留下美好遗迹》,《什么是真正的友谊》。

我有时把自己的短文和诗读给学生听。这给我带来一种愉快:能跟他们谈心,交换有关周围世界——大自然和人们的感想。我发现,凡是能使孩子们从中领略到他们自己也有过某种同样感受的那些短文和诗,尤其使他们激动。一旦我的文章和诗触动了孩子们的心灵,他们便亲自动起笔来,抒发他们的情怀。我觉得,对语言的感受,以及想用语言去表达内心世界最细腻的活动的愿望,是真正的人的文明素养的重要源泉之一。

我不能想像,不到故乡各地旅行游览,不观察自然景色,不用词语抒发感情,怎能去讲授语言。我在河岸上,在田野里,在夜晚的篝火旁,在外面有秋雨沙沙作响的窝棚里,教孩子们表达他们对周围事物的感受。我感到高兴的是,我对语言的喜爱也在传给孩子们,触动着他们的思想感情。他们感受到语言的美,词语的芳香和细微色彩,他们也写描述大自然的小作文,他们也作诗。对语言美的敏感性,是促使孩子精神世界高尚的一股巨大力量。这种敏感性,是人类文明的一个源泉所在。

我竭力做到使居于我这个校长工作首位的,不是事务性问题,而是教育问题。每天清早,上课之前,我跟总务主任交谈10至15分钟,这一天里就不再过问总务问题了。我把总务工作中使我感兴趣的一切问题都记入笔记本里(以备下一次谈话,以备跟教师们共议:我们学校的大部分总务工作是从教育着眼,靠学生集体和教师集体的力量去共同解决的,总务工作是服从于教育任务的)。

领导教育过程,参加学生集体的生活,深入到孩子们的精神世界中去——这一切,都要求校长十分重视脑力劳动的素养问题。应当善于把教育思想体现在各种各样的千百件事情中,而且在这期间总要努力看到集体的发展前景。学校生活中有成千上万种教育现象,当你越是深入去考虑每种现象,考虑个别学生的前途,考虑他们的行为的时候,就越能发现须由集体来解决

的实际问题。对教育过程的逻辑分析，要在一天工作结束时进行，常常是在跟某位教师或家长、教导主任、学生的谈话中进行，这样才能做得好。下面就是进行交谈或思考的问题：

怎样做到使儿童倾心于集体？有哪些内部精神联系——思想、感情、感受——能成为增强集体、友谊、旧志关系的牢固基础？怎样做到使每个孩子个人的幸福、个人的快乐跟集体和社会的利益和谐地结合起来？为什么有些孩子身上会产生个人主义恶习，怎样预防这种现象的产生？为使孩子们和教师以共同的思想、兴趣、意愿而联系在一起，做了些什么，正在做什么？通过哪些方式给孩子们传授人类创造的精神财富？怎样培养儿童的诚实、正直、原则性，以及对邪恶、非正义、欺骗行为的不调和精神？怎样做到使每个孩子从幼年就会因享受到物质、精神财富，因童年的幸福而感到自己对祖国、对老一辈负有的义务？怎样才能使劳动成为内在的需求？怎样达到德、智、劳、体、美诸方面的和谐发展？怎样做到使道德因素在受教育者身上能贯彻终生？每个受教育者是否能从自己为社会所做、所贡献的东西中感受到幸福和个人的满足？是否做到了使一个人从长辈那里获得的东西跟他贡献给祖国和社会的、或将来准备作的贡献的之间取得和谐？其发展前途引起我们特别关注和操心的那些孩子的生活中心是什么？集体的智力生活的丰富程度如何？教师为发展学生的智力兴趣是否做了应做的一切事情？学生们在阅读一些什么书籍？高年级学生在关注哪些科学技术问题？知识在实践中运用得怎样？学生的个人要求和兴趣是否得到了满足？我校毕业生的工作情况如何？

深入思考这些问题，是实际规划明天以及一月或一年之后应当做什么及确定集体要力争达到什么的极重要的基础。上述每个问题不时地成为教师集体讨论的议题。我们总是力求做到使学校全体工作人员（从校长到看门工人）都来实现教育思想，使全体人员都全神关注这些思想。

我们的教师和教育者

《帕夫雷什中学》首次由莫斯科教育出版社于1969年出版，在这部书中苏霍姆林斯基科学地总结了他曾领导多年的基洛夫格勒州帕夫雷什中学的教育教学工作的经验。本文是这本书的第一章的第二节内容。

一个好教师意味着什么？首先意味着他是个热爱孩子的人，感到跟孩子交往是一种乐趣，相信每个孩子都能成为一个好人，善于跟他们交朋友，关心孩子的快乐和悲伤，了解孩子的心灵，时刻都不忘记自己也曾是个孩子。

第二，一个好教师应是精通他所教科目的那门科学的人，热爱那门科学，并了解它的发展情况——最新的发现，正在进行的研究以及最近取得的成果。此外，本人若能热心于本门科学正在探讨的问题，并具备进行独立研究的能力，这样的教师则可成为学校的骄傲。一个好教师，应具备比中学教学大纲的规定多许多倍的知识。教学科目对他来说只是科学的基础知识。深湛的知识，广阔的视野，以及对科学问题的浓厚兴趣，这一切都是教师足以引起学生对知识、学科、学习过程的兴趣的必要条件。在学生心目中，教师应是一个有智慧、有学识、善思考、酷爱知识的人。教师的知识越深湛，视野越宽广，各方面的科学知识越宽厚，他就在更大程度上不仅是一名教师，而且是一位教育者。对于低年级教师来说，重要的是不仅要具备多方面的知识，而且要对某门科学和某方面的知识具有特殊兴趣。

第三，一个好教师要是个懂得心理学和教育学的人，懂得而且能体会到缺乏教育科学知识，就无法做好孩子们的工作。

第四，一个好教师要精通某项劳动技能，并且是这项工作的能手。十分重要的是，学校里要有出色的园艺家，有醉心于机器的人，有电工技术专家，有细木工，有喜欢教学实验园地作业的植物栽培家。一所好学校里，每个教师都应当有从事某项劳动的热情。

到哪里去找这种全面的人呢？就在我们身边，要善于发现他们。我总是力争有权完全独立自主地选配教师，并认为不这样就不能设想办好学校。

如果没有全体教师从精神上对我的校长工作的支持，那我在学校里连一天都待不住。每个学年开始之前，都由我们整个集体分配职务，分配每个教师的周工作量，同时由集体作出决定：谁当校长，谁任教导主任，谁做少先队总辅导员，以及由哪些人担任班主任。如果集体得出结论，认为某个教师不称职，这个教师就要离开学校。校务委员会中的家长委员参与这些问题的决定。他们的意见特别重要。

好教师并不总能带着已经成熟的素养到学校来。往往只得选择那种只是具备上述全面素养的发展条件的人。然后着手对他进行耐心细致的工作。而

他之所以成为一个好教师，则首先有赖于全体师生的创造性劳动环境。

在国民教育局办理新教师的任命手续之前，我总是力求尽可能多地了解他是怎样一个人，做到对他的兴趣、眼界和精神生活心中有数。进行这种了解的最好办法就是进行毫无拘束的友好谈话。我们谈双方都很关心的话题，陈述自己的观点和信念。这样，总是可以清楚地了解这个人的生活中心是什么，是什么东西促使他产生了献身教育事业的念头。可以享有最高评价的是那些既热爱孩子又具有对科学问题的创造性志趣的教师。

未来教师的发现往往始于这样一种迹象：在一个没有受过师范教育的人身上显露出了教师才干的素质。我们区有一个工厂，来了一位复员军人亚历山大·亚历山德罗维奇·菲利波夫，是一位电工，普通中学文化程度。引起我很大兴趣的是，这个青年工人家里有一间完备的工作间，晚间和假日总有一些孩子到他这里来，都是我校和邻校的学生，他和孩子们一道设计各种活动模型和装置。

我认识了亚历山大·亚历山德罗维奇，并确信他能成为一位好教师。我建议他上师范学院函授部。经过一年时间，亚历山大·亚历山德罗维奇了解了学校，听了一些有经验的教师的课。我帮助了他在函授部的学习，而他则帮助学校搞课外活动。那些对技术创造产生了兴趣的儿童、少年和青年都为他所吸引。于是开辟了一个课外技术活动室，孩子们自豪地把它称为自动化技术和遥控技术室。

这都是菲利波夫被正式任命为物理教师两年前的事。当这位年轻教师（三年级函授生）受到正式任命时，向我提出了如下要求：除物理专用室之外（这个专用室尽管当时设备还不齐全，但已经建立起来），还应当建立一个电工室，而将来再建立一个不大的技术创造车间。我都欣然同意了，并料到，所有这一切都将由这位年轻教师同我们一道共同去建立。

在课外技术活动室里热火朝天地展开了有趣的、吸引着孩子们的创造性劳动。学生们着手设计制作各种机器和装置的活动模型。这种制作逐年变得更加精细复杂起来：学生们从热电站活动模型向着程序控制模型迈进了一步——制作了自动车床的活动模型。技术小组的指导教师身旁每年都涌现一批新助手，每年都产生新的小组、新的设计方案。过了一段时间之后，这位教师对直接变化学能为电能的问题，对创制出发电机装置的问题"着了迷"。他的设想也迷住了少年技术家，他们做试验，进行检验。这位物理教师随后又

向我提出新要求：学校里应当开辟一个引人入胜的科学技术室。这个想法吸引了我，也吸引了许多其他教师。不久，这个室就建立起来了，为施展青少年的才干，为进行制作和设计，为从理论上钻研科技成就，创设了一切必要的条件。

区报编辑部有一位安德列·安德列耶维奇。萨姆科夫，酷爱园艺和花卉栽培。关于萨姆科夫这一爱好的传闻传到了我们学校。我走访了他的家。这个人对土地和植物的酷爱，以及他对科学知识的深刻信念使我十分吃惊。他在小小的一块地里培育了20个品种的葡萄。我想，这个人从天性上说就该教育孩子。

安德列·安德列耶维奇在函授农业学院学习。按照我的建议，安德列·安德列耶维奇开始听我校有经验的教师们的课，以便学到教学方面的实际技能。随后便让他担任了生物课教师。学校的教学实验园地和果园变成了名副其实的研究中心。

如今，在萨姆科夫指导下，学校里有生物科学小组、生化科学小组和好几个少年自然试验家小组在开展活动。这位年轻的农学家已成为很有才干的教师。他以他的事业心和对本门科目的精深造诣赢得了孩子们的心。他总是竭力把那些看来是很平凡的农业活计都置于科学基础之上，他能让随便一件事情都带上能大大提高其趣味性的某种思想和意义。安德列·安德列耶维奇每年要对150～170名高年级学生进行教学，此外，还要对50名左右的低年级学生——少年自然科学家进行培养。学识的增长，知识的不断丰富、更新、补充、加深和完善，这对一般教师，特别是那些已有10年、20年、30年教龄的教师是个生存攸关的问题。思想"僵化"对这类教师的威胁甚至有时更甚于年轻教师，防止这种现象是一个事关集体的重大问题。

我校每个教师都指导一个、两个或若干个课外活动小组。学生在里面过着生气勃勃、丰富多彩的精神生活。教师对于这种集体来讲，乃是知识之源，是热爱科学的榜样。每个教师都以自己的品格、劳动、兴趣和对新知识的渴求为集体多方面的精神生活作出自己的贡献。我不能想像有哪个教师跟学生——不仅跟他的学生，而且跟整个校集体的成员——在精神生活上不保持最紧密的联系。我校教育集体有35名教师，1名少先队总辅导员，1名图书馆管理员。他们每个人都有各自的个性特点，各自的独特之处。

现在我们来介绍一下我们的教育集体，介绍一下它的中心生活内容，并

说明一个教师怎样成为学生精神生活的指导者、教育者和鼓舞者。

我校 35 名教师中，受过高等师范教育的 25 人，高等学校肄业的 1 人，受过中等师范教育的 7 人，受过普通中等教育的 2 人。教龄在 25～35 年的 4 人，20～25 年的 9 人，15～20 年的 7 人，10～15 年的 3 人，5～10 年的 6 人，5 年以下的 4 人；在我校工作的教龄为 25～30 年的 2 人，20～25 年的 6 人，15～20 年的 12 人，10～15 年的 5 人。可见，我们有 25 位教师在我校工作 10 年以上。人员的稳定，是使多年积累起来的丰富的教学素养得以精心保留并传递给青年们的重要条件之一。

尽管我校许多教师教龄都很长，但是年龄在 50 岁以上的却只有 2 人，我校教师的平均年龄为 39 岁。

我校拥有二三十年教龄的教师中，绝大部分在 17～20 岁时就开始了自己的教育生涯，有的人开始任教时还只是 16 岁的小青年时年轻姑娘。所有教师都永远把自己的命运跟农村和学校联系在一起，不论是谁，都不曾想过并且现在也不想离开这里到别的什么地方去，或者脱离教育工作。除两人外，所有教师都有家眷，有孩子。30 位教师的家庭中总共有 69 个孩子，其中 28 个已经中学毕业，18 个是学龄前儿童，23 个现正在我校学习。我们教师的性别构成情况是：男 15 人，女 20 人。

这些数字对说明我们集体的特点及其品质具有很大意义。目前正在我们这里上学的有 276 个孩子，他们的父母过去也是我们的学生。往往有这样的情形，当你朝小孩子或少年看去，观察他在课堂上的学习活动，看他怎样思考，怎样解题，喜欢什么，便会情不自禁地把他跟他的那位当年同样坐在这个教室里乃至坐在同一张课桌的父亲或母亲相对照。现在已开始有第三代进我们学校的了。这是在我校工作 25 年以上的教师们当年教过的那些学生的孙辈人。我们十分了解所有家庭的家世，孩子们的精神世界就在我们眼前形成，这一切有助于我们进行教育。

集体中男女教师的比例也有很大意义。集体不宜搞成清一色的女教师。我们在这方面竭力做到平衡，并认为这是对男性青少年进行正确教育的重要条件，他们不仅需要慈祥的诱导和指教，而且需要父亲般的坚强的男人的帮助。

我们的集体是逐渐形成的。近 20 年间有 5 名教师离开了学校，他们不符合集体的要求。

关于某人是否符合教师称号及他在我校的去留问题，我们都是严格按集体方式决定的，即由校务会议作出决定，并且必定遵守一条原则：只有决定一致通过，也就是说，要决定其前途的那个同志本人也得出他不适合做教师工作的结论的情况下，才算有效。重要的是，还要使这个人选好适宜于他的别的工作。正好那 5 位教师全都顺利地做到了这一点。一个教师只要勤奋，而且有强烈的求知欲，那么，他在教学论和教学法上的缺欠并不可怕，任教之初知识上有空白也不可怕。在我校 25 位具有高等教育程度的教师中，有 12 人就是在我校任教后，修完师范学院或大学函授课程的。不具备高等教育学历的 10 位教师中，有 6 位教师正在参加高等师范学校的函授学习。如果一个人不相信孩子，如果他稍有挫折就沮丧，就绝望，如果他认为孩子将会一事无成，认为他在学校不会有所作为，那么，他不仅会使孩子们痛苦，而且自己也会终生感到苦恼。

集体的智力财富之源首先在于教师的个人阅读。真正的教师必是读书爱好者：这是我校集体生活的一条金科玉律，而且已成为传统。一种热爱书、尊重书、崇拜书的气氛，乃是学校和教育工作的实质所在。一所学校可能什么都齐全，但如果没有为了人的全面发展和丰富精神生活而必备的书，或者如果大家不喜爱书籍，对书籍冷淡，那么，就不能称其为学校。一所学校也可能缺少很多东西，可能在许多方面都很简陋贫乏，但只要有书，有能为我们经常敞开世界之窗的书，那么，这就足以称得上是学校了。

我校图书馆藏书 1.8 万册，教师们的私人藏书有 4.9 万册。如文学教师 B. T. 达拉甘的私人藏书就有 1000 多册，物理教师 A. A. 菲利波夫有 1200 册，教导主任 A. H. 雷萨克有 1500 多册，语言教师 B. A. 科斯奇科和 A. H. 列兹尼克各有 1400～1500 册，我和 A. H. 苏霍姆林斯卡娅的私人藏书共有 1.95 万多册，包括文艺、历史、教育、艺术理论及艺术史等方面的书。我学校图书馆是全体人员进行自修的基地之一。馆内收藏有俄罗斯、乌克兰、白俄罗斯、保加利亚、波兰、捷克、德国等文学中所有最有价值的作品，许多东方作家的著作，还有适于学龄前和学龄早期阅读的书籍，藏书中包括已列入世界文学宝库的所有著作，以及应当在童年、少年和青年早期必读的最低限度的那些书籍。

我校每个教师都订有几种杂志（其中包括一二种文艺杂志）和几份报纸。订阅的各种报刊彼此间还进行互换阅览。教员室里设有陈列橱，陈列科学和

文艺方面的新书。教师如对其中某种书感兴趣，便去购买，纳入个人藏书之内。

对某些书还开展集体讨论，往往在涉及共产主义教育的一些重大问题上引起激烈争论。近3年来，集体讨论过的著作有：A. 希什金的《共产主义道德原理》，C. 乌特金的《马列主义伦理学概论》，C. M. 沙巴洛夫的《苏维埃学校中的综合技术教育》，C. Л. 鲁宾斯坦的《存在与意识》，B. A. 克鲁捷茨基和 H. C. 卢金的《少年心理学》，A. 列夫申的《教育学与现实生活》，卡鲍的《尼娜·科斯捷里娜的日记》和《鲍里斯·别克列米舍夫的故事》，B. 坚德里亚科夫的《非常事件》，H. 叶夫列莫夫的《安德罗美达的迷雾》，季捷尔·诺勒的《维尔涅尔·霍利特的历险记》，以及 X. 鲁兹别赫的《遗嘱》等。我们力求使人类的，特别是我国的社会政治、思想、科学生活中的任何一件大事无不引起教师的思考和关心。

介绍科学、技术、艺术、社会精神生活诸方面的问题对于全面发展和不断加深教师的知识具有特别重要的意义。我校教师大约每月两次向自己的同事们作学术问题讲演。1961～1965 年间曾作过这样一些题目的讲演：

《大脑与意识》，《生物化学过程与思维》，《记忆的生理基础》，《社会生活与道德教育》，《知识与道德》，《当代青年的道德标准》，《体脑劳动的结合与学校任务》，《科技进步、劳动与学校任务》，《传统遗传学与学校生物学》，《人的心理病态偏差》，《我国社会少年犯罪的社会原因和生活原因》，《地球生命起源理论》，《宇宙起源论》，《未来的动力技术》，《相对论》，《控制论与程序教学》，《群众性电气化教育（列宁语）8 与中等学校的任务》，《细胞内的生物化学过程》，《生活美与艺术美》，《审美教育与学校任务》，《列宁的反映论与认识过程》，《健康与人的全面发展》。

配合每个讲题在教员室陈列橱里或校图书馆里都要陈列出有关的书刊资料。在讲过某个问题之后如果随即出现深入阅读相应学术著作和刊物的需求，我们认为讲演的最终目的便达到了。

供教师们使用的学术性刊物有：《哲学问题》，《自然》，《知识就是力量》，《技术——青年》，各门学科方面的百科辞书（《哲学百科全书》，《物理百科全书》，《历史百科全书》，《地理百科全书》，《艺术通史》，《世界历

史》，《简明文学百科辞典》），《世界民族》丛书，《儿童百科全书》，以及数学、生物学、化学、自动技术、遥控技术等方面的学术杂志。

教师的知识越多，他的学生掌握基础知识就越容易，他在学生和家长中的威信和信誉就越高，孩子们就越把他当做知识之源而被他所吸引。

物理教师 A. A. 菲利波夫热爱基本粒子这门科学。他十分熟悉关于物质性质和特性及磁场和引力等方面的科学理论和假说。他讲话时学生都会屏住气息静听。知识、学识、眼界，都是教师享有高度威信的基础。学生们处处都感到，他们的物理老师拥有许多超出教学大纲规定范围的知识，他博览群书。他关于植物体内磁力现象的讲述——这是本学科前沿的一个独特分支，引起了一些学生对新实验的兴趣。教师善于把洞察自然奥秘的引人入胜的前景揭示给学生的那种能力，善于激起学生对科学、对知识的惊异之感的那种能力，也就是点燃学生心灵之火的一颗火花，没有这颗火花，就不可能设想有真正的智力生活。

如果教师只局限于教科书，而不开阔孩子们的科学视野，不向他们揭示尚未学习过的、期待他们用好奇的头脑和勤劳的双手去探索的那些领域，我们就只会使孩子们厌恶那天天要掌握的一定量的知识"份饭"。而为了开阔和揭示那些领域，就要求教师拥有比大纲的要求多得多的知识。

生物教师 O. H. 斯捷潘诺娃讲到科学家的一种猜测：可能植物体的毛细管内壁上生有一种压缩和扩张微孔的肌肉，能使营养物质运行到植物顶端。那些喜欢钻研植物生机的男女孩子们产生了考察这一猜想的强烈愿望。在教学实验园地里，在果园里，展开了有趣的实验活动。这样，落在了喜好探索的学生智慧上的火花便点燃了强烈的求知欲和探察自然奥秘的愿望之火。

只有当知识、科学、文化和孜孜不倦的劳动的光辉照亮了个人点滴的禀赋、天才、爱好、才干的时候，后者才会闪耀出光彩来。

看起来，"什么是遗传学"这个题目的讲演会跟一至四年级的教师有什么关系呢？可能只是为了一般地开扩眼界？这当然也很重要，但问题不仅仅在于此，没有任何一个科学、技术、艺术问题不对学生的教育工作实践产生影响，不以知识之光照亮学生的智慧。当做完这个题目的讲演之后，一些喜爱园艺和植物栽培的低年级教师和文学教师便做起了不甚复杂但十分有意思的实验，这些实验的实质在于：各种不同的化学物质对胚芽、对粮食和技术作物以及果树的染色体所能产生的影响。这原是纯属教师们的个人爱好，但它

对学生的教育却起了多么大的作用啊！（或许，教师的个人爱好、热情所向及着迷之处恰恰就是那颗点燃学生智慧和心灵之火的炽热火花。）我校出现好几个使学生入迷的活动中心——好几个课外活动小组，少年自然科学家在里面实验化学物质对染色体的影响。这种探索钻研精神的火光照亮并唤醒了休眠中的天资和才华。

教师的知识越丰富，他越能经常而又巧妙地开阔学生的科学视野，学生就会表现出越强烈的探索志趣和求知愿望，他们的问题和质疑之处就越多，提问题就提得越有头脑、越有趣、难度也越大。这些问题反过来又促使我们教师去思索，去读书。"既然在我们的宇航员乘坐的那艘绕地球飞行的宇宙飞船的密封舱里，靠惯性自由飞行时一切物体都处于失重状态，那么，宇航员是怎样呼吸的呢？空气怎样进入他们肺部？要知道，空气粒子也应当处于失重状态呀！"为了回答这个问题，物理教师不得不阅读许多篇文章。

我校集体认为，全体教师都了解涉及每个学生的一切，即了解他的思维、情感、天资、能力、兴趣、倾向、爱好，这是我们的职责。只有当每个孩子亲身感受到是许多教师在影响他，而且是他们每个人仿佛都在把自己的一份精神力量注入给他的情况下，教师集体才能成为一种教育力量。我校不论哪位教师对570名学生中的任何一个都是了解的：了解孩子来校之前以及当前他的个性形成的环境，了解他的思维、认识周围现实以及从事智力劳动的特点，了解他的性格特征，了解他的能力、才干、兴趣、爱好、困难以及他的喜和忧。若不如此，我们就不能想像有完备的集体精神生活。我们力争把对孩子在家和在校情况的研究置于科学的基础之上。我校每月两次于星期一举行科学一校务会议或心理学讲习会，专门讨论儿童问题。没有任何事情比谈论儿童问题更必要、更有益、更有趣的了。

由某个教育人员（班主任，课外小组指导老师，少先队总辅导员，家庭文化、知识、爱劳动和创造性劳动基地的组织人员）讲述自己集体的精神生活，讲述精神珍品和精神财富的相互交流，讲述集体的意向、快乐、苦恼、感受，是星期一校务会议的头一部分内容。接着，教育人员谈一个或两个学生的情况，介绍他们的个性、行为、举动，而且都以生动的实例来阐述这一切。还有，其他熟悉这个学生的老师，或与这个学生的接近中、与这个学生的相互关系中遇到过困难的老师发表关于这个孩子的意见。于是，关于这个孩子我们还有什么东西不了解，忽略了什么，或什么尚未察觉出来，也就清

楚了。最后由集体指明，已经在某种程度上成为这个孩子的教育者的老师需要做些什么，教师中有谁能够并且应当成为他的另一个教育者，以及这件事情应当怎样去做。所有这一切的意义在于：丰富孩子的精神生活，培养他那含有道德价值的需要、要求和兴趣，揭开他身上的一切优点，弄清他最强的才干，即经过一定的磨炼和加工将会决定他的个人品格和精神财富的那种能力。

我们经常讨论的是那些在集体里并不突出、任何方面都无所表露的孩子。那种在任何事情上都不显示个性、什么都不感兴趣、谁都不惊扰，既不让人操心、也不惹人不愉快的孩子，是最棘手的孩子。在一次星期一的校务会议上，我们研究了对五年级学生 H. 科利亚的教育问题。大家都十分熟悉这个男孩及他的家庭，但是大家说起他来都怀有不安的心情，因为谁也说不清科利亚对什么感兴趣，有什么爱好，有哪方面的倾向。他总是安安静静，不动声色，什么事都竭力呆在一旁……谁也想不起在任何一件事情上科利亚表现过坚定性，坚持过自己的意见。从未发现过他淘气，然而这也使我们感到不安，就如同对这孩子什么都不感兴趣、学习十分冷淡一样不安。我们得出一个结论：应当把科利亚引入某种环境，使他能在这种环境中表现出坚定性，使他感到对某事负有责任，体验到个人的义务感。应当为他找到一种活动，而这种活动对于他不仅是一项责任，而且首先是他感到有趣的事情，使他认为这件事情是自己切身的事情，并因此产生自豪感。我们商定，有哪些教师和家长（我们的首要助手）应当经常跟科利亚接触，应当把他吸引到哪些课外小组中来。通过长期耐心细致的工作终于使科利亚取得了一些个人成果，唤起了他一定的爱好，并使他为自己的创造力和创造成果而感到自豪。

星期一校务会议的第二部分内容，一般是有关教育与个性全面发展方面的某一问题的理论报告。报告由校长、教导主任或最有经验的教师准备。每篇报告都建立在集体教育工作的生动事实的基础上，目的在于改进工作。报告后，通常都要展开热烈的讨论，在讨论过程中，老师们对重大的教育问题都要发表自己的看法。不论是报告中，还是讨论中，注意的中心总是活的孩子，是他的精神世界。1960－1966 年间，我们讨论过的报告题目有：

《共产主义社会中社会教育的本质》，《道德意识与道德行为的一致》，《爱祖国的教育》，《各族人民友好的教育》，《怎样培养对邪恶和非正义的不

调和精神》,《高度的智力素养与热爱劳动的品德相结合》,《我们的学生怎样理解幸福》,《情感教育和道德信念的形成》,《如何培养对集体和个人财富的爱护态度》,《集体的自我教育和主动精神》,《家庭在七岁以前儿童的精神世界形成中的作用》,《青年男女——未来的父亲和母亲》,《道德感、理智感和审美感的培养》,《友谊和同志关系在形成崇高生活理想中的作用》,《大自然与道德情感》,《高年级和低年级学生的相互关系》,《好习惯的培养和坏习惯的预防》,《教育与再教育》,《学校里的困难儿童》,《懒惰与懈怠是道德缺陷,如何预防它们》,《如何根除利己主义和自私自利现象》,《顽强精神是儿童的性格特征》,《儿童集体中的盗窃现象》,《儿童的自尊心》,《儿童的什么行为可以在集体里讨论,什么行为不可以》,《儿童五至七岁期间如何做好上学准备》,《自觉与纪律》,《积极性与纪律》,《儿童的奖励与处罚》,《严格要求与尊重儿童》,《老师——儿童的朋友》,《儿童的健康与精神生活》,《作息制度》,《日常劳动、自我服务和道德习惯》,《儿童的饮食与健康》,《心脏及血液循环系统疾病的预防》,《儿童的听觉和视力》,《自由活动时间是儿童充实的精神生活的重要因素》,

　　《游戏在儿童教育及其精神生活中的作用》,《学生的脑力劳动》,《课外活动在减轻脑力劳动方面的作用》,《教师的渊博学识是合格的智育和巩固知识的重要条件》,《培养对知识的兴趣和爱好》,《对知识的最初感知、巩固、发展和运用》,《教师的语言与讲授的直观性》,《个人素质和志向的发展》,《怎样对天资和才能较高的孩子们做教育工作》,《不及格现象的防止,落后学生的个别工作》,《培养美感,培养对诗歌的爱好》,《文艺作品在青年一代精神生活中的作用》,《绘画、雕塑和音乐在儿童教育中的作用》,《劳动教学过程中思想与实践的结合》,《生物学、物理学、化学的学术问题及其与学校教育教学工作的联系》,《实验活动在培养热爱劳动方面的作用》,《学龄早期儿童关于善与恶、正义与非正义、光荣与耻辱等概念的形成》,《对儿童的研究》,《教育机制的本质》,《有助于建立师生之间互相信任、友爱、同志式关系气氛的集体精神生活》,《儿童的智力才能及其智力兴趣》,《有助于儿童智能发展的集体精神生活内容》,《儿童周围成年人的智力兴趣与儿童的智力发展》,《读书与儿童的智力发展》,《思维过程迟缓的儿童》,《依据儿童健康状况及其生活环境而定的脑力劳动制度》,《儿童脑力劳动创造性的本质何在》,《在创造丰富的、充实的精神生活方面我们给予家庭的帮助》,《学生道德标准

的形成》,《我们学生的生活目的何在》,《集体的精神生活与道德标准》,《用
集体主义和同志互助精神进行教育》,《儿童、少年和青年早期等时期的精神
生活的特点》,《如何培养儿童、少年和青年具有道德价值的需求》,《如何培
养儿童个人对世界前途的关心》,《意识与信念的统一》,《遗传与儿童的智力
发展》,《用儿童的眼光看世界（学生作文分析）》,《科学基础知识的范围与
智力和智力兴趣的发展》,《儿童集体中的情感关系》,《杰出人物的生平与个
人社会理想的形成》,《个人的天资与才能》,《怎样培养爱好》,《儿童兴趣的
多样性及如何在集体精神生活中满足它们》,《才能的多样性与集体的精神生
活》,《儿童进行模仿的意愿与个人社会理想的形成》,《学龄早期与晚期的活
动和行为的动机》,《什么是勤劳?》,《什么是创造?》,《劳动的创造性与对待
劳动的创造性态度》,《个人劳动成果带来的自尊、自豪、光荣、快乐与生活
理想的形成》,《劳动过程中创造才能的竞赛》,《文化财富与个人的精神生
活》,《审美要求的形成》,《美与道德》,《美与劳动》,《美感的培养》,《加
速度现象与学校的教育任务》。

所有这些问题都由集体拟定。关于每次报告的题目，教师都预先得到
通知。

报告中要对涉及讲题的科学资料和实验资料进行分析，阐述我校工作中
的成绩和不足，发表关于教育和教学改进办法的想法和建议。

报告中也利用教育书刊所刊载的教育教学实践的事例。我校生活中已形
成一种惯例，这些事例以及从中得出的结论都按系统归类收入教育资料中供
大家使用。这些资料中收有：教师们编写的书籍、小册子，某些书的书评，
剪报，杂志文章。我校全体教师都关心收集有关国内外学校活动的资料。根
据这些情报资料所做的报告可以促使教师们去思考：为把改进建议付诸实施，
有哪些工作实际上已经做了，还需要做些什么；我们是否已具备了采纳先进
经验的一切条件。

如前所述，报告后的交换意见往往带有激烈争论的性质。但对争论谁也
不作任何规定，每个人都可以多次发言。发言不仅是经验总结或者是我们对
某个学术问题的意见，而且可以提出新的问题。我们集体研究分析刚刚由生
活提出来的问题（如加速度现象，即儿童生理发育的加快）。由于争论的中心
始终是儿童的前途，是儿童智力和道德上的发展，因此，这种研究分析过程

会使集体的教育信念更加明确起来。

在一次星期一的校务会议上，我作了《学生的才能和需求的形成》的报告。报告分析了才能和需求的教育学和心理学方面的问题，援引了一些实例，说明我国一些先进教师如何力图在创造性劳动的基础上发掘多方面的才能，培养丰富的精神需求。杰出的苏联心理学家 A. H. 列昂节夫关于发展没有音乐天资的孩子的音乐才能的科研成果，引起了极大的兴趣。

分析了我校和其他学校先进教师的经验后，我校教师们得出一个结论：才能是在活动中得到发展的。"劳动"一词应当包含比我们通常所理解的更为深刻的含义：劳动，不仅是人与自然的相互作用和在此基础上对周围世界的认识，而且也是人对自身的认识。学生的任何一项劳动，应当不仅是物质价值的创造，而且也是自身价值的创造。后者是建立在由于意识到自己精神上的提高，意识到自己的创造和技能而深感精神上的满足这个基础之上的。我们常说的对劳动的自然需要，就应当首先出于精神上对自我完善和自我教育的需要。教育者的任务是：让人在造福于社会的劳动中得到精神上的满足，让劳动给他带来真正的个人幸福。要让学生所从事的劳动以探索和试验科学、理论的意图为其基础。儿童不论完成多么简单的工作，他都是在通过这项劳动把自己的点滴的创造性带进与自然相互作用的过程中来。因此，自然科目的所有教师和各种技术与农业课外小组的辅导员，以及所有具有某种劳动爱好的教师，都要经常考虑自己的学生在劳动中的精神上的提高。

我讲了一个六年级学生别佳的经历，对他的精神发展我作过 5 年观察。别佳不但没有数学才能，就是连初步的算术知识学起来也很困难。在一二年级时，他连最容易的习题都不会做，因为他理解不了习题的条件。老师觉得，这个孩子连乘法表也永远掌握不了。然而，转眼间这个孩子却被少年数学家小组的活动所吸引。他迷上了数学匣的制作，这是一种运算教具，可以用它以直观的形式概括许多数量关系。这项有趣的劳动激发了别佳的智力。别佳产生了强烈的求知欲望，焕发出好钻研、好学习的精神。过去被他视为沉重负担的脑力劳动，变成了他的需要。我陈述了我的坚定信念：如果一个人有了思考的需求，如果他在脑力劳动中看到了想要达到的目标，那么他思想上的惰性和束缚就必然会消失。别佳就是这种情况，以后别佳成了班上优秀的数学家。

在报告结尾中我提醒大家注意：才能与需求的和谐问题有许多还远未解

决，应当对这些问题加以思考。这些问题是：怎样把认识过程和学习活动跟创造和创作结合起来？多方面的创造才能（从事几种形态的劳动活动的才能、从事审美创作的才能）的发展规律是什么？既然幸福寓于创造性劳动之中，而创造又离不开智力上的不断提高，那么，怎样才能把这种终生的求知欲望的"精神贮备"装入儿童的心灵？怎样安排普通学校的教育工作，才能使创造性劳动接近课余科技活动（要知道这是我国科学事业繁荣的条件）？怎样做到使学生在脑力劳动单调的情况下感到自己是一个能进行创造的人？

报告引起了热烈的争论。成为思考中心和争论对象的是：创造的本质、才能的多样性和才能的运用范围这些观念。在争论过程中，一些早先形成的"僵化"观点，即认为似乎某些人有创造活动才能，而另一些人则不具备这种才能的观点，遭到了批判。并指出，共产主义就意味着进行创造幸福，每个人都有权享受这种幸福。那么，怎样无一例外地把所有的学生都提高到在劳动中进行创造这个高度呢？有些老师说，应当把个人天资的发掘提到首要地位，从童年早期就爱护儿童身上表现出来的这种创造才能；另一些老师不否认个人从事某种创造性劳动的天资的作用，但同时肯定，天资和个人倾向只有在各种劳动中才能显示出来。全体得出一个结论：真正的学习，就是儿童个人的创造性活动。只有当学习过程中的脑力劳动触及了学生的情感，只有当真理的获得使他感到是他个人努力的结果时，学生才会感到自己是一个能进行创造的人。在有经验的教师手下，学生是学习过程的积极参与者，而且不单是教师眼光里的积极参与者。学生在认识周围世界的过程中也在认识自己。脑力劳动，这是多方面的自我教育，只有当一个人在认识世界的同时也在认识自己的时候，他才会感受到做出发现的愉快，他的智能才会得到发展。

我校教师集体是一个志同道合者的创造性友好群体。这个群体中每个人都为集体的创造作出个人贡献；每个人借助于集体的创造在精神上得到充实，同时他又使他的同事们在精神上充实起来。

低年级女教师、五至八年级数学教员玛丽亚·安德列耶夫娜·雷萨克在我校工作 28 年了。这是一位文化素养很高的人，她深深了解和喜爱孩子，相信孩子。为了不跟自己所教的低年级学生分离，玛丽亚·安德列耶夫娜跟孩子们一起"升"到中年级，在班上教数学。她热爱自己的学科，喜欢那些要求有机敏性和观察力的复杂而又有趣的算题。她的这种喜好激发着孩子们的数学天资和才能。

玛丽亚·安德列耶夫娜指导两个数学小组——低年级小组和中年级小组。数学游戏、晚会、会考、朝会、数学竞赛，以及出墙报和办低、中年级学生的数学杂志等活动，把有数学才能的学生都吸引到她身旁。玛丽亚·安德列耶夫娜还热爱大自然，她经常跟孩子们去森林，去河边，作徒步旅行。在大自然中，她教给孩子们怎样测量那些无法接近的目标的距离，怎样测算干草垛或麦秸垛的体积和重量等等。由于熟悉孩子的内心世界，使得她能把难以做到的事情变得简易可行了。

此外，玛丽亚·安德列耶夫娜还是一位画家，她爱画风景画，这也吸引着孩子们来接近她。孩子们准备跟她外出旅行时，总要带上画本和画笔。玛丽亚·安德列耶夫娜还竭力通过其他途径把自己那善于理解美的能力传给孩子们。因此，她还指导艺术刺绣小组和话剧小组的活动。

文学女教师维多里亚·特罗菲莫夫娜·达拉甘是一位有才干的、善良的、有丰富而多方面的精神需要的教育者。她在八至十年级任教，但下至一年级的各个年级都有受教于她的学生。

维多里亚·特罗菲莫夫娜善于细腻地领略大自然的美、集体成员间相互关系上的美以及文学和造型艺术的美。她跟 P. K. 扎扎、A. H. 苏霍姆林斯卡娅、M. A. 雷萨克、M. H. 维尔霍维尼娜几位教师一起，在学校环境和生活美学问题上是全校教师和学生公认的权威。维多里亚·特罗菲莫夫娜是我校善于培养读书爱好的教师之一，是青年书迷的培育者。课堂上她从不看着书朗读文艺作品，需要朗读的内容她全都能背诵。当她在晚会或朝会上朗诵诗歌或短篇小说时，不论学生、教师还是家长，都会屏住气息静听她那清晰而又充满感情的朗诵。

维多里亚·特罗菲莫夫娜是好几个文艺阅读小组（低、中、高年级学生的阅读小组）的指导教师。孩子们在她和其他文学教师及低年级教师的指导下受着热爱语言的教育。维多里亚·特罗菲莫夫娜还指导中年级学生的一个戏剧小组和一个文学创作小组。在她的戏剧小组和文学创作小组的影响下，我校建立了一个儿童话剧团，这是低年级最小的学生和学龄前儿童的创作集体。

在我校文学创作小组里，孩子们学习用词语表达那些使他们激动、给他们带来愉快和他们所欣赏的事物的美。指导这些小组的有 5 位文学教师（笔者也在其中）和 7 位低年级教师。

参加文学创作小组的学生，全是想试试自己创作才能的孩子。我校谁也不在各文学创作小组之间实行分派孩子的办法，其他各类课外小组也是这样，孩子参加的总是他认为指导教师能更好地满足他的需要的那种小组。

亚历山大·亚历山大罗维奇·菲利波夫在我校任教 19 年了，他是物理教师，是那些有明显的技术才能、包括有理论思维倾向的男女青少年的领路人。他指导高年级学生的科技小组，青少年们在这些小组里钻研物理学、遥控机械学、无线电电子学等方面的问题，讨论学术杂志上的文章，进行想像思考。

亚历山大·亚历山大罗维奇同时又是出色的钳工和车工。他会操纵内燃发动机、汽车和拖拉机。他喜欢设计、装配以自动技术原理为基础的机械、机器、装置的活动模型。在一个工作间里，有他自己的一块活动基地，他总在那里制作一些什么。

亚历山大·亚历山大罗维奇大约在 15 年前创立了我校第一个少年钳工一模型制作家小组，自那时起，这个小组就变为我校培养熟练技巧和勤劳精神的良好基地。这个小组吸引着许多从小就对技术产生了爱好的小孩子。而一个孩子只要在亚历山大·亚历山大罗维奇指导下活动二三年，那他就会毕生"迷上"技术。到高年级，这些学生就会迷上自动化技术、无线电电子学。这位物理教师可以当之无愧地令我们引以为豪的是：他在我校任教的 19 年内，他的学生已有 85 人当了工程师。他极端厌恶自傲自负、粗心大意、做事马虎、懒散懈怠等不良习气。

亚历山大·亚历山大罗维奇还是一位音乐家，会拉手风琴。在学校的节庆日子里，在同高年级学生到集体农庄参加集体劳动时，在徒步行军和参观游览时，他都负责指导合唱队，演奏手风琴。

生物教师奥莉加·约瑟福夫娜·斯捷潘诺娃在我校任教 20 年。她是我校爱护一切生物这种情感的热心维护者，是为自然财富更加丰富、大地更加美丽而努力的斗士。我校有许多少年自然考察家小组、少年博物学家小组、少年育种家小组。所有这些小组，所有着迷于小组中某项活动的孩子们，都是奥莉加·约瑟福夫娜"亲手栽培"的。这位老师总是力求做到使他们每一个人能在童年就创造出一点什么，用点什么美化一下大地，在自己身后留下一点美好痕迹。她的教育原则是：从大自然的美感发展为劳动的美感，从童年培植的小树和小小地块上收获的第一捧粮食所引起的自豪感发展为忘我劳动的情感。

奥莉加·约瑟福夫娜是低年级教师在培养学生热爱大自然、热爱劳动方面的老师。她的爱好，她那善于为最小的孩子找到力所能及的事情的本领，是我校教师集体的坚定信念的根源之一。我们坚信：每个跨入我们校门的孩子从他学校生活的第一天起就应当成为一个劳动者，而且这种劳动不应当是防止闲散现象的引诱手段，而应当是严肃的，对儿童来说往往并不轻松的一项工作。

安德列·安德列耶维奇·萨姆科夫是一位热爱大自然、热爱农业和园艺劳动的生物学与农艺学教师。可以说，他在巩固并加深 O. И. 斯捷潘诺娃及其他低年级教师在孩子意识中奠定了的东西。在科学——生物学小组和科学——农艺学小组里，他的学生开展试验，在这些试验中，劳动与科学设想、劳动与探索自然奥秘的意图结合了起来。他总是从低年级就发现那些喜爱农活的孩子，把他们吸引到科学——农艺学小组的少年土壤学家分组中来，并且可以说，从这里就开始培养富有钻研精神的庄稼人了。

安德列·安德列耶维奇确信，为了做到热爱农业劳动，就要熟悉和懂得土壤生命活动的规律。他的学生为了实现自己的指导者的意图，便通过试验来弄清如何对土壤的生命过程施加影响。

根据 O. И. 斯捷潘诺娃和 A. A. 萨姆科夫两位老师所做的工作，在全体教师中又确立了一个教育信念：不管青年人毕业后选择什么职业，他必定会喜欢园艺学和葡萄栽培学，会把看管果木当作他的审美需要。

我校全体教师都喜欢园艺和栽培葡萄。学校每年都培育几百株苹果、梨、桃和葡萄苗木。我们把所有这些苗木都分送给庄员和工人。葡萄苗圃已成为我校的一种骄傲。

从学生一词的全部含义来讲，所有对栽培粮食作物和技术作物感兴趣的那些人——青年育种家、未来的高产能手，都是 A. A. 萨姆科夫的学生。在学校教学实验园地里培植着杂交粮食作物，而在这里开展试验的，不仅有学生，而且还有青年庄员，他们把用铁锹和锄头的劳动跟显微镜下精心细致的观察、跟用镊子的操作结合在一起了。

跟 A·A·萨姆科夫和 O. И. 斯捷潘诺娃一道工作的，还有一位劳动与知识相结合的捍卫者——化学和生物学教师叶夫多基娅·叶夫多基莫夫娜·科洛米钦科。对物质结构的奥秘和引人入胜的实验表现有兴趣的低年级和中年级学生，在她的指导下组成了少年化学家——自然财富勘察家、有机物研究

家小组中。春天和夏天，少年化学家们进行地质勘察旅行——考察故乡的自然资源。

在叶夫多基娅·叶夫多基莫夫娜的帮助下，少年化学家们建立了旅行化学实验室。少年研究家们在科学——化学小组里做种种试验，以创制新的有机肥，创制刺激植物生长发育的化学制剂，创制抗生素。

年轻的化学教师叶卡捷琳娜·斯捷潘诺夫娜·沃利克毕业于波尔塔瓦师范学院，一年前才开始在我校工作。但就在这段短短的时间里，叶夫多基娅·叶夫多基莫夫娜就已经把爱读书的习惯和观察研究自然现象的技能传给了这位年轻教师。她还鼓励这位年轻教师去建立化学实验专用室。年轻教师叶卡捷琳娜·斯捷潘诺夫娜怀着极大的热情投入了这项有趣的工作。

安德列·费奥多罗维奇·巴尔文斯基教了 20 年高年级数学。他的教育信念是：要学习数学并发展数学才能，就要经常锻炼智力，不断前进。当一个学生已经完全掌握了当时所学的教材，他就给这个学生创造单独继续前进的条件。那些有数学才能的学生在他的指导下通过科学——数学小组学习高等数学，办数学杂志。

安德列·费奥多罗维奇同时还是机械学教师。他从 15 岁的少年时代起就开始了劳动生活，随后掌握了拖拉机手、动力机机械师、钳工、电工、车工等方面的专业。他认为，每个中学毕业生都应当会驾驶拖拉机、汽车、联合收割机。这并不是职业，而是劳动入门。他在教师集体的帮助下，在实践中证实了这一点。安德列·费奥多罗维奇指导一个少年机械师小组，他教那些特别爱好技术的小孩子们操纵内燃机。他说："如果 10 岁的小孩就开始操纵小型发动机，那就意味着他到青年时期就能成为一个出色的机械师。"总之，这位具有丰富阅历的老师在孩子们身上培育着劳动者的可贵品质——热爱技术，精心爱护机器。

年轻的数学教师安娜·格里戈里耶夫娜·阿里辛科，从波尔塔瓦师范学院毕业后在我校工作 4 年了。

安娜·格里戈里耶夫娜精通自己的学科，精通少年心理学，是我校公认的个别施教能手。她善于为每个学生选择适当的习题和例题，胸有成竹地做每个学生的个别工作来发展他的才能。她上课，也就是每个学生深入思考的、独立的、精力集中的劳动。

这位年轻教师确信：学习数学，首先要求个人付出意志上的努力。在她

的课上，每个学生都在做发展自己才能所需要的那种难度的作业。

安娜·格里戈里耶夫娜指导一个科学——数学小组，学生们在小组里制作程序教学教具。她是一位出色的教育者。她关于科学家、参观游览和远足旅行的谈话丰富着学生的精神世界。

阿基姆·伊万诺维奇·雷萨克是教导主任，他在我校工作29年了。如今在校学生的父母足有半数都是经他培养过的。他毕业于波尔塔瓦师范学院语言系，但以后通过自学还获得了高等数学学历。他教语言和文学。

阿基姆·伊万诺维奇丰富的生活阅历和高度的文化素养，使他成为教育技巧和崇高道德问题的大权威。他关于道德问题的谈话，总能触及男女青年内心中最隐秘的角落。

阿基姆·伊万诺维奇认为，道德规范应当通过那些能指导青年在各种困难场合如何行动的、鲜明而又具有说服力的教导和准则来阐发。这个问题，目前正是我们全体教师在进行激烈争论和讨论的课题——怎样教学生生活，前不久我们举办了关于这个题目的教育讨论会。事先进行思考和辩论，经过讨论使大家得出一个结论：每个教师最重要的教育任务在于把前辈的所有优秀人物的道德经验、精神财富永远牢牢地确立在他所培育的青年一代人的意识和心灵之中。

在我们的教师集体中，老一辈人居于特别重要的地位。几乎他们所有的人都是从十二三岁的少年时期起就开始了自己的劳动生活，都是费了很大的力才受到教育的。他们是教师集体的观点和信念的生动体现，是思想核心。集体中并非事事都那么轻松顺遂，我们总有一些重大困难要克服。每当集体遇到困难时，总是由老一辈教师组织安排克服困难的工作。《谈谈困难》——我们根据 А. И. 巴尔文斯基和 А. И. 苏霍姆林斯卡娅等几位党员教师的倡议，不时的就这个题目进行全体教师都参加的、比较随便的、生动活泼的座谈。我们最大的困难往往是在似乎已无计可施时找出接触学生的办法来。老年教师教导他们的年轻同事：任何时候都不要绝望；教育，首先是一种劳动，一种十分艰巨却又十分高尚的劳动。

我们的年轻教师，从那些受过社会主义建设这所巨大的生活学校训练的同事们身上学会了，尊重为我们争得了自由、学习机会、过丰富精神生活的机会的那些先辈们。老同志们很熟悉学生们的家庭情况，因此能帮助年轻教师深入到孩子们的精神世界中去，正确地理解他们的感情和感受。我并非偶

然才谈到教师们曾经教育出多少和正在教育着多少自己的孩子。教育他人子弟的人，有责任首先把自己的儿子、女儿教育成真正的人。而我校集体中的老年教师的确也是有引以为豪的理由：他们的子女都已成长为优秀的、诚实的劳动者。

丰富的生活阅历，高深的教育理论知识，不仅使老教师有条件把教育艺术、而且把心灵之美和人道精神传授给自己的年轻同事。老一辈女教师跟姑娘们谈婚姻、家庭、教育子女、姑娘的贞洁和尊严等问题；老一辈男教师则跟小伙子们谈男人的尊严和名誉，谈男子在与姑娘和妇女的道德审美关系中的责任，谈父亲的职责和对子女的教育。

安娜·伊万诺夫娜·苏霍姆林斯卡娅在我校任教已30年，受过语言和教育学方面的高等教育，教五至七年级的俄罗斯语言和文学。

安娜·伊万诺夫娜在课外阅读方面是教师们的指导者之一。她考察家庭里的阅读情况，帮助低年级教师努力做到使孩子们阅读有思想价值和美学价值的书。她指导两个文学创作小组，举办文学创作晚会，编辑手抄文学年刊——《我们的创作》。

文学和历史教师薇拉·阿列克谢耶夫娜·斯科奇科在我校任教已22年。她对教师集体精神生活的贡献表现在对抒情诗和音乐的爱好上。她熟悉并能背诵几百首抒情诗。她确信，从童年就激发并发展孩子们对读书的爱好和对诗歌语言的美感，这是每个教师的任务。

B. A. 斯科奇科和 A. И. 苏霍姆林斯卡娅教会了低年级教师朗读诗，而这些教师则于教学的头两年中在这方面训练学龄早期的全体学生，她们到森林、果园、田野给孩子们朗读描绘自然美和人的情感美的诗。学校里建立了一个音乐作品唱片库，乐曲都是为普希金、莱蒙托夫、涅克拉索夫、谢甫琴科、弗兰柯及其他诗人的诗谱写的。低年级和中年级学生既在课堂上也在大自然中听这些音乐作品。音乐美和自然环境美的同时作用，可以促进孩子们语言美感的发展。

B. A. 斯科奇科和 A. И. 苏霍姆林斯卡娅是抒情诗晚会和朝会的组织者。这类晚会和朝会的主题有：《抒情诗中的家乡自然美》，《抒情诗中的祖国》，《俄罗斯诗人对母亲的歌颂》，等等。

B. A. 斯科奇科和 A. И. 苏霍姆林斯卡娅以及 B. T. 达拉甘和 O. И. 斯捷潘诺娃对学校集体精神生活的贡献，还表现在对花卉的爱好上。在她们的家

庭花坛里有玫瑰、菊花、紫菀、石竹、草玉铃花圃。许多学生也按她们的样子在家里建起花圃来。

我们通过发展孩子们对花卉的爱好，力求做到使儿童的生活和劳动与美相伴随。我们通过美向孩子们揭示人的伟大，揭示英雄主义、勇敢精神、坚强品格、人道主义。我们介绍杰出人物的生平事迹和劳动功绩的少先队和共青团集会，都在很美的场合——在绿树葱葱、百花争艳的校园里举行。劳动节，收割节，植树节，所有这些节日也都在能激发和加深美感的环境里欢度。

年轻的文学教师安顿尼娜·伊万诺夫娜·列兹尼克在我校任教10年了。真挚诚恳，相互信任，善意相待，这些特点能最好地表现这位教师同她的学生之间的情感关系。孩子在她手下之所以不可能不学好功课，不可能不完成家庭作业，首先是因为孩子懂得，这会使安顿尼娜·伊万诺夫娜老师感到难过。某个学生如果无法完成作业，他就坦率地把这个情况告诉老师。安顿尼娜·伊万诺夫娜如无价之宝一般珍惜孩子对她的信赖。她说："只要孩子像对待母亲、像对待朋友那样来对待我，我就确信，他心中燃烧着勤学之火。"

她和孩子们的交往包括精神生活中极不相同的各个领域，她之所以善于找到通向儿童心灵的道路，其秘诀也正在于此。不论是阳光明媚的春天和天空晴朗的夏日之晨，还是浓雾遍野、阴云密布的深秋，安顿尼娜·伊万诺夫娜总要带领孩子们去进行文学游览，孩子们这样称呼这类游览。跟她一起去的不仅是她本班的学生，而且还有被她唤起了文学爱好的那些孩子和少年。

游览小组在某颗百年橡树的浓荫下或者河边的一片绿草地上停歇下来，安顿尼娜·伊万诺夫娜便给孩子们讲述英雄事迹，讲述刚强的、勇敢的，具有善良、正义、人道、公民精神等崇高思想的人物的事迹。

我校有一个传统，每逢暑期每个教师都要带孩子们到野外去宿营几天。孩子们特别喜欢在草场上宿营。他们迫不及待地盼着那些令人神往的夜晚的到来。那时，他们将在繁星闪烁的夜空下，在散发清香的干草堆上，倾听关于远方国家和遥远星空世界的故事，静听夜间的沙沙声。繁星的闪烁，可口的米粥，篝火引燃的炭火，黎明前那逼人躲进草堆的寒气，河岔中的嬉水。这一切，都在孩子们心灵里留下不可磨灭的、无法忘怀的印象。

在精神生活的各个领域都跟孩子们交往，已成为我校教育工作的一条原则。"如果我只是一个教书匠，我就不是一个真正的教师，通向儿童心灵的小道就会对我紧紧地封锁着。"我们每个教师都是这样想的，都有这种体会。

数学教师安娜·亚科夫列夫娜·沃夫钦科在校任教 12 年了。在她指导的少年数学家小组里和课堂上，学生们制作可以帮助学习和思考、发展想像力和观察力的教具。安娜·亚科夫列夫娜确信，做创造性作业能发展那些似乎最无希望的学生的数学才能。这位教师的口号是：学生应当今天比昨天更聪明。她领导的班集体过着丰富的精神生活。安娜·亚科夫列夫娜爱好艺术，经常作关于绘画和音乐的有趣谈话，教女生刺绣。

我们的教师即使不当班主任，也总是跟孩子们保持密切的精神交往。语言和文学教师玛丽亚·瓦西利耶夫娜·利马连科指导少年方志学家小组。她热爱乡土，熟悉几十处发生过重大历史事件的地方。她夏天跟孩子们一起进行地志旅行。少年方志学家在一次这样的旅行中，发现了查坡洛什赛切火药工厂的遗址（查坡洛什赛切，是 16—18 世纪犯罪或逃亡的哥萨克人在查坡洛什地方擅自组织并自认为独立的组织——译者）。

地理和历史教师马特连娜·季洪诺夫娜·塞罗瓦特卡和叶卡捷里娜·斯捷潘诺夫娜·列兹尼克热爱故事，她们也指导少年方志学家小组。其中一个小组编了一部《故乡大事记》，大事记里载入了取自历史文献、故事和传说中关于本乡、本区历史的全部已知事件，刻画了参加革命、参加国内战争和卫国战争的人们的形象。

年轻的物理教师伊万·瓦西里耶维奇·科姆帕涅耶茨在我校任教 8 年了。他也像其他老教师一样，从 14 岁时起就开始了自己的劳动生活，他懂得什么叫劳动，并且善于劳动。伊万·瓦西里耶维奇热爱机器，他会驾驶汽车、拖拉机和随便哪种联合收割机。他的教育影响范围主要是少年；他能叫陈旧过时的机器重新"复活"，并使它便于少年们驾驶。保养这种机器，维修这些机器，是培养勤劳精神、坚定性和耐心的真正学校。

伊万·瓦西里耶维奇指导的课外小组，名副其实地是用废铜烂铁来装修机器部件和整台机器的。他的经验再一次肯定，不应当把什么都以别人做好的现成形式拿给学生，克服困难才是劳动教育的康庄大道。

法语教师奥尔加·阿莫索夫娜·皮西缅娜娅在我校任教 20 年了。她能流利自如地使用法语，能用德语和英语进行阅读。她遵循一条原则，那就是只有当单词和语句在儿童的意识中跟鲜明的形象、观念、感受结合起来时，儿童才能领会活语言的精神。所以她总是首先让学生习惯于用法语互相表达自己关于周围世界的思想，表达感情和要求，直到儿童意识中有了一定数量的

语句、短语和概念。由于已经跟事物、现象和感受相联系而无须译成本族语言以前，奥尔加·阿莫索夫娜就不给她的学生开始教法文的读和写，更不必说教语法了。

在奥尔加·阿莫索夫娜的课堂上不仅可以听到生动的法语，而且学校里还举办法语晚会和朝会，孩子们还用法语表演小戏剧。学校图书馆为每个高年级学生备有若干本外语课外读物。孩子们跟 17 个国家的同龄朋友有通信联系，114 名中、高年级学生跟外国同龄朋友进行个人通信，这是加深知识、培养对其他民族文化爱好的有力手段。

低年级教师在思想和学识上的提高以及眼界的扩大，是我们集体十分关心的大事。引导小孩子进入自然界和人类社会的人，应当是有知识、有聪明头脑、有全面教养的人。一个人精神上的发展，很大程度上要看他在童年时代是怎样学会思考、读写、观察周围世界和表达自己的思想的。奠定道德信念的基础，是小学生精神发展的最重要的因素。使低年级教师广博的道德教养转化为孩子们之间的、科学世界观、实事求是、诚实、原则性、热爱劳动、集体主及忠于对人民的义务等品质的基础之上的道德关系，是学龄早期的主要教育任务。这一任务的完成，要依靠教师的一般素养和教育素养。低年级教师认识到自己的任务在于：使那些关于善恶、是非、荣辱的初步概念和观念很明确地体现在孩子们的道德关系之中，从而每个低年级教师也就为集体的教育素养作了自己的一份贡献。

薇拉·帕夫洛夫娜·诺维茨卡娅在我校任教 20 年了，而她从事教育工作的总教龄已达 30 年之久。她掌握了一门很可贵的艺术——善于鼓励学生去从事公益劳动，致使这种劳动在小学生的精神生活中能发挥十分重要的作用。B. И. 诺维茨卡娅以及其他低年级教师的多年教育实践清楚地表明：一个人的德育水平和道德修养如何，取决于他在童年和少年时期的快乐和享受的源泉是什么。老一辈提供给孩子的物质的精神享乐是童年快乐的十分重要的来源。但出于教育目的，还必须让儿童从他自己所付出的东西中，从他自己也为长辈们所做的某些事情中获得快乐，并由此领略个人的最大快乐。薇拉·帕夫洛夫娜就是以这种感受为基础做孩子们的道德教育工作的。她善于在孩子们面前把世界揭示为祖辈们创造的物质和精神财富，并教导孩子们精心爱护和充实这些财富。这位教师反复教导孩子们说："一个人最高尚的快乐，就是把大地改造得比我们从父辈和祖辈手里继承下来的时候更美好、更富裕。"薇拉

·帕夫洛夫娜总是鲜明地、满怀深情地通过发现那些以人民的幸福为其生活和活动的主要动力的人们的生活道路，来培养小孩们的道德观念。善于为儿童在幼年时就点燃起生活理想的指路灯，是这位老师的教育技巧的一个显著特点。

酷爱大自然的薇拉·帕夫洛夫娜，也善于培养孩子们热爱大自然。她在每个孩子的心灵中树立起对待树木和对待人类的朋友的关怀爱护态度。她还热爱书籍，并培养孩子们像对待人类文化瑰宝那样对待书籍。

由薇拉·帕夫洛夫娜发起，村子里建立了几处家庭文化活动中心。在那里，读好书成了孩子们精神生活的主要内容。例如，其中有一个中心，在 9 年间连续多次朗读过 Π. 茹尔巴的《亚历山大·马特罗索夫》和 A. 雷巴科夫的《短剑》等中篇小说，有几百个孩子听了这些朗读。

拉伊萨·卡尔波夫娜·扎扎在我校任教 14 年（她当了 6 年少先队总辅导员）。她在师范学校函授部毕业后，如今在高等学校学习。

拉伊萨·卡尔波夫娜是一个有高度文化素养、有多方面精神需求和兴趣的人。她教育学生要尽量多给人们做好事和创造快乐。这位教师的教育素养跟她对艺术的热爱，对音乐、美术、文学创作的爱好紧密结合在一起。拉伊萨·卡尔波夫娜指导少年艺术家小组和戏剧小组，戏剧小组在我校被称为"童话剧院"，孩子们在这里排演童话改编的小戏。

在散步、游览、旅行时，拉伊萨·卡尔波夫娜教孩子们讲述他们的见闻、感受和体验。在初春阳光明媚的日子里，她照例带领孩子们到森林里去。在那里，她让孩子们用语言述说他们在林中听到的一切：鸟儿的歌唱，啄木鸟的磕树声，溪水的潺流，小动物跑过时树叶发出的轻微沙沙声。孩子们起初感到困难，她就帮助他们找到适当的词语，于是集体创作出一篇故事《春天森林里的生活》，编辑了头一份手抄杂志，给里面的故事还画上了插图。孩子们便产生了用语言表达感受的愿望，表达他们对自然美的惊讶、赞叹和诧异。随后，文学创作爱好得到了发展的那些孩子便参加祖国语言爱好者小组的活动。在这个小组里活动的，不仅有她当前的学生，而且还有几年前从四年级送走的学生。

拉伊萨·卡尔波夫娜还指导一个民间刺绣小组。头一学年末，她教的女生就能穿着她们亲手绣了花的乌克兰式衬衫来参加全校的学年结业典礼。低年级的其他教师也以她为榜样开始教孩子们学习这门艺术。

　　叶卡捷里娜·马尔科夫娜·扎连科在我校从事儿童教育工作已11年，其中有5年她也像P.K.扎扎一样提任少先队总辅导员。她作的家长工作，堪称全校的典范。她几乎每天都跟两三位家长进行交谈，了解他们的孩子自我感觉如何，孩子的劳动态度怎样，他的兴趣和爱好是什么，读些什么书，学习上遇到些什么困难等等。如果某个学生有什么不愉快的事，叶卡捷里娜·马尔科夫娜就深感不安，直到这孩子的悲伤、忧虑、苦恼解除为止。如果哪个孩子学习上不顺利，如果他遇到了什么困难，这位老师马上会帮助他，所以，孩子总能感受到老师慈母般的关怀，因而总能敞开胸怀向她讲自己的困难、委屈和挫折。师生关系中充满真挚诚恳的情谊。每次上课之前，她班里的孩子们都是主动告诉老师：我没有完成作业，我没弄懂，或是我解题和做练习觉得很困难。

　　班集体的生活过得像个友爱和睦的家庭。每个孩子的生日都进行集体庆祝，并由集体给过生日的同学赠送礼物——一本书。如果某个同学病了，同学们就马上去看望他，帮他补课。

　　叶卡捷里娜·马尔科夫娜班上的孩子们之间的相互关系，称得上是培养同情心和人道精神的真正学校，是培养善良情感的楷模。这位教师自己以她固有的谦逊态度谈到她教育技巧的这个特点时说："不存在培养善良、同情、诚恳的专门手段和方法。只不过要把每个孩子视为自己的亲生儿女。要想到，当孩子有什么不对头的情况时，母亲必然要感到难过。有了这个想法，就会产生善意。而当孩子感受到了善意，他对待自己的同学、对待长者、对待父母就会变得善良。"

　　叶卡捷里娜·马尔科夫娜善于把劳动用于培养真诚待人、同情人、关心人等品德的道德教育。她的学生跟她一起经常到果园劳动，并在班里建立了一个生物角。她给孩子们灌输这样一种思想：一丛玫瑰，一棵苹果树，一株葡萄，都是能给人带来愉快的有生之物。如果你对这些生物冷漠无情乃至残忍相待，任意折树枝，摘生果，那就说明你是一个心地不善的人，你就无权要求别人来爱戴和尊重你。

　　孩子们移栽并浇灌幼小嫩弱植物，保护它们免受严寒袭击，为他们的生命忧心忡忡。如今很难说是在哪位教师的经历中产生了这种想法，不过在E.M.扎连科的工作中这一思想体现得最明显，而且随后成为整个集体最重要的教育信念之一：如果儿童亲手培育过、并且用自己呼出的微热温暖过娇嫩

的小植物，如果他曾时刻把这棵植物的命运挂在心上、并为它坐立不安、感受过痛苦，如果他为了使那棵孱弱纤细的、毫无抵抗能力的幼苗成长为粗壮挺拔的大树而操过心，那他就会成为善良、真诚、热忱和富于同情心的人。

对 E. M. 扎连科的学生来说，学校生活中最快乐的日子，就是他们把自己培育的树苗赠给别人的那个时刻。他们已有两次把苹果树苗赠给幼儿园集体。培育这些树苗的学生已经是成年人了，如今照管它们，则成了学前儿童的事情。

叶卡捷里娜·马尔科夫娜的另一个爱好，也跟 P. K. 扎扎的一样，就是喜欢民间刺绣（我们这里几乎所有的妇女都爱好这门艺术）。她教的小孩也都会刺绣。

安娜·安尼西莫夫娜·涅斯捷连科在我校任教已 20 年。她完成了自己的第五代学生的初等教育任务，为学生培养了从事须动用智慧的、富于智力成分的、探索性的劳动的浓厚兴趣。她熟悉并热爱大自然，善于通俗易懂地、引人入胜地给孩子们讲解形形色色的自然现象。她教的孩子在一二年级时就已经知道许多对这个年龄来说是相当复杂的事情，如种子在春天怎样苏醒，太阳光怎样制造绿叶，植物怎样积蓄淀粉和糖分等。如果孩子不曾在教学实验园地的劳动过程中深入探究过大自然的奥秘，那么这些知识就会是无法接受的。这位教师向孩子们提出的奋斗目标是：要在通常只能长出一根穗的地方培植出两根穗，要让收获的粮食的颗粒比通常的大一倍。她指导一个少年自然研究家——育种家小组。安娜·安尼西莫夫娜是第一个开始在集体中举办收割节的。随后由她的经验形成一个优良传统——劳动成为审美感受的丰富源泉。

玛丽亚·尼古拉耶夫娜·维尔霍文尼娜在我校任教 22 年了。现在她在教第六代受初等教育的孩子。这是一位具有多方面文化需求和兴趣的人，热爱书籍和大自然，她培养孩子们以敏锐、珍爱的态度对待语言，她指导一个文学创作小组、一个戏剧小组和"自然保护协会"的儿童部。

玛丽亚·尼古拉耶夫娜常常在大自然中上课，目的是培养孩子们的观察与思考能力。M. H. 维尔霍文尼娜领导的低年级教师联合教学小组最关注的问题是儿童的思维与语言的发展。

我校低年级教师的经验使教师集体坚信：儿童的劳动生活应当尽量早一些开始；儿童的劳动，是形成他们初步道德观念的最牢靠的基础。

低年级教师的工作成果还使我们的教师集体确信另一个充满哲理的信念：教育不是什么无忧无虑、安逸闲适的田园生活，它的每一步都会遇到困难；教育技能就在于善于正视并克服这些困难。我们的低年级教师一致认为，教育中潜伏着许多"暗礁"，最大困难在于能否正确确定什么是儿童力所能及的和什么是他力所不及的，能要求他做到什么和不能要求他做到什么。低年级教师和整个教师集体特别关心的问题，就是经常研究和发展每个孩子的智力才能，以及分析儿童入学时已有的道德上的教育程度。教育中的巨大困难恰恰就潜伏在这里：并非所有的孩子都完全一样，不是所有的孩子都有同样的智力发展水平和道德教育水平，只有熟悉了儿童精神生活的最细微的特点，才能有助于我们克服这些困难。

瓦西利·亚科夫列维奇·塔兰是钳工和细木工教学工厂的劳动教师，机械制造技术学校毕业。他在我校工作8年了，在教师集体的帮助下他已成为一名优秀的教育者。

这是一位双手灵巧的人，一位出色的钳工、细木工、电工、安装工、内燃机技师。他只需看一眼车床、钻床或其他机器，就不仅能做出同样的机床或机器，而且还能对它的结构作出某些改进或改善。

瓦西利·亚科夫列维奇确信，手工劳动技巧是技术素养的基础，一个人应当从童年起就学会细致耐心地用锉、錾、锤干活，并逐渐过渡到操作机器和机械。"人的技艺表现在他的手指上"——他喜欢重复这句话，并以现身说法，证明确实如此。

我们当时刚着手建立教学工厂的时候连一台机床也没有。瓦西利·亚科夫列维奇在汽车制造厂的废铁堆里找来一些被认为不中用而废弃的各种零部件，他决定用这些零部件造出我校第一台车床。而且果真把它造成了，就是用钢锉、锤子、錾子制造成的。自那时起，教学工厂充实了许多工具和机器，现在我们拥有30多台木材或金属加工机床，而所有这一切都是在这位劳动教师领导下由学生们亲手制造的。

瓦西利·亚科夫列维奇在我校指导好几个课外小组——少年木工小组，少年设计家和机械化专家小组，少年钳工和模型制作小组等。在他指导的这些小组里，既有高年级学生，也有低年级学生。小组里总是闪耀着创造之光。学生们为他们的低年级小同学设计和装配小型钻床、铣床和车床。这位教师跟学生们一起制造了一台小型收割机，被用来在教学实验园地上进行粮食作

物的机械化收割，他们还制造了粮食脱粒机。

这个小组的活动清楚地说明：如果学生在童年、少年和青年早期就进行小型机械的设计、模型制作和实地制造，并把它用于教学实验园地的劳动中，就会使他们对农业技术产生爱好。

安德列·安顿诺维奇·沃罗希洛在我校指导技术小组14年了。他就是我校毕业的。这也是一位双手灵巧能干的人，热爱技术，热爱孩子。他既是车工、钳工、电焊工、电工，又是装配工、铣工、细木工——所有这些工种，他样样精通。学生们说，金属到了安德列·安顿诺维奇手里就会"唱起歌来"。他最入迷的工作是设计木料和金属加工机具——铣床，刨床，万能机床等。他制造的铣床在金属加工的精度上和装饰的美观程度上都不亚于工厂的产品。

安德列·安顿诺维奇在五六年级的学生中就能发现未来的能手，这些孩子到了高年级就会成为他指导少年钳工和模型制作、少年摩托师、少年车工、少年电工等技术小组的得力助手。那些显露出技术才能的孩子从二三年级起就开始在这些小组里活动。

学校里为低年级小学生建立了一个小型电站。此外，小能手们还学习操作机器和机械。安德列·安顿诺维奇跟学生们一起为小学生设计并制造了一辆小型汽车、一台筛谷机和一架带锯。在他的帮助和指导下，孩子们为集体农庄机务人员的田间修理车间制造了成套工具。

维克托尔·伊万诺维奇·申古尔也是本校毕业生。他服军役期满后又回到我校当实验员和电工技术及无线电技术教师。无线电、自动化技术、电子学、电视及要求极端精确的精密仪器和机械，是他最入迷的事情。他指导少年电工技师和少年无线电技师小组以及自动化技术和无线电电子学小组。其中每个小组都分别设有低年级、中年级、高年级学生的分组。小组组员每年设计装配出五十多台无线电收音机——从最简单的电子管收音机到晶体管收音机，样样都有，我们学校的每个毕业生都会组装无线电收音机。

在维克托尔·伊万诺维奇指导下，学生们建立了我校无线电广播站和电视专用室。他们在少年电工技师小组里设计并装配带有电动机和工作机的机组，制造小型发电机。而且每个组员都尽力给自己的模型增添一点新东西，显露自己的构思能力和发明才能。在自动化技术和无线电电子学小组里，学生们设计并装配无线电控制的模型（汽车，飞机，拖拉机），他们很喜欢搞程

序设计：装配程序控制演示车床以及不太复杂的电子计算机。

劳动教师和技术小组的指导教师，总是设法使所有的低、中、高年级学生无不受到自己的教育影响。

音乐和唱歌教师谢苗·约瑟福维奇·叶夫列缅科在我校任教 19 年了，而他的总教龄则达 24 年。他对集体教育素养的贡献是对音乐和民间创作的爱好和对培养青少年天才的关注。

他教孩子们如何欣赏和理解乐曲，领略听音乐的乐趣；他举办音乐晚会和朝会，让孩子们在会上听著名作曲家的作品和民间音乐；组织低、中、高各年级学生合唱团（参加高年级学生合唱团的还有教师）。他最喜爱的乐器是手风琴，并指导手风琴小组。学生在这个小组里受完 7 年训练便能自如地识谱，演奏民间创作和作曲家的作品，并能指导合唱队。谢苗·约瑟福维奇培养出了 76 名青年音乐家，其中有些青年男女很有才能，他（她）们（有 6人）已成为其他学校的音乐和唱歌教师。

音乐在我校集体的精神生活中占有牢固的地位。在我校的节庆日子里，在少先队集会上，在徒步旅行中，在田间宿营站的休息时刻，到处都能听到音乐之声。

图画教师格里戈里·捷连季耶维奇·扎伊采夫在我校任教 17 年。这是一位自学成才的画家，他通过自学完成了中等教育，现在他在师范学院艺术系学习。

他喜爱 T·谢甫琴科的作品，已有多年在为这位伟大的乌克兰诗人的抒情诗画插图。

格里戈里·捷连季耶维奇在我校指导好几个少年美术小组。无论是春天、夏天和秋天，组员们都带着速写簿和画册，到森林、田野、草地、河边，在那里学习写生。格里戈里·捷连季耶维奇向孩子们揭示艺术的奥秘，教他们领会和热爱大自然的美，唤起他们对这种美的赞美之情。

对绘画的爱好已成为许多学生精神生活的组成部分：他们心有所思时，常常在自己的画册和练习本上作画，借以抒发自己的思想感情。我们每年举办好几次全校性学生绘画展览。

格里戈里·伊万诺维奇·列兹尼克是体育教师，他在我校任教 10 年了。

我校集体把体育看作是健康的重要因素，生活活力的源泉。我们不允许追求个人纪录和学校的运动成绩。对我们来说，体育就是为健康而奋斗，就

是为使我们的学生在身体和精神两方面一致地得到增强而奋斗。

体育教师会同医生一起分别为每个学生制定个人锻炼制度和运动量，并关注对这些规定的遵守和执行情况。我们大家完全同意这位教师这样一个观点：每个人应当毕生都保持对体操的爱好，体操是最有益的运动项目之一。

我们为开展体操运动创设了一切必要条件。体育馆和运动场都安装了器械，并备有各种器材。在全区运动会上，我校运动队每年照例都得冠军。

少先队总辅导员我们从本校毕业生中选拔，这已成为我校集体的传统。选择的着眼点自然要放在那些爱孩子、会唱歌、会演奏乐器、爱自然美和艺术美的人身上。莉吉娅·麦弗季耶夫娜·库里洛就曾是我校这样一位辅导员，而瓦连季娜·阿列克谢耶夫娜·戈尔巴奇则是一位这样的现任辅导员。

少先队工作中最重要的是：形象地说，善于点燃孩子们心中的浪漫火花，善于激励他们并以自身的榜样引导他们。

任何计划和想法，多半是当它们能使孩子们从中感受到进行奋斗和战胜困难的浪漫性时，才会产生鼓舞他们的作用。莉达·库里洛以更新日渐衰败老化的果园这个想法鼓舞了少先队员们。正因为这项工作对这位总辅导员自己来说已成一件个人心上的大事，正因为即将进行的劳动为团结友爱和战胜其中的重重困难这一共同愿望所激励，所以孩子们也为这个计划所鼓舞，因而他们终于达到了所提出的目标——更新了果园。

达到的成果再一次说明，只有当集体的领导人、少先队总辅导员自己成为怀有满腔热忱的表率时，儿童集体才会受到鼓舞。如自己冷淡、冷漠，就不可能鼓舞别人。这个原则对少先队的各种活动来说，尤其重要。在我们学校，每个教师都参与少先队工作，跟孩子们一起劳动，从而以自己奋发出的热情激励儿童的心灵。

少先队各中队及各班十月儿童团的辅导员，是我们教育儿童的首要助手。共青团委员会按照教师的建议委派去担任辅导员的人，正是那些善于丰富儿童精神生活的共青团员。瓦利娅·斯克里普尼克就是这样一位中队辅导员。她组建了一个木偶剧团。她跟孩子们一起以儿童民间创作为题编写各种小戏，孩子们在她的指导下为幼儿们表演这些戏。在游览和旅行时，在途中休息时，在夜间篝火旁，少先队员们朗读描写英勇无畏的人物和探险旅行的各种有趣的书。辅导员认为，每一本书都应当在特定的环境中读。按她的意见，有的书只适于在秋雨绵绵的深秋夜晚，当窝棚外面有风声呼啸的背景下读。

另一位辅导员尤里·什瓦奇科爱好技术，是我校优秀的青年机械化专家之一。他把这种爱好传给少先队员。孩子们装配具有游戏因素的模型，这些模型被用于儿童的游戏之中。尤里也热爱故乡，他研究故乡的过去，采集民歌和民间故事。按照他的倡议，少先队员们跟阅历丰富的老人们会晤，聆听和记录他们关于遥远过去的各种事件的讲述。

校图书馆是学校精神生活中心，是精神生活的重要基地之一。儿童的许多兴趣在这里得到满足，激发幻想的火花往往在这里点燃。图书管理员叶列娜·叶麦利扬诺夫娜·玛洛莉特科是个喜爱图书的人，一位出色的组织者。教师集体向她提出这样的要求：您应当了解和感受每个学生在图书世界的生活，为此您自己也应当读许多书。而叶列娜·叶麦利扬诺夫娜确实读书很多，她熟知世界文学、俄罗斯和乌克兰文学的所有著作，我们的教师集体认为这些著作是丰富的精神生活所不可缺少的最起码的图书。

书籍爱好者时常到晚上来图书馆作"灯下聚会"。图书馆有几个少年爱书小组，孩子们在这里读有趣的书，整修装订破损的旧书。图书管理员跟教师们一起竭力做到使所有列入世界文学宝库的书无一不为我们的学生所读。没有一个孩子没读过安徒生和格林兄弟的童话以及盖达尔的那些引人入胜的中篇和短篇小说。没有一个少年或青年没读过《从彼得堡到莫斯科旅行记》、《叶甫盖尼·奥涅金》、《战争与和平》、《静静的顿河》、《被开垦的处女地》、《青年近卫军》、《母亲》、《钢铁是怎样炼成的》、《浮士德》、《哈姆雷特》、《唐·吉诃德》、《强盗》、《阴谋与爱情》、《神曲》、《约翰·克利斯朵夫》、《绞刑架下的报告》等名著。校图书馆就其中每一部著作都举办展览，并作剪辑陈列。我们通过校图书馆对那些由于家庭生活的种种情况而可能陷入精神生活空虚的学生进行教育工作。我们力争使他们中的每一个人都在书海中找到自己的生活天地。

帮助教师完善教育技巧

《帕夫雷什中学》首次由莫斯科教育出版社于1969年出版。在这部书中苏霍姆林斯基科学地总结了他曾领导多年的基洛夫格勒州帕夫雷什中学的教育教学工作的经验。本文是这本书的第一章的第五节内容。

校长的一项任务就是帮助每个教师建立个人的创造性实验室。

对教师做个别工作是指两方面的事。一方面是分析他采用的教育方法，另一方面则是给他以实际帮助。这项工作的内容、方法和性质取决于教师的教育素养、他们的眼界、兴趣和精神需求。在学年开始之前，我跟教导主任就商定，我们各自分别做谁的个别工作。照例地，这项工作在全年内是跟分析系列课同时进行的。我和教导主任不仅把自己的经验、教育观点和信念传授给教师们，而且还把其他教师的经验也传授给他们，我俩都有各自的教师——学生。这项工作最主要的一点，就是向教师揭示这样一个道理：他的工作效果取决于他的知识和素养，取决于他读些什么书，怎样自学和怎样充实自己的知识。

下面举一个实例，是我对物理教师 A. A. 菲利波夫做个别工作的例子。

A. A. 菲利波夫在被正式任命来学校工作之前，一面参加课外工作，一面了解我校教师的教育观点和信念。我好几次跟这位未来的教师谈教学方法和课的类型，谈孩子们的独立作业，谈对孩子们的个别施教等问题。我当时就认为，这位青年教师只有在跟孩子们有了共同的精神生活，有了共同的智力兴趣、劳动兴趣和创造兴趣的条件下，他才能成为教育工作能手，因为只有通过这种途径才能了解儿童。

我帮助这位教师钻研了几本论述课堂教学的教育学著作，然后他就着手对准备由他执教的科目（六至七年级的物理和八年级的数学）的教科书作教学论分析，旁听富有经验的教师的课，某些课是我俩一道去听的。在这期间，我们特别重视对教学大纲和教科书进行教学论分析。

我们在分析教学大纲的过程中，探讨了这样一些重要问题：（1）在六七年级学习物理时，对自然现象的观察应当怎样为在高年级领会这门学科的理论概括做好准备；（2）孩子们应当深入理解初等物理教程中的哪些概念，才能在随后的几年里很好地理解和顺利地学习物理定律和规律；（3）哪些定理、定律、公式和数据是学生必须牢牢记住和永远不忘的，从而使这些知识在记忆里的保存有助于思维的积极工作；（4）理论知识与实际技能之间的相互关系应当是怎样的，为了顺利进行学习，即为了顺利地理解、认识和分析周围现实的事物和现象，孩子们必须熟练地掌握哪些技能；（5）应当把哪类作业列为家庭作业，这类作业的完成将怎样促使脑力劳动的积极化，将怎样发展

对知识的兴趣、求知欲望和勤学好问精神；（6）应当完成些什么实践作业，学生应当亲手制作些什么东西；（7）孩子们应当阅读哪些科普读物，应当怎样由此而扩大他们的眼界；他们有哪些个人兴趣和爱好应当得到发展，我们怎样才能在课外活动中满足孩子们的这些需要和兴趣。

然后我们逐节浏览教科书和习题集，细读了其中最重要的、在学生看来也是最困难的章节。

按照同样的原则，每个教师都在我或教导主任的帮助下钻研自己所教科目的教学大纲和教科书。低年级教师在做这项工作时，特别注意把会学习这个工具交到孩子手里，没有这个工具就不可能进一步掌握知识。这个工具包括五把"刀具"，即五种技能：（1）读；（2）写；（3）思考；（4）观察周围世界的现象；（5）用语言表达所见、所做、所想以及所观察到的事物。教师们还编出儿童在低年级时就应当永远记住的正字表。一般讲，低年级教师对孩子们教学工作的准备，实际上也就是对孩子们日后到五至十年级去学习的准备状况的分析。

对这位年轻教师做个别工作的下一个阶段，就是帮助他准备头几节课。但去旁听初次任教的教师的头几节课，则是不适当的，应当容他有机会熟悉一下班里的情况和步入工作的正轨。但同时防止他可能产生的错误也十分重要。在讨论头几节课的内容时，我向 A. A. 菲利波夫提出了如下问题：

（1）您将引用周围生活中的哪些事例来形成关于物理现象、运动、运动的相对性这些概念？

（2）怎样组织新教材的学习，才能使学生自己作出结论和概括，自己对生活中必然遇到的种种现象进行分析、理解和比较？

（3）过去掌握的知识有哪些是适宜于在学习新教材过程中加以发展和深化的？

（4）当您布置家庭作业时，将让孩子们去注意周围生活中和生产中的哪些现象？

这位教师在思考这些问题时，必然要一再地去深钻教材内容。

A. A. 菲利波夫在上课的头两周内，每天下班时都把自己上课的情况讲给我听。谈论我还没有去听过的这些课，可以帮助我了解到，他是否善于分析学生的知识与自己的备课质量的依从关系。令人高兴地是，A. A. 菲利波夫能坦率地谈他讲课的所得和所失，并力图说明有所失的原因。从谈话中清楚地

了解到，他的最大困难是在学习新教材上。七年级的第二堂物理课上，就已经有一部分学生不明白第一堂课所学过的教材了。

我告诉他，怎样在学习教材过程中了解全班和个别学生的学习情况，怎样观察和分析儿童脑力劳动的效果。课堂上应当在教师亲眼目睹下就完成教学的第一阶段，也就是主要阶段，即全体学生应当对刚讲过的现象、规律及相互依从关系的本质都已十分清楚。而家庭作业，只不过是对已获知识的加深、发展和应用而已。

随后接着进行的谈话表明，A. A. 菲利波夫在努力做到一面教，一面弄清学生的掌握情况，防止课堂上出现不懂和没有掌握的现象，并摸清个别学生的学习特点。但正是在进行反馈联系上，这位教师往往遇到很大困难。我明白了在他的课上应当把注意力放在什么问题上，应当在哪方面给他进一步的帮助。这时已是能够开始旁听和分析他的课的时候了。

我第一次旁听 A. A. 菲利波夫的课就说明，他很难把讲述、谈话、完成实习作业跟了解知识的掌握情况、跟考察学生的脑力劳动过程结合起来。他本应同时既考虑教材内容，又考虑必须把他备课时没有预见到的那些变化纳入教材的学习过程中来，以便防止学生听不明白和克服他们不会思考和分析事实这个弱点。

我在分析我听过的第一堂课时，主要探讨的是学生怎样沿着知识的道德前进的。分析，就是把这位教师做了的跟他应当做的进行比较。不过在这种情况下，即使作出最详尽的分析也是不够的。而应当把你所说的和所建议的做给他看才好。我跟 A. A. 菲利波夫约好，他来听我上语法课，然后我再去听他上物理课，往后就这样互相听课。

我对这位年轻教师将要来听的那堂课做了充分的准备。十分重要地是，要使他看到和弄懂怎样观察和分析掌握知识的过程。

我讲的这堂课是学习简单句的类型和复习原先学过的正字法规则。每个学生都独立地分析钻研列有一些句子和正字的个人卡片，孩子们的回答实际上就是对实例的深入思考。学生们经过思考，便各自依据自己的实例独立地达到对语法规律的理解。完全没有把提问划作课的单独一个部分，了解和评定知识的掌握情况都是在课的进程中进行的。

课后的交谈表明，这位年轻教师弄懂了这样一个要点：能看清脑力劳动的过程，就意味着善于组织孩子们去独立地（从这一概念的广义上说）认识

事物和现象。我详细地评述了我那堂课，并着重说明了这样一点：只有在许多事例通过了学生的意识，并且经学生分析这些事例而发现真理的情况下，知识才可能是深刻的。

我们互相听课持续了一年。此外，我还跟菲利波夫一起听了其他教师的课。

一直都对这位刚开始任教的教师提出的一个目标是：分析学生在学习新教材时是怎样被激发进行积极的脑力劳动的，他们独立认识事实是怎样进行的、识记和熟记是如何建立在深刻理解基础之上的。这位年轻教师除听课之处，还研读了教育学参考书中关于主动自觉掌握知识的过程这一部分，以及心理学参考书中"思维与言语"的章节。

没有理论上的认识，就不可能借鉴别人的经验和掌握教育技巧。我校每个初任教的教师不论教育程度如何，都要在头三四年内紧密结合对自己的教学实践及其他教师的经验的分析，去学习教学论和心理学。只有当一个教师能够深入掌握每种教育现象的理论实质时，他才会取得教育技巧。

A. A. 菲利波夫在如何复习学过的教材方面遇到的困难较大。只有清楚地了解了周围世界种种事物和现象相互联系中的心理学规律、教育学规律和逻辑规律，才能理解复习是怎样在学习新教材过程中进行的。教育学和心理学书籍的研读，帮助了这位年轻教师去理解他在富有经验的教师的课堂上所看到的一切。他明白了复习不是目的本身，而是发展和加深知识的手段。巧妙地选择复习材料，首先要明确各部分以及各概念、规律、定理、公式等之间的逻辑联系。

为总结第一学年的工作，我跟菲利波夫进行了谈话，参加谈话的还有菲利波夫听过他们课的那些教师。这位年轻教师学会了如何激发孩子们去进行脑力劳动，如何跟他们建立牢固的联系，掌握了按逻辑顺序阐述教材的方法和进行启发式谈话的方法，在把学习新教材跟考查知识的掌握情况结合起来这一点上开始迈出了最初的几步。但是他在教学中依然有许多不足之处：不善于正确地为若干节课安排复习；知识的运用与知识的掌握过程相脱节；不大善于利用某些学生对技术创造、搞设计和制作模型的爱好来扩大他们的眼界和加深他们的理论知识。

我们确定了下一年要对他做的个别工作，具体安排如下：

我跟有经验的教师一起要听他 8～10 节课。目的是改进教学方法，特别

是学生对事实和现象独立开展脑力劳动的方法。菲利波夫将听我的 3～4 节课，目的是学习进行谈话和讲述的方法，学习对已学内容进行复习的方式，以及学习为加深知识而运用知识的方式。他跟我一起将在六年级听 C·潘钦科老师的代数系列课，借以了解这位老师的备课情况，学习复习、发展和加深知识的过程。然后我们将共同编写一堂物理课的教案（逐句写出讲述内容），菲利波夫要钻研这个教案，并按它上课。目的是改进讲述和阐释新教材的方法。随后他要继续钻研教学大纲和教科书，以及教育学和数学、物理教法参考书。

菲利波夫第二年的教学开始了。我在分析他的课时，越来越深入地涉及学生脑力劳动的细节。我们把注意力放到了一个有趣的规律上：越是利用过去学过的教材来领会新教材，学生的脑力劳动就越积极，新教材就领会得越深，而过去学过的知识也会变得越巩固。当学生把过去获得的知识作为领会新教材的钥匙来使用时，他的脑力劳动就最积极。此外，我越是深入思考课堂上发生的现象，我面前就越是展现出教育思想的新源泉，创造的新溪流，教育信念的新萌芽。

我能取得教育经验，应当归功于我听过和分析过他们课的那些富于智慧而又善于思考的教师。当我面前展现出教育工作的某一新境界，而我不论怎样仔细观察和思考它也无法理解它的实质时，我就一连听这些教师 5 节、7 节课，以求找到触动了我心思的那个问题的答案。

我在菲利波夫的课堂上研究学生脑力劳动的积极程度同他们应用以前获得的知识之间的依从关系时，发现一个规律：应理解和识记并用它当做解释新事实和现象的钥匙来加以应用的那个抽象真理越难，学生识记这个抽象概念（定理、公式、定律）并把它保持在自己的记忆里就越在更大的程度上取决于他为此而独立分析和思考过的事实范围的大小。通过我跟这位年轻教师一道分析他的课，得出这样一个结论：当学生集中思考过相应的事例，对它们进行过分析，并从这些事例的相互关系中得出理论性概括时，就可做到牢固地识记规则（定律、公式）并把它们保持在记忆里。这也就是脑力活动过程中的那种创造性活动，智力才能就是靠它得到发展的。

在第二年年终的总结性谈话中，我跟菲利波夫一起拟定了一个继续做他个别工作的长期计划，这时拟定的已是为期 3 年的计划了。我计划每年旁听并分析这位年轻教师 10～12 节课，并确定将着重注意那些使知识系统化的

课，即预定要分析包括实验作业、实践作业、参观、对自然现象和劳动的观察以及对教科书和科普读物的独立钻研等活动形式的系列课。我们还拟出了要他在3年内独立去研读的教育学和教学法书籍的书目。到任教第四年的年末，他准备好了一篇报告，题目是《领会事实与识记结论》。

这时我再听菲利波夫的课，主要注意的就是认识途径了，即从观察、分析事实到形成结论并把这些结论用于日后的学习。教育过程的新规律一个接一个地被揭示出来。我们认识到，如果结论能作为解释一个个新事实的钥匙而多次运用，就无须专门去背诵它便能识记。这样，课堂上就会有空余时间去做实践作业，锻炼和培养学习技能。新教材的学习便跟知识的发展、加深和巩固结合起来了。

我跟这位年轻教师一起不止一次地思考过某些课的细节（这些思考也是一种教育上的创造）。例如，我们对将要上的"磁场"一课作了一番思考。按照这位教师的设想，学生观察了实验，就应自行得出结论来。然而从交谈中了解到，这种观察在相当大的程度上是消极的，学生那时在忙于记住讲解，以便以后能再现它。我们便仔细思考，怎样才能把直观性用在积极的获取知识上。我们得出结论认为，必须把学生将要在课堂上领会的那些概念（空间、作用力、磁力线、磁场等等）都纳入他们获取知识的积极劳动过程中来。让每个学生在独立观察时就在心里解释他看到的现象。例如，当他在磁铁旁摆放了若干小磁针之后，就让他说明眼前出现的现象（说说磁针和磁铁是怎样相互作用的，磁场磁力线的作用是什么）。我还建议考虑好若干个以"为什么"开头的提问，以便当学生独立操作时向他们提出。学生为了回答这些问题，将积极利用直观教具去探寻因果关系，因而也就是去获取知识。

菲利波夫已能巧妙地使直观性服从于积极的脑力劳动了。以"为什么"开头的提问逐渐变为把直观形象同理性规律的分析结合在一起的思考题。他读了一些论述思维过程心理的论文。把观察、实验作业、实践作业同理论性规律的思维分析相结合的思想又被集体加以发展和深化。我们举办了首次关于课堂上学生脑力劳动的理论讨论会。从那时起，每年举办关于这个题目的理论讨论会已有19年了。在讨论会上，我作分析课堂教学和学生答问的报告，教师们则汇报各自的创造性探索与发现。

在一次理论讨论会上，菲利波夫向老师们提出了一个有意思的问题：教师怎样才能看清和弄明白学生在接受新知识时头脑里在发生什么？他声明：

"我应当在没有结束自己的阐述和讲解之前就知道，我所阐述的新知识在学生的意识中跟他已知的哪些概念在结合。"他在这里又一次涉及早已使他不安的那个反馈联系的问题。在他的工作中对这个问题已有了点点滴滴的经验。

此后，我跟这位教师又对实现反馈联系的教学方式作了一番研究，这个问题我们已经钻研10多年了。他向学生的意识揭示事物和现象的本质时，总能做到使他们在意识中产生带有鲜明情感色彩的问题——也就是产生诧异：为什么会是这样？诧异感，这是求知愿望的蓬勃源泉。这位教师在学生接受新知识时巧妙地组织他们进行独立的脑力劳动：学生在跟随教师思路的同时，把它反映在平面图、示意图和素描图中。结果教师在讲解过程中就能看到，个别学生是怎样领会教材的，他们遇到一些什么困难。

菲利波夫用以实现反馈联系的最得力的教学方式是：学生先观察自然现象，观察劳动，观察技术和工艺过程；依据观察材料编写总结报告、科学报告和专题报告；利用直观教具（不经课堂讲解）完全独立地钻研教学大纲的有关章节。现在我校整个教师集体都在研究反馈联系问题。菲利波夫力争使每个着迷于教学工厂、学科专用室和实验室某项劳动的理论问题的学生，都研读科学图书，开展研究工作，进行实验活动。他在指导几个学生小组的技术创造活动过程中，也从自己的高年级学生中培养儿童集体的领导者。他从来都没有过不及格的学生。

现在，菲利波夫常作报告，给教师们介绍工作经验，参加区联合教学小组的工作。近5年内他为全区教师做报告的题目有：《运用知识是教学过程的重要规律》，《物理教程中的概念体系》，《掌握知识过程中学生独立作业的种类》，《爱好与志向的培养》，《怎样观察和分析学生的脑力劳动》，《如何在课堂上培养注意力》，《个人才能的发展和求知兴趣的培养》。

如果一个教师肯于用心深入地分析自己的工作，他就不能不产生认识自己经验的理论意义的兴趣并对学生的知识状况与自己的教育素养之间的因果联系作出解释的意图。教师对自己的工作进行分析，必然会促使他把注意力集中在教学过程中他认为是在那种场合能起最重要作用的某个方面，促使他考察分析事实，研读教育学和教学法书籍。这样就开始了教育创造活动的高级阶段——实践与科研成分的结合。经过一年、两年、三年之后，教师便能在理论讨论会或校务会议上作报告了。

我校教师在1962－1963到1964－1965学年间在理论讨论会上作报告的题

目有:

В. А. 苏霍姆林斯基的《学习新教材过程中学生的脑力劳动》;《高年级学生集体的精神生活》;

А. И. 雷萨克的《知识与信念》;

В. А. 斯科奇科的《教育教学过程中情绪因素的作用》;

А. И. 苏霍姆林斯卡娅的《男女青年生活理想的形成》;

М. Н. 维尔霍文尼娜的《思维过程迟缓的儿童》;

Е. Г. 阿夫瓦库莫娃的《爱国主义感情与爱国主义信念》;

В. Т. 达拉甘的《教学过程中高尚道德需求的形成》;

М. Н. 利马连科的《道德信念的形成过程》;

А. И. 列兹尼克的《儿童智力才能、素质和兴趣的研究》;

О. А. 皮西缅娜娅的《学习外语时脑力劳动的特点》;

А. ф. 巴尔文斯基的《高年级学生公民感的培养》;

М. А. 雷萨克的《学龄中期学生个人荣誉感和尊严感的培养》;

А. А. 菲利波夫的《个人才能的发展和求知兴趣的培养》;

А. Г. 阿里辛科的《数学与人的智力发展》;

О. И. 斯捷潘诺娃的《教学过程中的科研因素》;

М. Т. 塞罗瓦特科的《教育者的教育分寸》;

Е. Е. 科洛米钦科的《知识与科学唯物主义信念》;

А. Я. 沃夫钦科的《学龄中期学生集体中的道德关系》;

Е. С. 列兹尼克的《把我们的社会道德财富传给年轻一代》;

А. А. 萨姆科夫的《农业实验活动中的智力发展》;

Е. С. 沃利克的《学生无神论信念的形成》;

Е. М. 扎连科的《小学生初步科学唯物主义观念的形成》;

П. Т. 沃罗希洛的《学龄早期儿童善恶概念的形成》;

Р. К. 扎扎的《学龄早期儿童教育中的美感》;

В. С. 奥西马克的《学龄早期学生集体中的道德关系》;

А. А. 涅斯捷连科的《小学生道德教育和审美教育中的大自然》;

М. И. 贡恰连科的《学龄早期的劳动审美》;

В. П. 诺维茨卡娅的《学龄早期儿童思维的个性特征》;

С. И. 叶夫列缅科的《音乐欣赏过程中美感的培养》；

Г. Т. 扎伊采夫的《儿童精神生活中的图画》；

Р. А. 克里沃舍娅（长日制班教导员）的《游戏是发展儿童智力才能的手段》；

Г. И. 列兹尼克的《体育与健康》；

В. И. 申古尔的《劳动美感的培养》；

А. А. 沃罗希洛的《设计过程中创造才能的培养》；

В. А. 戈尔巴奇的《少先队工作中的浪漫主义》；

Е. Е. 马洛利特科的《读书与德育》。

教师们在独立撰写这些报告的过程中，便会深入到范围更为广泛的大课题中去，这种研究有时会持续好几年。我们不妨举几个我校教师近几年中正在研究的题目，其中有："困难儿童"（В. А. 苏霍姆林斯基），"高尚的道德需求"（В. Т 达拉甘），"个人与集体"（А. И. 列兹尼克），"低年级的美育"（Р. К. 扎扎），"低年级的德育"（Е. М. 扎连科）等。

这类报告中的每一篇都是集体研究工作的一部分。我校出有手稿汇编《教育思想》。我校有 26 位教师在教育杂志和报纸上以论文形式发表过自己的报告。

我们不容许使教师的独立研究工作变成写官样文章，尽可能少让教师拟计划、写提要，不让他做任何书面总结，这已成为我校工作常规。

教师需要有空余时间去思考科学的新成就，充实自己的知识，总结已有的经验。我校集体在工作中严格遵守这样一条规定：让教师每周只有一天花费在理论讨论会上、校务会议上或联合教学小组的活动上。这样，教师就可以把其他几天的时间都用在独立工作和休息上，用在跟学生们进行那种能使他得到道德满足，和审美满足的精神交往上。教师之所以需要有自由活动时间，最主要的还是为了读书。教师若不读书，若没有在书海中的精神生活，那么提高他的教育技能的一切措施就都失去意义了。

这里想给校长们提几点建议。不论教师面临的任务多么紧迫，都不可能一蹴而就。不论是教育战线的新手，还是有些经验的教师，对于校长来说，重要的是辨明他的能力、他的教育素养和一般素养、他的眼界和学识。重要的是尽可能严密地防止课堂上出现各色各样的缺点和错误。听过头几节课之

后就应作出结论，为改进这位教师的工作质量都需要做些什么。

个别工作的成效主要取决于教师怎样借助于校长的意见和建议去掌握独立分析自己的成绩、缺点、失误的方法。在我校，意见和建议的性质乃至语气全都符合这个目的，这些意见和建议都产生于跟教师一道对教学过程的共同分析。每堂课上都会揭示出某种新问题，思想也会深入到在此之前一直不易察觉的细节中去。重要的是，要使校长的思想也能吸引教师，使校长和教师为共同的探索所激励，成为教育过程的共同研究者。最有经验的教师也绝不应当在已经取得的成绩上停步不前，因为不继续前进，就必然要落后。

在做有经验的教师的个别工作时，校长的任务在于跟他一起（往往由于教师的能力比校长强）去寻找一个可以从那里开始进一步完善教学技巧的创造领域。完善教学技巧，这在我们的工作中是没有止境的。

如果你在做年轻教师的工作，那就要在开始时向他展示一些教学技巧，哪怕是一点一滴也好。但正如砧木里的汁液没有开始畅流之前，嫁接在上面的幼芽就不会复苏一样，想借鉴好经验的人在尚不具备借鉴这种经验所必备的条件，即不具备一般文化素养、相应的眼界、教育学和教学法知识以及理解儿童精神生活的能力以前，好经验是不会开花结果的。为教师创造这些条件，要比让他看到现成的经验并做到使他清楚地理解这种经验的实质还要困难。

因此我要再三忠告：切勿忘记关注教师读些什么书，他怎样对待书籍和科学。只有当读书成为教师的一种很重要的精神需求，只有当他不仅有书而且也有读书的时间的情况下，他才有可能借鉴别人的经验。时间，这是教师的精神财富，应当通过巧妙安排教育教学过程来珍惜它。

在真正的教育者身上能体现出在教育新一代方面已经取得的成就的全部精华。教师对年轻一代来说，是满腔热情地劳动和献身崇高理想的榜样，是丰富多彩的精神生活的典范。

集体的教育信念和教师的个人创造

苏霍姆林斯基的《和青年校长的谈话》一书1973年由莫斯科教育出版社首次出版。本文选自本书的第一次讲话的第二节。

只有当教育和教学工作中的那些最重要的问题能在实践中不断得到解决时，才能彻底改进学校工作，提高学生知识质量和完善道德教育。多年的经验证实，从千万种日常现象中抽取出来的教育思想，才是教育创造的实质所在。

教育思想，形象地说，就是教育技巧得以在其中展翅翱翔的空气。在我们的复杂而多方面的工作中，只有在探索现实生活所提出的问题的答案时，闪现出生气蓬勃的思想火花，那才会有创造性的劳动。而没有提出问题以及寻找各种事物间因果关系的愿望，那么任何时候也点燃不起这种探索的火花来。只有当你想使自己的劳动和劳动成果变得比现状更好的时候，只有当你因思考为什么自己的努力没有得到应有结果而坐卧不宁的时候，你的头脑中才会产生出能够点燃创造性思想火花的问题来。你是校长，形象地说，你应当把教育工作这块宝石的正好是未经雕琢的那一面转向教师，使他们为里面包含的思想受到震动，感到不安。如果你能做到这一点的话，全体教师就能在自己的工作中发现教育问题，获得教育思想。

20年前，我反复考虑了知识质量这个老问题之后，和教师们进行了一次谈话，谈话是这样开始的："这里是一至四年级和五至七年级学生的学业成绩。这些成绩说明什么呢？你们看到：五至七年级不及格的人数比低年级多六倍，而优秀生只有低年级的1/5。为什么会出现这种情况呢？是学生越学越糟糕，还是五至七年级的教师工作比低年级差呢？或者是低年级教师纯粹在谎报成绩呢？由区里统一命题的低年级测验卷子就在这里，成绩很好，一切正常。究竟为什么到五至七年级情况就有如此严重的变化呢？

同志们，我和你们一样，也是一个教师。我非常明白，不去深入分析造成这种令人不安的现象的原因，而一味要求提高五至七年级的成绩，那只会导致欺瞒行为。已经有半年了，我天天都做这样一件事：每天听两节课，一节是低年级的，一节是五至七年级的。半年来，有一种想法使我不得安宁：低年级和中年级学生的脑力劳动究竟有什么区别？也许我错了，但我觉得自己已经抓住了问题的关键。听课时，我认真听学生说些什么，细心观察他们做些什么，同时在思考一个问题：究竟什么是知识？我们天天在讲'要为深刻而巩固的知识而斗争'。可是，知识这个概念是很广泛的。而当你注意观察了儿童在想些什么、谈些什么、做些什么和议论些什么之后，就会得出一个

结论：我们所理解的这个广义的概念里，有时指的是截然不同的东西。

有一种是关于周围世界的规律性的知识，另一种是学生为了进行学习所必需的知识和技能。如果仔细观察一下学生在低年级做些什么的话，就可以毫不夸张地说：小学的主要任务就是教会儿童使用一个人终生都靠它来掌握知识的那种工具。当然，这项任务在以后的教学阶段也不会取消，但在小学它是居于首位的。谁也不会否认，儿童在低年级时期，在一般发展上会有巨大的进展，会认识周围世界的许多规律。然而，低年级阶段的主要任务还是教会儿童学习。应当教会他们使用那种工具，没有它，儿童掌握知识就会一年比一年感到吃力；没有它，儿童的成绩渐渐就会不及格，他们就会变得缺乏能力。低年级和以后各学习阶段之间的脱节，就从这里产生。在低年级，我们总是过于谨慎，不敢大胆地把工具交给儿童，而儿童如果不熟练地掌握这种工具，其精神生活和全面发展就是不可能的。可是以后到了中年级，教师却要求学生能运用自如地使用这种工具。教师甚至不考虑这种工具处于何种状态，忘记了这种工具还是需要经常磨砺和调整的，看不到个别学生手中的工具已经坏了，无法继续学习，却还是把一批又一批新材料堆到学生的机床上，要求他说："快点加工，别偷懒，使劲干！"这是一种什么工具呢？这种工具包括五种技能：观察、思考、表达、阅读和书写。

当然，这种划分是相对的。因为思考能力和观察能力密切联系着，而观察能力和思考能力又是表达思想的能力的源泉。然而，它们毕竟是反映智力活动特征的几个单独的方面。我仔细观察五至七年级学生的脑力劳动整整半年，反复思考了学生知识质量差以及许多人努力学习而不见效果的原因，这主要就是学生不会使用那些最重要的技能——这些最重要的技能构成总的学习能力。首先是学生不会积极主动地观察，再就是不会阅读。

积极的观察，这实质上是儿童同周围世界，首先是同大自然相互作用的最初的活动。凭借观察，认识和学习才成为劳动，才能锻炼出观察力这种智能素质和智力发展的特征。观察力跟有思考的阅读相配合，这就是儿童智力不断发展的牢靠基础。

这些初步的结论引起了教师们的兴趣。我认为，我们全体教师都窥察到了教育工作中迄今尚未看到的那个侧面。我们决定，不论在低年级，还是在中年级，或是在高年级，都要研究学生的学习能力怎样，他们从一个年级升入另一年级时具备了哪些能力，这些能力以后又是如何发展的。

结果，展现在教师面前的情景使得他们感到困惑不解，从而促使他们去认真思考整个教育工作的效果。五至七年级的各科教师（地理、历史、自然、物理、化学、数学教师）在考察了学生的学习技能之后发现，许多学生在阅读技巧方面没有达到足以自觉地领会教材的程度。

原来，某些学生之所以不会解算术应用题，正是由于他们不会流畅地有意识地读题的缘故。

很重要的一个问题是，许多学生的阅读尚未变成一种半自动化的过程。我们看到，许多孩子在读课文时，把全部精力都集中到阅读过程本身上去了：全身紧张，头上冒汗，惟恐读错了一个词，碰上多音节的词念不顺，因为他们不会把这些词和词组作为一个整体来感知。因此，他已经没有余力去理解所读的东西的含义了。如果只看阅读的过程，即阅读的技巧，那么初看上去似乎是令人满意的。但正是这种表面上一切顺利的假象使低年级教师陷入迷惑之中。

我们全体教师聚在一起，讨论学生的阅读问题。大家争论很激烈。一位物理教师说："既然学生还不会阅读，不懂他所读的东西的意思，怎么能让他学好我的物理课呢？应当把学生的阅读技巧提高到这样的程度，使他能够一边阅读一边思考所读东西的含义。只有这样，我们前面所说的工具，才能在他的手中运用自如。"我们决定全体教师都来帮助低年级教师，教学生掌握顺利学习所需要的那种阅读技能。不仅校长和教导主任，而且语文教师、数学教师、物理教师、历史教师和地理教师都到低年级去听课。而低年级教师则到中年级和高年级去，看那里的学生对阅读工具掌握得怎么样。

这样，教师们就发现低年级教学中有一个严重的缺点，那就是，在阅读课上，学生读得很少，而关于所读的东西（包括已经读过的和将要读的东西）的谈论却很多。阅读常常被各种各样的教育性谈话、教育性因素所取代了。后来，低年级教师克服了这个缺点，开始研究和考虑学生在课堂上和在家里应当阅读多少，以及为了熟练掌握阅读技能需要多少阅读书。而中、高年级各科教师则开始注意研究，在自己的课堂上要做些什么工作，才能使学生的阅读工具日趋完善而不致变钝。

全体教师越来越清楚地看到，在教师的指导下掌握知识和完全独立地掌握知识的能力，是学生智力发展中最重要的一个方面。而在这个重大能力中，阅读能力又居于首位。这种认识变成了大家的教育信念，它是激励大家的一

个重要条件，没有它就谈不上创造性劳动和教育技巧。多年来的经验证明：哪里的教师能从集体的信念出发来看待个人的工作，哪里就会有创造性的劳动。

我们全体教师已花费近 20 年的时间，努力使学生在低年级就完全熟练地掌握阅读技能，并使这种技能在以后各年级也不断得到发展和提高。多年的观察使我们得出以下结论：要使学生学会流畅地阅读，并理解阅读的内容，要使他们能一边阅读一边思考所读的东西，而不是考虑怎样才能读得正确，那么，就必须让他们在低年级期间在课堂和家里朗读 200 小时以上，默读 2000 小时以上（包括课堂和课外阅读的时间）。教师要分配好这项工作的时间，校长和教导主任则应当检查教师是怎样考察每个学生的个人阅读情况的。

这里所说的流畅快速的阅读，并非指一部分最有才能的学生所能达到的那种快速阅读，而是指每个学生都必须掌握的正常阅读。这种阅读是以中等能力的学生为标准的，阅读的速度是每分钟读 150 ~ 300 个单词。

对于集体所得到的每一个教育信念，都应做出一些实际结论来，而要使每一个教育思想成为事实，就要去做长期的细致的工作。全体教师一旦认识了阅读能力的重要性，那么对怎样才能教会学生流畅地阅读，每个学生需要完成多少实际练习的研究，就属于校长和教导主任的工作范围了。

我们在分析学生的阅读能力时，发现个别教师自己也没有很好地掌握这种能力。我们看到个别教师对缺乏表情的朗读并没有留心，这是因为他们没有语感，不能体会所读的东西在含义上和情感上的微妙之处。鉴于这种情况，我们就为低年级教师组织了一个阅读讲习班。教师们在讲习班里修炼了自己的既能理解又能流畅而有表情地朗读的能力。

在全体教师中，对于学生顺利学习所必需的一些其他技能，也确立了明确的教育信念。我们在分析中、高年级学生的学习情况时发现，许多学生在书写技巧和速度方面，还没有使书写过程也达到半自动化的程度。这就是说，学生在写某种记录的时候，不要再去考虑怎样正确地书写每个字母。我们发现，五至七年级的许多学生常常把精力用在书写过程本身上，而无暇对自己所写的东西进行思考（即使在高年级，这种毛病也很常见）。

怎样才能使学生的书写过程半自动化，怎样才能使学生做到在书写时，把精力主要用在理解所写的东西的含义上，用在思考应当写些什么上呢？集体的教育信念激励了教师去进行创造性的探索，成为每个教师个人创造的动

力。低年级教师们在研究了书写过程之后，认为学生早在二年级时，就应当训练到写字时手不颤抖，不需要进行特别的意志努力就能把字写正确。教师们认识到，要达到这一点，就必须有一定分量的练习。

要使学生学会足够快速地、清晰无误地书写，使书写成为学习的手段和工具，而不是学习的最终目的，那么在低年级期间就应当让他们在练习簿里写字不少于 1400 至 1500 页。我们发现，要做到这一点，只靠完成语法和算术作业的书写是不够的。于是教师们开始布置一些专门训练书写技巧和书写速度的作业。到了四年级，就开始教儿童凭听力来感知教师所讲的内容，并把它记录下来。

所有这些结论都是很简单的，然而为了把它们确定下来，付出了多少劳动，进行了多少探索啊！教师们常常在校务委员会会议上汇报自己工作的成果。校长和教导主任在听课和分析这些课时，也考察了每个学生的作业内容和作业量。教师的个人创造逐年丰富起来了。中年级和高年级教师得出一个结论，即在中、高年级的教学阶段，还有一种能力也很重要，这就是自我监督、自我检查的能力。于是，我和语文、数学、物理、地理、历史教师一起分析了一系列课，从而确定培养自我检查能力的途径。

低年级教师的教育创造活动就这样开展起来了。几年中，学校里逐渐建立了一套写作文的制度。教师开始教学生根据观察自然现象所得到的材料写作文。例如，孩子们写的作文题就有：《树木的美丽秋装》、《初寒》、《春天的花》、《果园里的蜜蜂》、《夏雨》、《冬季里阳光明媚的一天》，等等。我们认为，学生的这些有趣的创作活动，是教会学生思考、教会学习的一种手段。几年来我们学校形成的这套写作文的制度，犹如一条线把各个年级培养思考能力的工作贯穿起来了。教师在开始教一年级的时候，就把孩子们以后四年内要写的作文题目拟定出来了。这些教师教出来的学生，在小学毕业时，就能很好地讲述他们所看到、观察到和想到的东西。

根据观察材料确定作文题目，这是校务委员会讨论的问题之一。我们学校的全体教师认识到，这并不是一个狭隘的教学法问题，而是关系到学生的智育和为他们在以后各年级的学习做好准备的重大课题。校长和教导主任在分析低年级课的过程中，跟教师们共同研究，应当把哪些成功的经验和发现吸收到智育体系中来。发现和检验教学中的成功的做法，是教导主任日常工作中极为重要的一件事。我要建议青年校长和教导主任设一个本子，把教学

中的点滴收获、成功的做法和微小的发现都记录下来。校长和副校长把值得关注的一切点点滴滴地积累起来，就仿佛每天都在向前看，在思考改善教育和教学过程的前景。

总之，只有当集体中形成这样一种教育信念时，即为了让儿童顺利地进行学习，就必须教会他们怎样学习，低年级教师才可能有所创造。经验证明，如果全体教师和校长都把低年级当作儿童掌握学习工具的一个环节加以关注的话，那么就能用三年时间顺利地完成初等教育。领导普通学校的艺术就在于：用统一的教育信念把低年级、中年级和高年级的教师团结在一起，使他们共同关心学生的学习，使每个教师的个人创造（没有个人创造，就不可能有富于创造精神的集体），像一条条永不枯竭的溪流，汇聚成集体技巧、集体经验的巨流。

教师的业余时间及其一般素养的提高

苏霍姆林斯基的《和青年校长的谈话》一书1973年由莫斯科教育出版社首次出版。本文选自本书的第三次讲话的第一节内容。

一位有30年教龄的文学女教师在十年级上公开课，课题是"当代青年的道德和审美理想"。题目有点不寻常，似乎离开了教学大纲。这是一位熟悉生活的教师直接触动学生才智和心灵的一堂课。她的讲授毫无训诫的意味，而是精细入微，真挚亲切。教师的每句话都像是启发大家要对照自己，深入思考自己的命运和未来。

"这才是真正的人学"，一位附近学校的校长在评论这堂课时说，"我想，准备这么一堂课，需要花几个小时吧。您花了多少时间备这节课？"

"一辈子都在准备"，女教师答道，"至于考虑这节课的教材和教案的时间则不长，大约有20分钟……"

教师上好一堂课要作毕生的准备。我们这行职业和劳动工艺的精神基础和哲学基础就是这样：为了在学生眼前点燃一个知识的火花，教师本身就要吸取一个光的海洋，一刻也不能脱离那永远发光的知识和人类智慧的太阳。教育工作有一条极重要的规律：传授知识并不是直线进行的，并不是教师今

天知道了一点什么，马上就可以把它传授给学生。如果一个教师在上课的前一天才去找寻知识的出处，选取他要教的东西，那么他的学生的精神生活必然是贫乏而狭隘的。一个有学识的、善于思考的、有经验的教师，他并不花很长时间去准备明天的课，他直接花在备课上的时间是很少的。他不写冗长的教案，更不必把这堂课的具体材料的内容抄进教案里。但他确实一生都在为上好一节课而准备着。他的精神生活就是不断地丰富自己的头脑。他永远不会说：我的知识已经积累到够用一辈子了。知识是活的东西，它永远在更新。知识也在陈旧和死亡，就像人有衰老和死亡一样。

教师要成为学生的知识的源泉，就要永远处在一种丰富的、有意义的、多方面的精神生活中。

人们经常听到关于教师应该这样那样的许多要求。譬如说：教师应该好好备课；教师在走进教室时应该把一切个人的和家庭的苦恼和不幸丢在门外，面带笑容站在孩子们面前；教师应该善于找到通往每个孩子心灵的小路，等等。但是我们常常忽略了一点，就是我们（校长、党组织、社会各界）应该给教师一些什么。例如：为丰富教师的精神生活创造环境和条件，使他不要白白地耗费精力和宝贵的时间，去做那些琐碎无用和妨碍他的创造性努力的事。

这里的问题首先在于如何保证教师自由支配的时间，它对于不断丰富教师的精神世界，像空气对健康一样必不可少。教师没有自由支配的时间，这对于学校是真正的威胁。

为什么教师没有自由支配的时间呢？原因很多。我认为，最主要的是，由于家长的教育素养很低和缺乏责任心，教师就往往不得不承担本来应该由父母担负的义务。我们学校非常重视家长工作，目的是为了使家长成为孩子最早的教育者和启蒙教师，以便在他们精心的观察和监督下，绝不让孩子养成懒惰和闲散的习惯。经常关心家长的教育素养和家庭的美满和睦，会收到良好的效果。我们并不经常去学生家里叫家长到学校来。家长们是主动来找我们的。他们是我们的得力助手。家长关心自己子女的教育，就可以给教师空出时间来。此外，教师还不得不花费足足的一半时间，去给学习落后的学生补上以前荒疏的功课。看来，这是学校生活中最大的麻烦之一。要使教师有自由支配的时间，就必须使学生按时完成他们应当完成的事情，及时而牢固地掌握知识，特别是掌握实际的技能，因为没有这些技能他们就无法学习。

在教学的一定阶段有必要减轻学生的负担，使他们对学习胜任愉快，不至于觉得脑力负担无法承受。但是教师必须始终看到减轻负担的限度。在减轻负担的同时，必须给学生的学习以能够接受的难度。意图在于使学生学会靠自己的力量去克服困难，不依赖教师的照顾。换句话说，早在童年和少年早期，就要使学生感到对自己未完成的某件事负有道义上的责任。学校生活中危害最大的恶习之一就是道义上的依赖心理，即在学生的头脑里形成这样的想法：我学习不好，是老师的责任。道义上的依赖心理是闲散、懒惰的产物，它反过来又会助长懒惰和懈怠。

造成一种大家都在劳动的气氛（尤其是在低年级和中年级），造成对懒惰和闲散的不肯妥协和不能容忍的气氛，这是使儿童和少年对自己的学习成绩怀有道义责任感的先决条件，也是他们牢固地掌握知识的先决条件。做到这一点，又能使教师赢得自由支配的时间。学校领导的作用，就是要使每个儿童把经常的、振奋精神的劳动当成幸福的事，并能在劳动中感受到这种无与伦比的幸福。

这里所说的"劳动"这个概念，既包括脑力方面也包括体力方面的劳作。学生在学龄初期和中期的独立阅读越多，教师自由支配的时间就越多。学生为了满足求知的愿望和爱好而深入思考地读书，这是防止游手好闲和虚度时光的极重要的手段。

领导学校工作的多年经验证明，必须保护教师，使他们从文牍主义中摆脱出来。当需要学校作出统计报表时，可以查阅班级日志；当需要学校做书面报告时，可以利用校长和教导主任的日常观察记录。学校工作计划要由校长来草拟，而不是由各个教师写的东西来拼凑。教师可以帮助校长考虑，但不能替校长代写。教师在一学年里只写两份计划：一份是教育工作计划，一份是授课进度计划（这是一种从教学论方面对教材进行创造性加工的规划，其中包括发展学生的思维和言语，学生对教材的独立学习，学生的课外阅读，对个别学生的辅导等。也就是说，都是教学大纲中没有的东西，因为大纲不可能预见每个具体班级和具体学生的特点）。这两份计划都是教师的很有意义的创作，它们不是为写而写的，而是进行创造性劳动所必不可少的工具。

我们全校教师有一项规定：教师在上课以外参加其他活动（包括教学法研究会、校务委员会的会议、课外辅导工作）的时间，每周不得超过两次。应当尽可能给教师留出更多的时间用于自学，让他们从书籍这个最重要的文

化源泉中尽量地充实自己。这是全体教师精神生活基础的基础。

读书的兴趣、热爱和尊重书籍的氛围是不会自发产生的，也不是靠领导的指示形成的。这件事用行政命令的办法根本不行。有了集体思考、集体讨论、座谈、生动活泼的争论和钻研精神，才会有爱读书的风气。我读了一本关于少年的有趣的书，就建议八年级的班主任们也读一读。这本书引起了许多争论。一位有经验的女教师说："事情并不都像作者所描绘的那么简单。作者认为一切都取决于学校。这固然不完全错。但是家庭呢？应当从家庭做起，单向家长普及教育知识还不够，还应该对他们做某些更深入的教育工作。这单靠学校的力量是不够的。要提出和研究'社会——学校——家庭'这个课题。"

这本书也引起了其他教师的兴趣，许多人都读了。大家一致认为，"社会——学校——家庭"这个问题，不能像现在那样来解决，而应该采取一些更加认真、更加彻底的办法。大家还谈到了社会教育、少年道德面貌的形成、家庭和学校集体的关系等重要问题。在教师集体中产生了关于青少年的公民教育、关于中年级和高年级学生集体的精神生活等一些很有意义的想法。学校党组织关心了这些问题。我们邀请了学校共青团积极分子和共青团区委书记来参加校务委员会的会议。我们讨论了应当做些什么工作，能使共青团和年龄大的少先队员感到自己是一个真正的公民，使他们对自己的所作所为怀有公民责任感。我们全体教师通过对我校和其他学校一些做法的分析，得出这样一个结论：要正确地安排公民教育，就必须规定专门的劳动任务，必须使学生的劳动生活充满公民责任感。

这些思想就是受那本有趣的书的启发而产生的。随后，教员休息室的书架上便出现了一些有关社会、文化、教育和道德等方面的书籍。当然，并非每一本书都能引起所有教师的兴趣，事实上也不需要这样。一部分教师对某一本书感兴趣，他们便自动结成一个小组。我们并不组织什么专门的讨论会，而是通过友好的交谈进行议论的。

我们认识到，应该更加有目的地进行书籍的宣传工作。我们有时组织一些报告或专题报告会，介绍我国社会乃至全人类都在关心的重大问题，其中包括社会、政治、道德、教育、美学、自然科学等各方面的问题。这可以说是一种独特的到书籍的世界里去的旅行。这种旅行已成为我们精神生活的一个丰富的源泉。这种报告由哪些教师作，并不作硬性规定。出席这种报告会

也是自愿的。但是，几乎每次都是全体教师参加。我们还邀请高年级学生来听讲。1967～1970年间的报告会的题目有："当代的唯物主义和唯心主义哲学"，"作为意识形态的宗教"，"当代世界各国人民所关心的社会问题"，"关于生命起源的科学"，"我国社会青年人的道德理想"，"全人类的道德财富和共产主义建设者的道德规范"，"我国人民的道德财富和对青年一代的教育"，"劳动与道德"，"美与道德教育"，"人们精神生活中的公与私"，"家庭和学校"，"正在成长中的一代人的爱国主义教育"，等等。

教师们在讨论中提出的各种问题，说明这些专题报告在他们的心灵中留下了深刻的印象。经常出现活跃而又热烈的争论，思想交流。到书籍的世界里去旅行，自然而然地促使我们全体教师去思考如何更好地教育新的一代，如何克服我们工作中的种种困难。

书中的一些思想充实着我们的生活，促使我们去思考那些天天看到而并未引起注意的事情。像"我国人民的道德财富和对青年一代的教育"这个报告，就引起了一些很有意义的想法。那些关于国内战争和伟大卫国战争时期的战斗英雄以及关于劳动英雄的书，帮助我们更好地理解了道德教育的极为丰富的资料源泉。我们认识到，在日常工作中，我们还远没有充分利用这一源泉。我们全体教师都在思考：我们的学生在读些什么书？他们把哪些人当做自己的理想人物和学习榜样？我们认为，必须很好地指导学生的课外阅读，使每个学生都树立起正确的道德理想。

然而，最丰富地体现我们的制度和我们社会的道德财富的"书"，是当代我国人民的现实生活和劳动，是他们为之奋斗的伟大的、美好的理想。怎样才能使每个学生在全部学习岁月中都去钻研这部"书"？怎样才能使光明美好的现实生活成为提高当代青年道德水平的强有力的教育手段呢？这个问题成了我们全体教师的讨论课题。大家认为，应当把胸怀崇高理想的苏维埃人的心灵美揭示给学生。而怎样去揭示这种美，那就是教育技巧的问题了。我们经过议论，提出了一些很有意义的建议，说明怎样向青少年介绍当代英雄人物的事迹，怎样以英雄人物为实现崇高理想而斗争的榜样去鼓舞学生。

教师集体的创造性工作中的研究因素

苏霍姆林斯基的《和青年校长的谈话》一书1973年由莫斯科教育出版社首次出版。本文选自本书的第三次讲话的第二节。

只有在教师不仅向儿童传授知识，而且也研究儿童的精神世界，探索脑力劳动和人的个性形成的复杂过程的规律性的情况下，书籍才会进入教师集体的精神生活。前面几章里已经讲过，由于教师集体有了教育信念，所以在他们的日常工作中便产生了研究的因素。教师的工作就其本身的逻辑、哲学基础和创造性质来说，不可能不带有研究因素。这首先是因为，我们与之交往的每一个个体，在一定程度上都是一个具有自己的思想、情感和兴趣的独一无二的世界。如果你想使教育工作给教师带来欢乐，使每天的上课不致变成单调乏味的苦差，那就请你把每个教师引上进行研究的幸福之路吧。在这里，校长对教师进行个别工作有着广阔的天地；在这里，有收获和发现，也有快乐和苦恼。谁能感到自己是在进行研究，谁就会更快地成为教育工作的能手。

应当附带说明的是，这里指的并不是按其严格意义来说的那种科学研究工作。一个人可以创造性地工作，但是并不一定进行那种通过大量事实而作出科学概括的研究工作。我们这里讲的是研究那些已被教育科学解决了的问题。一个能创造性地工作的教师，一旦成为理论与实践之间的中介人，他对上述那些问题就会经常有新的发现。

这里讲的是我们的工作性质本身要求我们进行的那种创造性研究。这样的研究能丰富集体的精神生活。十多年来，我们学校的每一个教师都在对教育和教学过程的某一个问题进行研究。下面就是部分教师在一学年中研究的课题："诗歌及其在当代青年精神生活中的作用"，"男女青年道德理想的形成"，"爱国主义情感与爱国主义信念"，"如何培养学龄中期学生的有道德价值的需求"，"如何在学习新教材时使学生的思维过程积极化"，"如何培养学龄后期学生的有道德价值的需求"，"美育和智育"，"学龄中期学生的个人荣誉感和自尊感的培养"，"学龄中期学生集体中的道德关系"，"随意注意和不

随意注意"，"个人与集体的相互关系"，"如何把我们社会的道德财富传给青年一代"，"一年级学生的善恶概念的形成"，"一年级学生公正和不公正观念的形成"，"学龄初期学生集体中的道德关系"，"学龄初期儿童教育中的审美情感"，"思维过程迟钝的儿童"，"大自然在学龄初期儿童的美育中的作用"，"学龄初期儿童劳动中的美感"，"少年的个人爱好的培养"，"学龄初期儿童思维的个人特点"。

　　读者可能要问：是否每个教师集体都能胜任这些研究工作呢？刚担任领导工作的青年校长，是否可以向教师提出在教育和教学过程中做一些研究工作呢？一个教师只要善于分析自己的工作，他就能成为有才干、有经验的行家。一个校长尽管缺乏经验，但总要先从某一点上做起，踏上教育智慧的第一个阶梯。而这第一个阶梯，就是分析自己工作中遇到的种种教育现象。

　　对教师来说，研究工作并不是什么神秘的、高不可攀的事。不要一听说研究就胆怯。教育工作（只要是真正创造性的劳动），就其实质来说，已经接近于科学研究。这种亲缘关系首先表现在两者都要对事实进行分析，并且都必须有预见性。一个教师只要善于深入思考事实的本质，把握事实之间的因果关系，他就可以防止许多困难和挫折，避免教育工作中那些令人伤脑筋的意外事件。这些意外事件在学校里是多么经常地发生，多么严重地干扰着教育和教学工作的正常进行啊！例如，一个学生一向被认为是安分守己的，可是他突然做出了流氓行为；另一个学生一直到四年级学习都不差，但是突然间落进了差生的行列。而如果教师能根据对于事实的分析，预见到学生在明天、一年乃至三年之后会成为什么样的人，那么这种意外事件就会大大减少。如果缺乏预见能力，教育工作对教师来说就会变成一种很苦的差使了。

　　给教师在日常工作中的创造性研究创造条件，这是学校领导工作的一项任务。这项任务对于每一位善于思考和分析事实的校长来说，都是可以做到的。我认为，要引导教师去进行创造性研究，最好先从向他们展示观察、研究和分析事实的方法做起。事实——这是教育过程的客观规律的现实的表现。只有善于弄清事实的本质，才能弄清下面三个因素的相互依存关系：第一，生活本身所给予的东西（即儿童入学时客观上已经具有的特性和特点）；第二，教师所做的事情；第三，将要达到的目的。

　　教育现象就是上述三种因素的逻辑上的共性和一致性。教师只有不是消极地承认所发生的一切，而是自己去积极地影响它们，创造它们，他才能成

为对学生个性发生积极作用的力量，他的劳动才具有创造性。创造性研究的一个极其重要的因素——预见性，正在于教师通过对事实的观察、研究和分析而创造出教育现象。不研究事实，就没有预见性，就没有创造性，就没有丰富而完满的精神生活，也就没有对教育工作的兴趣。不研究事实，不积累和分析事实，就会产生像某些校长忧心忡忡地谈到的那种不良现象——教师得过且过和因循守旧。只有对事实进行分析和研究，教师才能从司空见惯的事情中看出新的东西。从平常的、司空见惯的事物中看到新的方面、新的特点、新的细节，这是养成创造性劳动态度的重要条件。这也是兴趣和灵感的源泉。倘若一个教师没有学会分析事实和创造教育现象，那么对于那些年年重复的事情，他就会觉得枯燥乏味，从而失去对自己工作的兴趣。而如果教师对工作不感兴趣，那么学生对于学习也会觉得索然无味。教育经验的实质就在于每年都有某种新的事物展现在教师的面前，而就在这种对于新事物的探索中教师施展着创造力。

低年级女教师 M. H. 维尔霍维妮娜从事创造性研究工作已有 10 多年了。她在校务委员会的会议上，在区和州的讲习班上作过好几次报告。这些报告曾在学术刊物上发表（但她从未把发表当作主要目的）。在刚开始进行创造性研究工作时，她并没有显得比其他教师有什么特别的长处。只是在实际工作中有一个问题使她感到不安，这就是儿童入学前的训练、家庭里的智育和德育问题。有些儿童在入学时，知识面很窄，言语很贫乏，给教师带来许多苦恼。造成这种现实的原因何在，却难以作出回答。我就建议这位女教师研究各种事实，分析孩子们入学时已经具备哪些概念和表象，研究他们的思维特点，同时注意观察他们家庭的精神生活，观察他们在有意识的生活中迈出最初几步时所处的智力的、道德的和审美的环境。

对事实的初步研究、观察和对比进行了几个月。这位女教师把每个孩子的智力发展情况跟他们的父母的爱好、文化水平、见识范围进行了比较。在进行观察的第一年末就作出了这样的结论：儿童的智力发展水平取决于家庭的文化修养。这些结论说明，对儿童入学前的训练必须及早地予以关心。这位女教师跟来年即将上学的孩子们的父母进行谈话，她建议家长要丰富家庭的精神生活，开阔儿童的眼界，扩充儿童的表象、概念和兴趣的范围。家长们接受了女教师的建议，购置了书籍作为家庭藏书，并让学前儿童阅读儿童读物。在儿童入学前的几个月，女教师定期地把她未来的学生集合到学校里

来，带他们到田野里，到河边。这是一项很有意义的创造性工作，其意义在于扩大儿童的眼界，丰富他们的积极词汇，发展他们的思维能力。她总结了这项科研工作，写成论文发表在共和国的杂志上。

现在，这位女教师正在研究思维过程迟缓的儿童。她学会了如何观察、分析和研究事实，如何把本质的东西和非本质的东西区分开来。她认为，学生的学习劳动是一种教育现象，其根源不仅在于学生的先天素质，而且取决于教师的积极劳动。经过研究和分析的事实，能为深入思考、进行总结提供丰富的素材。这是每个善于思考的教师都能做到的一种真正创造性的研究。例如，就拿有关感知与思维之间的依存性的初步结论来说吧，对事实的分析表明：思维的个人特点在很大程度上取决于对周围世界的感知的个人特点，而正是后者往往被人们忽略。教学生思考，首先就要求考虑学生的个人特点。

你刚开始担任校长工作时，可能会认为，你的学校里没有经验丰富的、得力的教师，很难激发起教师的首创精神。如果你想培养出这样得力的教师，那么我建议你跟他们一起从研究儿童是怎样感知自然现象、怎样感知周围世界这样一个问题做起。你的面前会展现一幅有趣的图景，你会看到：孩子们如何观看鲜花盛开的果树和雷雨将临的景色，他们察觉到哪些东西，什么使他们激动不安，这一切是在如何决定他们的思维和言语的。你会弄懂一些问题，但同时也会产生大量的疑问。

你遇到的疑问越多，今后就越能成为一个富有探索精神的、细心的观察者。

创造性研究的意义，不仅在于教师发现并研究了教育过程中到目前为止尚未被人注意的某个方面，而且在于这种研究能从根本上改变教师对自己劳动的看法。创造性研究能使教师不再把教育工作看作是同一些事情的单调乏味的重复，看作每天在各个年级里千篇一律地讲课和复习巩固等等，而是看作永远常新的、独一无二的创造活动。哪里的教师看不到教育现象的蓬勃的生命力，感觉不到自己是教育现象的创造者，那里的怠惰、消极、漠不关心等这些学校生活中的不良现象，就会迅速蔓延开来。

教师集体的精神生活的丰富源泉，首先就是我们所从事的这种美好的、创造性的、永远常新、独一无二的教育劳动。而只有在这种劳动中具有创造性探索和创造性研究的精神，才会有助于我们理解和感受到这种劳动的美、它的创造性、它的永远常新和独一无二的性质。教师感到自己是教育现象的

创造者，这种情感是他渴求知识、热爱读书、不断地更新和充实自己的知识的内心需要的取之不竭的源泉。女教师维尔霍维妮娜说："自从我开始认真地思考我在日常劳动中遇到的种种事实的意义的时候起，书籍对于我来说，就变得如同大自然、鲜花和休息一样必不可少了。"

创造性探索和研究的精神是一种娇嫩的、变化莫测的东西，学校领导要以高度的修养来对待它。这种精神不能容忍粗暴的干预和行政命令。如果你想引导教师进行创造性的研究，借以丰富教师集体的精神生活，使每个教师都能确立起作为善于思考的和具有创造精神的个性的自尊感，那你就千万不要忘记，教育创造是永远止境的。你在听课、分析课和给教师提建议的时候，切忌武断地下结论。当你在分析课堂上看到的一切时（这是应当做的），切莫把优点和缺点加以绝对的划分，你应当跟教师一起思考，一起讨论，提出自己的想法和疑问。这是因为你在课堂上看到的一切，对于你不可能都那么清楚。你要善于发现自己还不清楚、不理解的东西，跟教师一起思考这些还不理解的地方，这正是促使教师进行科学探索和科学研究的最初的动力。

还有一点也很重要。如果你想以创造性探索的精神来丰富教师集体的生活，那么你自己就应当是一位探索者和研究者。你自己没有火花，就无法点燃起别人的火焰。你是学校里为首的教师、为首的班主任、教师的教师，你的面前有着进行创造性探索的真正无限广阔的天地。你和其他教师一样，也是一名教师，这是一方面。但另一方面，你是站在指挥岗位的教师，在你的面前展现的教育天地比一般教师要更加广阔。你有一个非常优越的条件：你经常有机会把各种事实和教育现象进行比较。教师和学生之间的精神交往，就在你的眼前发生。这种教育现象的特殊之处在于：它是教育思想、教育观点和教育信念在人们的关系、行为和行动中的体现，是人类智力的、道德的和审美的财富从教师个性向学生个性的传递。其实，你正可以就教育创造中的这个永远常新的问题进行创造性的研究和探索：从极其复杂的、多方面的关系中研究教师和班主任，研究他们深刻的个性特点，因为归根到底，正是这些个性特点决定着作为科学、技巧和艺术三位一体的教育的奥秘。在教育科学研究中，有许多问题吸引着我，而其中一个主要问题，就是教师的个性问题。人道精神、同情心、真诚和严格要求是师生关系的基础，这既是道德思想，也是教育思想。但这种思想在十个教育能手身上就会有十种完全不同的表现。当我研究教师的带有深刻个性的东西的时候，我深入地思考着：究

竟这些道德思想和教育思想是怎样在这个人的精神世界中折射出来的，他是怎样成为一个指导教育过程的能手的。

即使你还没有任何经验，更不善于概括教育现象，即使你昨天刚来到学校当校长，你也应当今天立刻开始对这个永不过时的问题进行观察：教师的个性在如何塑造着学生的个性。你的研究可以从这样一条基本真理出发：一个精神丰富、道德高尚、智力突出的教师，是能够尊重和陶冶自己学生的个性的；而一个无任何个性特色的教师，培养的学生也不会有任何个性特色，他只能造成精神的贫乏。你可以仔细观察一下师生之间的相互关系，想一想为什么有的教师能像磁石一般把儿童吸引在自己的周围，而有的教师却使儿童疏远。如果你把自己的思考和观察集中到一点，通过分析把一些片断的事实连接成广阔的教育现象，那么你就会发现一些很有意义的规律。

教师集体的精神财富，就是教师间精神财富的经常交流。只有当每个人对同志们都有所贡献时，集体的生活才能生气蓬勃。没有这种精神贡献，生活就会变成单调的例行义务。

教育书刊中关于教师集体的团结友爱已经谈得很多。那么教育上的这种同心协力从何而来呢？用什么力量才能使集体成为一种统一的起教育作用的因素呢？这种力量在手我们的劳动受着道义的鼓舞，在于有丰富的智力生活，在于有多种的智力兴趣。任何行政命令和指示都不能使一个教师把自己的经验和技巧传递给另一个教师。只有当一个人的奋发精神、聪明才智、博学多识和丰富的智力生活吸引着别人的时候，这种传递才有可能实现。

我坚信只有当学校里有一个由具有创造精神的教师组成的核心时，才能形成一个真正的教师集体。而这个核心必须具有一种伟大的人道思想，即我们手中掌握的是世界上最宝贵的财富——人。我们如同雕刻家雕琢大理石那样在塑造人。这个毫无生气的石块中有美妙的线条，我们要把它们发掘出来，而把所有多余的东西去掉。学校领导者的任务，就是要使具有这种思想的创造核心成为鼓舞全体教师的力量。只有相信人的人，才能成为真正的能手。

教师集体的精神生活，并不局限于教育上的兴趣。我们还有其他的兴趣，其中首先就是对文学艺术和音乐的兴趣。我校教师的读书兴趣是多方面的。用俄文和乌克兰文出版的一切有趣的书，我们都看。我们读书产生的印象、心得和情感，就像一些极细的线把大家联结成一个友爱的大家庭。一本有趣的书，往往争相传阅，把大家带进艺术财富的宝库和社会的、审美的、道德

的天地里。大家最爱看的是反映当代生活的文艺作品，对古典文学的兴趣也很浓。大家喜欢在闲暇时间乃至在上课前的时间议论所读的书籍。这已成为我们精神上的需要，满足这种需要使我们感到快乐。我们经常留心新书的出版情况。许多作品引起我们很大的兴趣。我们总是急切地渴望读到苏联作家的最新作品。我们也以很大的兴趣阅读外国进步作家的著作。

对文艺作品的爱好，正是教师和学生在其中相互接触的一个精神领域。我们认为，一个班主任，无论他教的是什么学科，都应当善于通过论述文艺作品的机智的、有趣的谈话，用艺术作品中反映的当代青年的理想来吸引自己的学生。

生活在农村，接触音乐文化很不容易。但是我们力求也不脱离精神财富的这一源泉。夏天，许多教师到莫斯科、列宁格勒、基辅去。他们每一次都利用这个机会去欣赏音乐和歌剧。但是对我们来说，通向音乐世界的主要窗口还是那淡蓝色的荧光屏。几乎所有的教师家中都有电视机，学校也有 3 台。晚上我们需要有空闲时间，首先是为了欣赏音乐。学校的唱片室里保存着许多优秀音乐作品的录音带。教师可以随时去欣赏他此时感兴趣的音乐。

多种多样的个人爱好也在丰富着教师们的精神生活。有的教师喜欢园艺，有的喜欢养蜂，有的喜欢种植花卉，有的则喜欢到家乡的山林草原去旅行。

教师如果到学年末由于脑力的过度紧张而感到精疲力竭的话，那就谈不上进行创造性的劳动了。让教师有休息的时间，有机会看看书，能在果园里挖挖土，或者到树林里散散步，这些都是完满的精神生活不可缺少的条件。我之所以如此详细地讲到这个问题，因为它是充实的精神生活中非常重要的条件。在任何情况下都不能允许一个教师在执教 25 ~ 30 年之后，当他正要领悟教育的真谛的时候，却感到自己已经精疲力竭。这一点，在教育创造这个大课题中，在把教师集体变为一种统一的教育力量这个大课题中，可以说是一个非常尖锐的问题。一个具有 25 年到 30 年教龄的教师，应当仍然是精力充沛、不觉疲倦的人，对他来说，带孩子们一起去行军，在散发着清香气息的干草垛旁露宿，不应当感到是一种负担，而应当感到是一种乐趣。要使我在前面所说的那种教师集体的精神财富的交流成为可能，就必须使那些积累了多年教育经验而头脑精明的人不致变成婚礼席上可尊敬的"证婚人"，变成老态龙钟、人们为了尊重他们的白发而把他们选人主席团，给他们献花的人，而应当是好活动的、精力充沛的、新的精神财富的创造者。

批改练习本是耗费教师精力的一个重要因素。我们制定了一套批改作业的制度。低年级学生的许多作业，采取由学生自己检查、互相检查的办法。教师并不批改全部作业本，而是进行抽查，各个年级都照这个办法做。我们不让高年级的学生写篇幅太长的作文，这没有必要。在出作文题时，我们就考虑到使这篇作文写不到两三页以上，而且要求学生只写他自己所思考的东西。高年级的数学，也广泛采用互相检查作业的办法。

要求没完没了地把差生"提上来"，这是一个最使人伤脑筋的问题，是耗费教师时间的无底洞。教师给落后学生补课，就不得不一再回过头来讲以前讲过的教材，无止境地布置补充练习。多年的经验证明，要使教师摆脱这种无效劳动，必须在小学阶段就使学生牢固地掌握知识和技能。此外，还要尽力使学生做到在掌握知识的同时运用知识，尽可能少让以前的知识只是处于储备状态。